权威·前沿·原创

皮书系列为

“十二五”“十三五”“十四五”时期国家重点出版物出版专项规划项目

成都市文化创意产业发展报告（2024）

ANNUAL REPORT ON CULTURAL AND CREATIVE INDUSTRY DEVELOPMENT OF CHENGDU (2024)

主 编／成都市文化产业发展促进中心
成都市社会科学院

社会科学文献出版社
SOCIAL SCIENCES ACADEMIC PRESS (CHINA)

图书在版编目(CIP)数据

成都市文化创意产业发展报告. 2024 / 成都市文化产业发展促进中心，成都市社会科学院主编. --北京：社会科学文献出版社，2024.12. --（创意城市蓝皮书）.

ISBN 978-7-5228-4845-7

Ⅰ. G127.711

中国国家版本馆 CIP 数据核字第 202402CX26 号

创意城市蓝皮书

成都市文化创意产业发展报告（2024）

主　　编 / 成都市文化产业发展促进中心
成都市社会科学院

出 版 人 / 冀祥德
责任编辑 / 吴云苓
责任印制 / 王京美

出　　版 / 社会科学文献出版社 · 皮书分社（010）59367127
地址：北京市北三环中路甲 29 号院华龙大厦　邮编：100029
网址：www.ssap.com.cn
发　　行 / 社会科学文献出版社（010）59367028
印　　装 / 天津千鹤文化传播有限公司

规　　格 / 开　本：787mm×1092mm　1/16
印　张：20.5　字　数：306 千字
版　　次 / 2024 年 12 月第 1 版　2024 年 12 月第 1 次印刷
书　　号 / ISBN 978-7-5228-4845-7
定　　价 / 158.00 元

读者服务电话：4008918866

编　委　会

主要编撰者简介

黄　东　中共成都市委宣传部一级调研员、成都市文化产业发展促进中心主任，先后任中共成都市委宣传部办公室主任、志愿服务处处长、创建处处长，大运会成都执委会市场开发和活动策划部党组成员、专职副部长，大运会成都执委会宣传部（开闭幕式部）专职副部长；主要研究方向为文化创意产业发展、产业园区经济、文化数字化，策划创办《天府文创辑》。

李　好　经济学博士，成都市社会科学院副院长，美国约翰霍普金斯大学访问学者，成都欧美同学会建言献策专委会副主任。主要研究方向为开放型经济、区域经济、产业经济。近年来发表《新时代区域发展理论创新路径》《构建向西开放战略高地和参与国际竞争新基地的内涵与路径思考》等学术论文20余篇，出版《成渝地区双城经济圈文化旅游一体化发展研究》《成都都市圈建设报告》等著作8部，主持完成省部级以上课题20余项，研究成果获得省部级优秀成果奖一等奖1项、二等奖2项、三等奖多项，咨政报告获得省部级以上领导签批30余篇，被国家部委重要内参采纳10余篇。

摘　要

数字技术日益成为推动文化产业高质量发展的重要驱动力。习近平总书记提出，文化和科技融合是“朝阳产业、大有前途”，要大力推进文化数字化，要探索文化和科技融合的有效机制，为文化创意（简称文创）产业高质量发展指明了方向。成都市积极响应国家文化数字化战略，着力强化数字科技的创新驱动，推动数字经济高质量发展，加快推进数字技术与文化创意产业深度融合，发布《数字文化创意产业发展“十四五”规划》，全力打造中国最适宜数字文创发展城市，提速发展数字文化创意产业，为文化创意产业注入发展活力，文化创意产业高质量发展格局初步形成。

本书对文化数字化发展趋势、元宇宙赋能文化产业发展范式、数字文化消费市场、智能文创和传统文化数字化等内容进行了前瞻性研究，阐释了数字科技赋能文创产业的内涵、机制及未来趋势，聚焦成都数字科技赋能文化创意产业发展的基础条件和挑战；认为现阶段数字科技创新驱动作用增强，文创产业已成为城市经济的新增长点，为数字科技赋能文创产业高质量发展奠定了坚实基础。然而与先发城市相比，成都在数字科技支撑作用、数字文创产业竞争力、数字科技与文创产业融合以及文化贸易数字化等方面仍面临较大挑战。本书还深入剖析了成都数字科技赋能文创产业高质量发展的重要着力点，回顾和总结了2022~2023年成都市科幻产业、影视产业、游戏产业、创意设计产业、音乐产业的发展态势，展示了成都市重点区域文创产业的发展概况，从世界级科幻会展、工业遗存保护利用、元宇宙新赛道、文化资源交易平台、文商旅体融合等方面探讨了成都文创产业数字化的典型案例和创新实践。展望未来，文创产业在数字经济时代正经历深刻变革，数字科技作为核心驱动力，正重塑文创产品的生产、传播和消费模式，推动新质生产力的崛起。成都市应以习近平文化思想为指引，适应信息技术迅猛发展新形势，深入实施国家文化数字化战略，坚持科技创新与文化创意并重，聚焦关键环节和差距短板，深化文化体制机制改革，全力推动数字科技赋能文创产业实现高质量发展。

关键词： 文化数字化　数字文创产业　高质量发展　成都

目 录

Ⅰ 总报告

Ⅱ 专题篇

Ⅲ　产业篇

Ⅳ　区域动态篇

V 典型案例篇

皮书数据库阅读**使用指南**

总报告

B.1

数字科技赋能文化创意产业高质量发展

成都市社会科学院课题组*

摘　要： 数字科技赋能文化创意产业是当下产业转型升级的加速器和经济高质量稳定发展的新引擎。数字科技通过文化资源数字化、文化数据资产化、延伸产业链条、融合相关产业四大机制，推动文化创意内容、模式、业态和场景创新，满足人民群众日益增长的数字文化消费需求。2022~2023年，成都贯彻落实国家文化数字化战略，着力强化数字科技的创新驱动力，发挥文化创意产业在城市经济中的引擎作用，提速发展数字文化创意产业，为数字科技赋能文化创意产业高质量发展奠定了坚实基础。当前，成都在数字科技对文化创意产业的支撑、数字文化创意产业竞争力、数字科技与文化创意产业融合平台、文化贸易的数字化等方面还面临不少挑战。展望未来，成都要顺应信息技术迅猛发展新形势，着力突出价值引领、筑牢技术底座、

* 执笔人：李好，成都市社科联党组成员、副主席，成都市社会科学院副院长、研究员，主要研究方向为产业经济、开放型经济、区域经济等；尹宏，成都市社会科学院经济研究所所长、研究员，主要研究方向为文化经济、文化产业；赵嫚，博士，成都市社会科学院经济研究所助理研究员，主要研究方向为文化经济、文化创意。

拓展多元路径、培育新优势、提升国际影响力、强化要素保障，实现数字内容供给更加丰富、数字基础设施更加完善、数字文化消费更具活力、数字文化创意产业更具竞争力、数字文化贸易更具新优势、数字文化创意环境更加优化，推动数字科技赋能文化创意产业高质量发展。

关键词： 数字科技 文化创意产业 高质量发展

当前，数字化已成为文化产业高质量发展的新引擎。习近平总书记强调，文化和科技融合是“朝阳产业、大有前途”，指出要“探索文化和科技融合的有效机制，加快发展新型文化业态，形成更多新的文化产业增长点”“大力推进文化数字化”“要顺应数字产业化和产业数字化发展趋势，加快发展新型文化业态，改造提升传统文化业态，提高质量效益和核心竞争力”。2022 年，中共中央办公厅、国务院办公厅印发了《关于推进实施国家文化数字化战略的意见》，吹响了深入推进文化数字化的前进号角。2022~2023 年，成都市加快推进数字技术与文化创意深度融合，发布《数字文化创意产业发展“十四五”规划》，全力打造中国最适宜数字文创发展城市，科幻产业稳居全国第一阵营，文化创意产业（简称“文创产业”）发展基础不断夯实，产业能级不断提升，高质量发展态势初步显现。2023 年，习近平总书记亲临四川视察指导，出席成都第 31 届世界大学生夏季运动会开幕式，指出“成都是中国最具活力和幸福感的城市之一”“欢迎大家到成都街头走走看看，体验并分享中国式现代化的万千气象”，为推动文创产业高质量发展指明了方向。党的二十大擘画了全面建设社会主义现代化国家、以中国式现代化全面推进中华民族伟大复兴的宏伟蓝图，成都是中国西部超大城市，推动物质文明和精神文明相协调的现代化，迫切需要顺应新一轮科技革命和产业变革大趋势，全面深化改革开放，以数字科技赋能为文创产业注入新质生产力，实现文创产业高质量发展，不断满足人民群众对更高品质幸福美好生活的文化需求。

一　数字科技赋能文创产业的内涵、机制和趋势

《中共中央关于进一步全面深化改革 推进中国式现代化的决定》指出，要深化文化体制机制改革，加快适应信息技术迅猛发展的新形势，健全文化产业体系和市场体系，完善文化经济政策，探索文化和科技融合的有效机制，加快发展新型文化业态。实施国家文化数字化战略是坚定不移推动文化体制机制改革、促进文化产业繁荣和高质量发展的必然要求，也是推动实现社会主义文化强国目标的重要举措和途径。数字化浪潮正呼唤加快转型创新，这就要求加快数字赋能的技术创新，加快产业融通和场景应用的模式创新，加快数字经济的人才创新，加快数据要素的环境创新。数字科技创新与文创产业结合，就是利用赋能理论，实现数字技术驱动文创产业高质量发展，做到产业数字化。必须准确把握数字科技赋能文创产业的基本内涵、作用机制和发展趋势，在新时期发展中迸发新的生机和活力。

（一）数字科技赋能文创产业的基本内涵

数字科技是指利用物理世界的数据（描述物理世界的符号集），通过算力和算法来生产有用的信息和知识，并建构与物理世界形成映射关系的数字世界，以指导和优化物理世界中经济和社会运行的科学技术①，其本质是以产业既有知识储备和数据为基础，以不断发展的前沿科技为动力，着力于“产业+科技”的无界融合，推动产业网络化、数字化和智能化，最终实现降低产业成本、优化用户体验、提升产业效率和升级产业模式。随着全球科技创新进入空前密集活跃期，5G、大数据、云计算、物联网、人工智能等新一代数字技术加速创新，日益融入经济社会发展各领域全过程，成为重组要素资源、重塑经济结构、改变竞争格局的关键力量。数字科技赋能文创产业本质上是

① 中国科学院科技战略咨询研究院：《数字科技创新战略与企业的关键作用研究》，2020 年 9 月 27 日。

以数字技术应用和消费数据挖掘为核心，以技术、装备、产品、平台为支撑，赋能文创产业研发、生产、交易、消费等各个环节，为文创产业注入新质生产力。数字科技对文创产业的赋能效应，集中体现在借助数字技术推动文创产业内容、模式、业态和场景创新，激活创新性、体验性、互动性的文化服务，这对于满足人民群众日益增长的多元化数字文化消费需求具有重要意义。

（二）数字科技赋能文创产业的作用机制

1. 文化资源数字化

文化资源数字化是数字科技赋能文创产业要素配置的基础机制。数字技术的应用和迭代重塑文创产业资源配置方式和生产运营逻辑，不仅让各类文化遗产保存得更好更全，也让文化资源更活更火。借助高精度的扫描、拍摄和建模技术等，对文化资源进行数据采集、提取、存储、分析、发掘、可视化应用和知识图谱建构等处理，实现文字、图像、音乐、舞蹈等多种形式文化符号的数字化开发，使之能够方便地应用于新的文化创作、生产、传播、消费过程中，破解了文化资源配置的时空限制。借助数字化“翅膀”，文博资源上“线”入“云”，非遗项目破“屏”出“圈”，有利于文化传承保护与发展。如敦煌研究院的“数字敦煌”，运用数字技术将莫高窟外形、洞内雕塑等文化遗迹实现数字的保存、利用与开发，实现传统文化资源的数字化呈现。

2. 文化数据资产化

文化数据资产化是数字科技赋能文创产业价值转化的关键机制。当前，数据成为驱动文创产业数字化的新质要素。在数字技术背景下，数据资产以表单、图形、语音、数据库、代码等各种数字形态存在，成为一种特殊的资产。通过资源选择、资源分解、资源识别、资源上传、底层资源关联等对文化大数据进行在线分类，建立相关文化数据集和底层资源库；通过制定统一的数据格式、标注方法和分类体系，保证文化数据的互通性和准确性；通过建立文化数据资产交易规则体系，在确保数据安全和隐私保护的前提下，实现文化数据可溯源、可量化、可交易，为文化资源的文化价值和经济价值转化提供数据支撑。例如，电影《阿凡达》产生了大量的数据资料，完成时一帧的数据是 12MB，一秒钟 24 帧，每分钟的数据就 17.28GB，整部电影大约 3PB 的数据存放在 BlueArc 和 NetApp 的存储系统中。

3. 延伸产业链条

延伸产业链条是数字科技赋能文创产业边界扩展的核心机制。数字科技促进文化产品创作、传播和消费方式的创新，有助于延长文创产业链，促进结构优化，形成线上线下一体化发展。数字技术这一新型要素在文创产业链中的嵌入和耦合，形成文化创制新模式、文化产品新内容、文创产业新业态，产品形态日益丰富，消费日益个性化，新的商业模式层出不穷，形成数字生产力的范围效应与网络效应，有效拓深延展文创产业链。凭借开放性、低门槛和互动性优势，数字技术缩小数字表达鸿沟，创意人群运用数字化技术和智能化技术，将传统文化艺术资源巧妙地融入现代文创产品和服务中，促进产业链“上下游、左右岸”环节协同匹配，实现文创产品、业态和发展方式转型，满足消费者个性化、多元化和体验化需求。

4. 融合相关产业

融合相关产业是数字科技赋能文创产业跨界重组的重要机制。在人工智能、云计算、区块链、大数据等数字化技术的推动下，“文创+”“+文创”已成为文创产业发展的主流趋势。所谓数字融合，是指数字技术的发展使原本各自独立的行业有了更多的关联与交叉，在消解边界、壁垒，凸显差异化中相互融为一体。在数字技术的引领下，一方面，文创与装备制造业、信息业、建筑业、旅游业、体育产业以及现代农业等跨界交融，催生具有在线、智能、交互、跨界特征的新消费场景，涌现数字文化设备制造、数字文旅服务、数字内容等新赛道；另一方面，文学、媒体、出版、游戏、动漫、音乐、影视、舞台演艺等相互交融，创新业态和消费体验方式。依托数字技术，文创产业实现了载体的多元化、业态的多样化，日益从封闭式小而全的小生产格局，转向开放式、分工明确、协作配套的社会化大生产。[①]

① 范玉刚：《跨界融合是文化产业提质增效的新动能》，搜狐网，2018 年 9 月 28 日。

（三）数字科技赋能文创产业的发展趋势

1. 产品创制由单链线性向网络支撑的数字化、智能化转变

数字技术极大地提升和扩大了文化内容的生产效率、传播速度和覆盖范围，催生了文化直播、IP 授权转化、数字藏品开发等新模式、新业态，建立了数字化、智能化的上下游“生态圈”。① 例如，大数据具有去中心化、安全防篡、信息防伪、可验证性、自动合约化等技术特征，可实现作品源头追溯、文化产品信息加密，能够有效保护文化产品的专利权以及著作权；人工智能具有深度学习、模式识别、自然语言处理、智能推荐、情感分析等技术特征，可实现文化内容的智能生成、个性化推荐与精准营销，极大地提升文创产品的创作效率；云计算具有弹性扩展、资源池化、按需服务、高可用性、快速部署等技术特征，可大幅缩短研发周期、降低产品成本，提升文创产业的创新能力。

2. 产品消费由单一购买向线上线下的融合性、体验式转变

数字技术使文创产品消费摆脱了对既有路径的依赖，大数据、人工智能和 AR/VR/MR 等新型消费场景集成应用加速落地，沉浸式演艺、艺术展览、数字文博场景体验等线上线下融合的消费模式，将更好满足消费者个性化、多样化、品质化需求。例如，虚拟现实、增强现实技术加持的元宇宙沉浸式体验空间、“超写实”虚拟人、沉浸式互动游戏、AR 实景互动、AR 地图导航等落地场景，打破时空限制，为消费者带来更丰富的体验效果；生成式人工智能通过学习和分类用户的偏好更有效地将内容与受众匹配，精准推荐定制的内容，增强用户体验；借助“5G+8K 直播”，观众只要打开手机就能“零距离、零时延”欣赏非遗表演；网络文学和电子读物改变了人们的阅读习惯，建立了更多元、更开放的文学空间。②

① 范周：《数字经济变革中的文化产业创新与发展》，《深圳大学学报》（人文社会科学版）2020 年第 1 期。

② 邢樾：《数字化背景下文化产业内容生产与营销传播的新趋势探析》，《生产力研究》2020 年第 1 期。

3. 对外传播由单向流动向双向互动的社交化、移动化转变

数字技术为文创产品的高质量传播、更好走向世界拓展了新空间、开辟了新渠道。数字技术改变了文创产品的呈现、展示方式，社交媒体、在线视频等数字化平台成为品牌推广和产品营销的重要渠道。大数据、人工智能等数字技术凭借信息量大、传播速度快的优势，不断更新和丰富传播手段、传播形式，文化信息的接受者同时成为文化信息的传播者，单向输出转变为双向互动。数字技术使得文字、声音、图像、视频等一切形态的文化产品信息均能够以数据压缩的形式进行传递，“时空压缩”乃至“零时空间距”成为可能。对文创产品信息进行数字化、可视化建模，全方位、多视角立体展现，成为拓宽文创产品传播空间的重要手段。在国际传播日趋移动化、社交化、可视化的背景下，数字文化贸易逐渐成为全球经济增长的新动能。

4. 产业创新由单主体、封闭式向合作、开放、共享转变

在数字科技的加持下，文创产业正逐渐成为连接多个领域、创造多元化价值的重要领域。随着文创产业与数字技术融合发展，新型业态蓬勃兴起，为文创产业高质量发展注入新动能，数字文创产业成为优化文化供给的重要引擎、满足人民美好生活需要的有效途径。数字技术赋能文创产业与智能制造、智慧旅游、体育、金融等领域融合发展，使之在相互渗透中加快业态、模式和场景创新。例如，文创产业与文化装备产业的融合，可以开发出更具科技感和互动性的文创产品；文创产业与旅游产业的融合，打造出更具文化内涵和体验感的旅游项目；随着数字影视、数字动漫、数字游戏等新业态快速发展，文创产业与数字经济、实体经济的融合程度将进一步加深，数字文创产业生态体系将逐步形成。

二　数字科技赋能成都文创产业高质量发展的基础条件

2022~2023 年，成都市以习近平新时代中国特色社会主义思想为指导，深入贯彻习近平文化思想和习近平总书记来川视察重要指示精神，以抓产业的思路推动世界文创名城建设，坚持科技引领、创新驱动，促进文创产业高

质量发展，努力提升市民幸福感获得感，为数字科技赋能文创产业高质量发展奠定了坚实基础。

（一）数字科技创新驱动作用增强

1. 前瞻布局数字信息基础设施

成都抢抓国家“东数西算”机遇，加快全国一体化算力网络成渝国家枢纽节点（成都）建设，在超算、智算、通用算力三大领域全面布局，是我国第二个投运超算和智算双中心的城市。成都超算中心一期建成投用，华为成都智算中心、阿里西部云计算中心等一批数据中心加快建设，初步形成了基础通用计算+超级计算+智能计算的多层算力结构。截至 2023 年底，成都共建成移动通信基站约 15.96 万个。其中，建成 5G 基站超 8 万个，新增 5G 基站约 1.5 万个，同比增长 23.1%，重点场所 5G 网络通达率达 100%。[①]

2. 重大科技创新平台相继落地[②]

成都坚持以创新引领产业升级，全力推动西部（成都）科学城、高水平实验室和产业创新平台建设。2023 年，成渝（兴隆湖）综合性科学中心正式揭牌，跨尺度矢量光场等一批国家、省级重大科技基础设施启动建设；国家实验室园区开工建设，在蓉国家重点实验室成功重组，天府绛溪、天府锦城等首批 4 家天府实验室加快实体化运行，国家级科技创新平台增至 146 家；国家高端航空装备技术创新中心、先进技术成果西部转化中心揭牌，成都智算中心、国家超算成都中心获批建设首批国家新一代人工智能公共算力开放创新平台，成都位列“科技集群”百强榜全球第 24 位、国内第 9 位。

3. 数字经济发展优势凸显

近年来，成都数字经济核心产业规模迅速壮大，居中国城市数字化发展指数第一梯队（见图 1）。2022 年，成都数字经济核心产业实现增加值

① 成都市互联网信息办公室、成都市经信局新经济委：《2023 年成都互联网发展状况报告》，2024 年 7 月。

② 资料来源于成都市科学技术局官网。

2779.51 亿元，占到四川省的 64.3%，现价同比增长 6.1%，占全市地区生产总值比重为 13.4%，同比提升 0.3 个百分点。集成电路、大数据、人工智能、软件等产业规模位居全国前列，软件和信息服务产业集群入选全国先进制造业集群。2023 年，人工智能产业规模达 780 亿元，近三年复合增长率达 40%，拥有企业近 900 家，产业竞争力稳居中西部第一。[①]

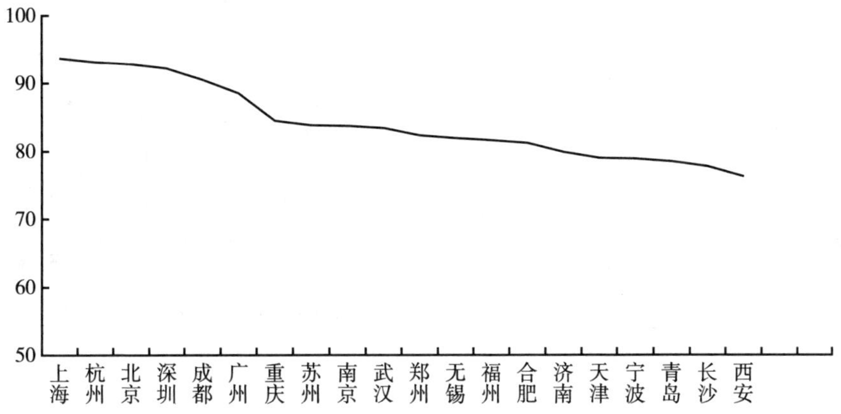

图 1　2023 年中国城市数字化发展指数 20 强

资料来源：《城市数字化发展指数（2024）》[②]。

（二）文创产业成为城市经济发展新引擎

1. 产业提质发展动力强劲

2018~2023 年成都文创产业增加值翻了一番（见图 2），年均增速达到 17%，超过全市 GDP 增速，保持高速增长态势，成为现代服务业中最具活力的领域之一。以创意设计、现代时尚、音乐艺术、会展广告、现代文博、文化装备业、动漫游戏、传媒影视八大重点行业为支撑，附加值高、原创性强、成长性好的现代文创产业体系基本形成。2022~2023 年，成都文创产业增加值年均增速达到 11.6%，超过全市 GDP 增速和现代服务业增加值增速，

① 数据来源于成都市经信局。

② 本报告评价对象涵盖全国 260 个城市。

对 GDP 的贡献提升 1.25 个百分点，处于全国同类城市第一方阵，对城市经济稳增长、稳就业、扩出口的拉动作用不断增强。

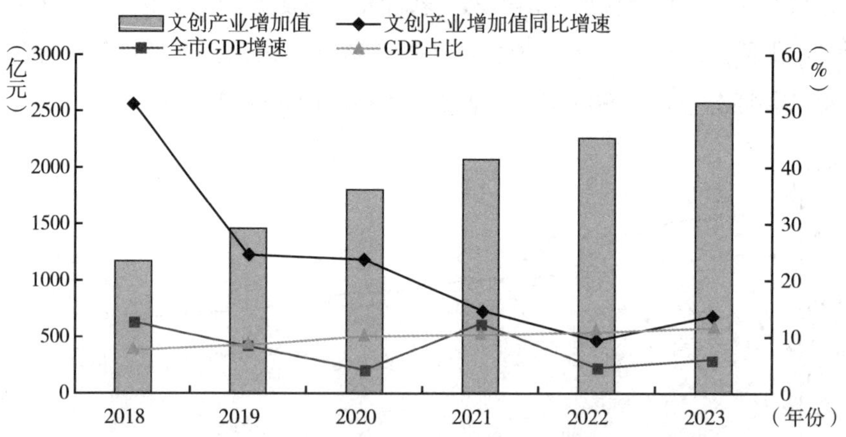

图 2　2018~2023 年成都市文创产业主要发展指标及 GDP 表现

资料来源：成都市统计局。

2023 年，成都文创产业实现增加值 2574.94 亿元，同比增长 13.9%，占 GDP 的比重 11.65%，同比增长 0.79 个百分点；营业收入达 9304.75 亿元，增长 14%。八大重点行业实现增加值 2003.2 亿元，同比增长 11.09%，数字化程度高、具有新质生产力特征的行业成为文创产业的关键增量。2023 年，成都出台全国首个城市级科幻产业发展实施意见，明确了 16 个重点发力领域，2022 年实现营收 200.18 亿元，占全国的 22.81%，同比增长 13.32%，远高于全国 5.77%的增速，稳居全国城市科幻产业发展第一阵营。网络游戏、电子竞技等细分领域市场规模居全国前列，占据全国近 10%的市场份额。2023 年，成都游戏企业数量超过 7000 家，位居全国第六。网络游戏国内销售收入达到 709.96 亿元，同比增长 12.1%，游戏出海收入达到 62.33 亿元，同比增长 15.27%；电子竞技市场规模达 255.69 亿元，同比增长 14%。成功举办 2023 年王者荣耀世界冠军杯、2023 穿越火线世界总决赛（CFS）、2023 第五人格职业联赛秋季总决赛、2023 永劫无间世界冠军赛总决赛等五大世界级电竞赛事，成都电竞赛事举办数量和俱乐部数量均位列全国前五。①

2023 年，成都规上文创企业总数达 3120 家，新增规上文创企业 322 家、上市企业 1 家、上云企业 326 家，2 家企业②入选“2023 年全国文化企业 30 强”（含提名）榜单，上市文创企业数量位居中西部第一，17 个在蓉文创企业（项目）入选 2023 年国家文化出口重点企业（项目）名录。文创产业不仅创造了新的经济增长点，而且在推动服务业融合发展、制造业转型升级、数字经济提速发展等方面发挥了重要的支撑作用，成为建设践行新发展理念的公园城市示范区的新引擎。

2. 产业建圈强链成效显著

2022 年，《成都市产业建圈强链优化调整方案》印发，将文创产业作为新消费产业生态圈中的重点产业链，进一步明确产业发展方向、优化空间布局、推动产业联盟建设和科技成果对接转化。依托天府数字文创城、少城国际文创谷、东郊记忆艺术区等 3 个主要承载地，成都影视城、三国创意设计产业功能区、安仁 · 大邑博物馆特色小镇、成都新经济活力区等 4 个协同发展地，实施重大项目全生命周期管理，全力推动重大项目招引促建，精准匹配土地、资金、能源、载体等资源要素，推动文创产业建圈强链，提升文创产业链核心承载力，增强产业集群竞争力。2023 年，全市签约引进三体宇宙全球总部、哔哩哔哩西南总部等优质文创项目 86 个、总投资 410 亿元③，持续完善“5+N”生态清单，新评定新潮传媒等链主企业 6 家，成都市梵木文化产业园被文化和旅游部命名为国家级文化产业示范园区，东郊记忆艺术区被评为“2023 中国城市更新优秀案例之十大现象级案例”。截至 2023 年底，全市拥有国家级文化产业园区（基地）18 个、省级文化产业园区（基地）23 个、市级文创产业园区 58 个，文创产业载体的建设水平和发展质量效益显著提升，规模效应和集聚效应不断增强，创新融合发展趋势明显。

① 2023 年度中国电竞产业年会大会：《2023 年度中国电子竞技产业报告》，2023 年 12 月 20 日。

② 四川新华出版发行集团有限公司、域上和美文化旅游股份有限公司。

③ 资料来源于成都市统计局。

3. 政策要素保障改革创新

成都持续加强文创产业发展的顶层设计和政策促进，深化要素保障体制机制改革，从增加资金投入、强化人才支撑、扶持内容生产、拓宽融资渠道等方面，采取针对性措施激发市场主体活力，优化文创产业发展的营商环境。2022~2023 年，先后出台《成都市数字文化创意产业发展“十四五”规划》《成都市“十四五”世界文创名城建设规划》《成都市文创行业“促发展保运转”纾困扶持若干措施》《成都市科幻产业发展规划（2023—2027 年）》等专项规划，并在影视、时尚、电竞、沉浸式娱乐体验等细分领域制定行动计划和扶持政策，构建文化产业“市级重点专项规划+行动方案+配套政策”的政策保障体系。成都着力文创金融创新，强化债权融资，设立 1 亿元文创风险补偿资金池，成立中西部首家文创银行“成都银行文创支行”，创新开发“文创通”贷款产品，破题市场需求与优质内容的精准适配问题。2023 年，设立西部地区首个区域性股权市场文化专板“天府文创板”，首批 20 家企业上板挂牌，实现融资超 3 亿元。“文创通”贷款累计支持 385 家企业、832 户次，授信金额超 43 亿元。文创产业投资基金签约子基金 12 只，直投项目 6 个，连续 3 年荣获“中国文化产业十佳政府引导基金”。①

（三）数字文创产业提速发展

1. 产业发展宏观引导先行

成都积极贯彻落实国家文化数字化战略，抢抓数字科技赋能文创产业发展机遇，规划引导发展数字文创产业，促进文创产业数字化、网络化、智能化水平提高，形成新动能主导产业发展的新格局。2022 年，成都市在全国率先发布《数字文化创意产业发展“十四五”规划》，提出全力打造中国最适宜数字文创发展城市，以创造新消费场景、塑造新消费品牌、吸引新消费群体为目标，以引入新平台、新业态、新投资为重点，促进成都数字文创产业迈向全球价值链高端，构建全要素数字文创产业生态体系。规划提出成都

① 数据来源于成都市委宣传部内部资料。

数字文创产业重点发展网络文学、数字影视、数字音乐、数字动漫、数字艺术、电竞游戏、装备制造七大领域，明确加快数字文创技术创新应用、促进优秀文化资源数字转化、完善数字文创产业生态体系、推动数字文创产业融合发展、扩大数字文创市场新兴消费、拓展数字文创产业国际贸易六大发展要点，推动数字文创产业成为经济社会发展的强大引擎和重要增长极，实现数字文创从“盆地”走向“高地”。世界文化名城论坛前秘书长保罗·欧文斯发布的《世界文化创意中心城市报告》指出，丰富多彩的文化、创新精神、政府支持、不断增长的专业人才规模以及传统和现代的无缝融合等，正促使成都成为中国乃至亚洲一个充满活力的全球数字创意中心。

2. 数字文创产业集群成势

成都动漫游戏、电子竞技、数字音乐、网络视频等数字文创细分领域发展迅速，年产值上亿元的企业达100余家①，成都高新区、四川天府新区和郫都区已形成动漫游戏、数字文创、数字影视和科幻产业集群。

成都高新区已聚集动漫游戏、网络视听企业600余家，其中年产值上亿元的企业有百余家，涵盖可可豆动画、艾尔平方、迅游、奇影等一批动漫创作、动画制作、游戏研究和设计的产业链高端企业，以及腾讯、字节跳动、爱奇艺等分发衍生平台，动漫游戏行业已形成全产业链贯通态势，动漫游戏相关从业人员约5万人，产值超过300亿元。高新区以瞪羚谷数字文创产业社区为核心承载地，发展网络视听与数字文创产业，依托天府长岛文创中心入驻腾讯新文创总部、阿里巴巴、完美世界天智游等20余个项目，聚集从业人员4900余人②。2023年发布《成都高新区数字文创产业三年行动计划（2023—2025）》，提出重点发展游戏电竞、在线视频、数字音乐、数字艺术4个赛道，建设世界级数字文创产业集群。同年，高新区天府软件园荣获全国首批国家数字服务出口基地，涌现了《遮天》《汉化日记》《银河帝国》《万国觉醒》等数字文创出海精品。

① 资料来源于成都市统计局。

② 《成都高新区发布数字文创产业三年行动计划 加快建设世界级产业集群》，首屏新闻，2023年3月30日。

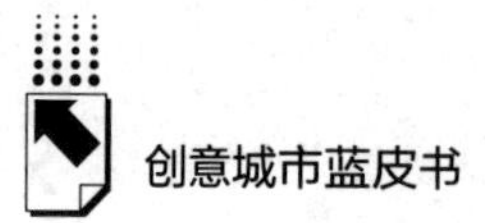

四川天府新区以天府文化共享中心为核心载体，打造天府数字文创城网络视听高品质文创空间。以视频、音频为产业重点细分领域，构建“平台驱动层+核心产业层+关键功能层+衍生应用层”的网络视听产业生态圈，建设中国视听谷；布局数字文创重点项目，打造世界级数字文创 IP 孵化地；依托成都科学城，瞄准 5G 通信、人工智能、软件开发、信息安全、网络视听等新一代信息技术，打造数字经济、新经济和人工智能产业园；推进天府数创智谷、天府海创园、川港设计创意产业园、蓉港青年创新创业梦工场等数字文创基地建设。

郫都区依托成都影视城和科创新城，建成超高清数字摄影棚群落，落地全国首个国家级超高清基地——中国（成都）超高清视频创新应用产业基地、国家广播电视和网络视听产业基地，聚焦高新视频、网络视听、科幻产业等领域，打造“全国一流、世界知名”的数字影都，建设全国有影响力的科幻新作品、新技术、新场景首发地，全国有竞争力的科幻创作、科幻影视、科幻文旅、科幻动漫等产业总部集聚地。

3. 高能级会展平台加快搭建

2022~2023 年，成都持续举办国际数字版权交易博览会、第四届中国（成都）国际数字娱乐博览会、成都数字文创产业峰会，成功举办第 81 届世界科幻大会，着力搭建数字文创产业高能级传播平台。成都国际数字版权交易博览会由中国版权协会指导举办，吸引腾讯、快手、优酷、网易云音乐、斑马中国等 30 余个重点版权企业展团，多维度展示版权在数字场景中的全新应用。第四届中国（成都）国际数字娱乐博览会（中国 IGS 数博会）是中国国际贸易促进委员会批准的中西部地区唯一的“国字号”数字文创类博览会，汇集科技、动漫、潮玩、游戏、电竞、影视等行业资源，集中展示数字文创产业的最新成果。2022 成都数字文创产业峰会发布了“成都数字文创企业 30 强”“2022 成都文创企业百强”和成都数字文创风潮榜，营造数字文创产业发展氛围。世界科幻大会是世界上规模和影响力最大的科幻文化主题活动，第 81 届世界科幻大会（2023 成都世界科幻大会）是世界科幻大会首次走进中国，成都也成为亚洲第二个、中国首个举办世界最高规格科幻盛会的城市。

三 数字科技赋能成都文创产业发展面临的挑战

国家实施文化数字化战略，为数字科技赋能成都文创产业高质量发展带来了前所未有的机遇。但是，与国内先进城市相比，成都在数字科技对文创产业的支撑作用、数字文创产业竞争力、数字科技与文创产业融合、文化贸易的数字化等方面，还面临不少挑战。

（一）数字科技的支撑作用有待增强

从数字技术基础研究能力、原始创新能力来看，成都核心芯片、基础软件等关键领域技术自主创新能力仅居“提升型”城市第 7 位（见图 3），不及苏州、天津、南京、武汉、无锡、青岛。成都在 2023 年中国 AIGC 人才的城市分布中排名第六（见图 4），数字科技核心技术人才的吸引力较弱。成都是四川省人工智能产业核心区，截至 2023 年 11 月，四川人工智能新赛道投融资事件只有 11 起，远不及北京（151 起）、上海（101 起）、广东（95 起）、浙江（64 起）、江苏（61 起），本地的资金投资新技术、布局新赛道的专业度有待提升，数字文化高端技术装备研发制造相对滞后。

从城市数据资源开放融通水平来看，成都还存在数据标准不统一、体系化安全共享手段不足的问题，面向市场的数据生产、深度挖掘、仿真模拟、研发创新、数据算法还处于起步阶段。成都数据要素发展指数在全国排在第 9 位[①]，不及第一梯队的北京、上海、深圳、广州、杭州，甚至低于苏州、武汉、贵阳，尚未形成专业的数据要素交易平台，数据要素价值转化率偏低。传统文化与数字技术的融合不够，数字技术在文化资源优势向文化经济优势转化中的作用还不明显。

从算力应用的落地性来看，成都虽然拥有国家超级计算成都中心、成都

① 赛迪顾问：《中国城市数据要素发展指数 2024》，2024 年 4 月 17 日。

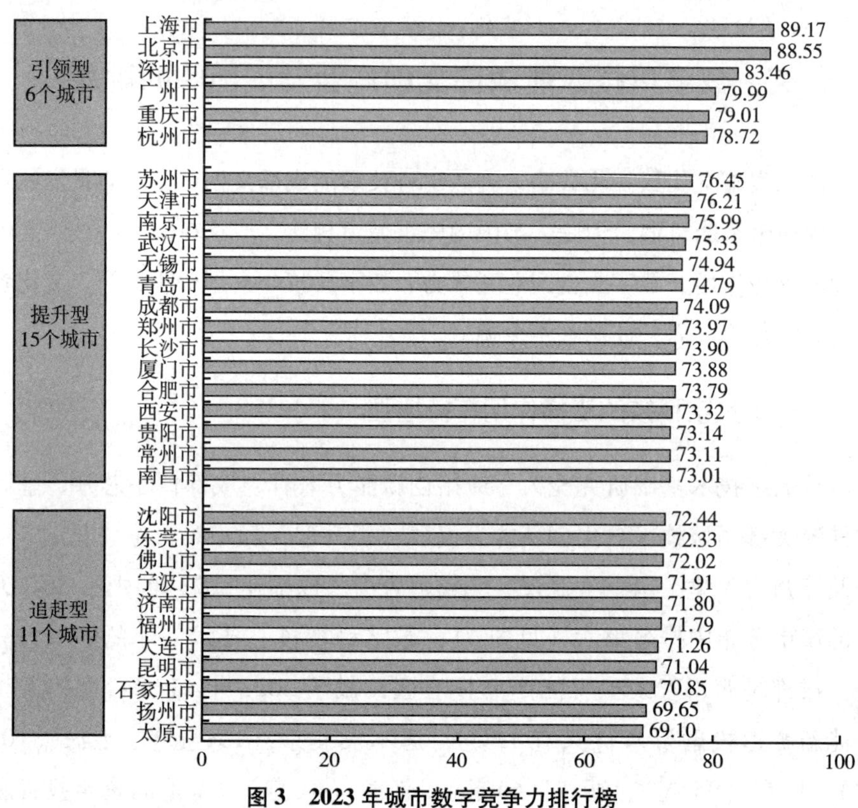

图 3　2023 年城市数字竞争力排行榜

资料来源：中国经济信息社：《中国城市数字竞争力指数报告（2023）》，2023 年 11 月 11 日。

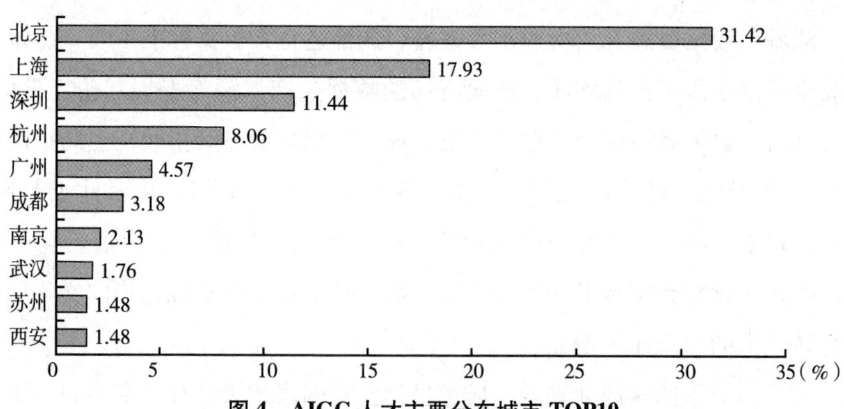

图 4　AIGC 人才主要分布城市 TOP10

资料来源：《2023 年 AIGC 人才趋势报告》。

智算中心等先进的算力基础设施，但算力资源与实际应用需求之间的衔接还不够畅通，算力资源供需匹配度不高。不同算力设施之间的数据格式、接口标准存在差异，增加了技术适配的难度。目前，算力资源主要集中在少数大型企业和科研机构，算力基础设施的商业化运营模式仍处于探索阶段，中小企业和初创企业获得算力支持的市场化机制有待完善，在文创产业领域的应用场景有待拓展。

（二）数字文创产业竞争力有待提升

从数字文创链主企业看，成都缺少像深圳腾讯、北京字节跳动等“根植性”、高能级数字文创企业以及行业隐形冠军、独角兽企业，技术驱动型文创企业少。成都文创上市企业数量仅为广州的47%、上海的67%。2023年“全国文化企业30强”榜单中，北京、上海、杭州、广州均有数字文创企业入围，成都数字文创企业榜上无名，暂无企业入选2023中国数字文娱行业独角兽企业榜单。①

从数字文创重点行业看，具有产业引领性、市场牵引力的数字文创项目不多，数字文创现象级产品少，文化和旅游部评选的“2022年文化和旅游数字化创新实践优秀案例”中，成都项目无一上榜。以电竞产业为例，成都虽引育AG电竞、狼队电竞等多支高人气俱乐部，但在2023年可查询的188家电子竞技俱乐部中，成都仅有8家，电竞赛事举办数量仅占全国的6.8%②，低于上海（25.5%）、北京（7.6%），行业影响力仍需提升。

从数字技术衍生新业态看，网络视听、区块链+文创（NFT）、文博+元宇宙、电子竞技和沉浸式娱乐等新业态集群化水平低，产业链缺失环节较多，总体处于价值链低端。文化资源的数字化利用模式不够系统，文博文创数字化开发形式单一。例如，虽成都博物馆总数位居全国第二，但在人工智能、虚拟现实、交互引擎等数字技术运用，实施文物数字化保护、开发数字

① 2024中国（重庆）独角兽企业大会：《2023年中国独角兽企业排行榜》，2024年6月16日。

② 2023年度中国电竞产业年会大会：《2023年度中国电子竞技产业报告》，2023年12月20日。

藏品、打造虚拟数字人以及沉浸式体验场景等方面仍处于起步阶段，缺少如“数字故宫”“数字敦煌”“扬州大运河博物馆”等数字文博超级 IP，丰厚的文博资源如何借助数字技术“活起来”亟待探索。

（三）数字科技与文创产业融合平台有待布局

数字文化产业需要借助平台产生互动聚合效应。目前，成都在文创产业数字化技术创新服务平台、关键共性技术研发平台、知识产权开发运营平台等方面积极探索，但高质量的数字化平台科技基础设施仍待建设完善。

从文创产业数字化创新平台来看，虽然文博、出版、影视、网络文化等不同文创行业拥有大量的素材库、媒资库等数据库，但是基本处于自建自用的“零散”“孤岛”状态，文化数据尚未贯通。成都具有文化资源数据和数字内容标识解析、搜索查询、匹配交易、结算支付、内容分发、数据分析等功能的智慧服务平台建设尚处于起步阶段，文化数据的确权、定价、交易的体制机制创新亟待探索，数据资源的使用效率不高，面向市场的数据生产、深度挖掘、仿真模拟、数据算法等算力应用尚待进一步落地，文化数据加工和全景呈现能力还不够强。

从文化和科技融合平台来看（见图 5），成都仅有 2 家（集聚类 1 家、单体类 1 家）国家级文化和科技融合示范基地，不及北京、上海、广州、深圳、杭州、武汉。中小型数字文创企业的专业技术创新平台不多，数字科技赋能内容生产、传播、消费的水平不高。数字文创产业尚未形成完整的产业链和产品矩阵，对其他产业的辐射带动作用不明显。

（四）文化贸易的数字化进程有待加速

成都对外文化贸易整体规模较小，品牌影响力、区域辐射力较弱。2022 年全市文化进出口额约 20 亿美元，不足文创产业增加值的 7%，与北京、广州等先发城市相比量级偏低。成都大熊猫文化、三国文化等文化资源具有较强的国际辨识度，但相关文创产品科技含量、附加值低、市场占有率偏低，

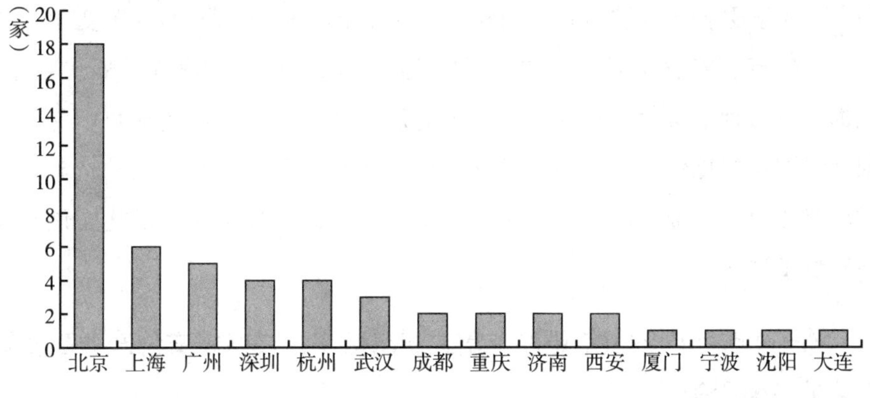

图 5　2023 年部分城市国家文化和科技融合示范基地数量（含集聚类和单体类）

火爆“出圈”的精品少，尚未形成有国际影响力的成都文创品牌，大量优质文化资源尚未借助数字科技转化为可贸易资源，文化贸易创新发展的新动能有待培育。本土数字文化出口领军企业较少，国际市场开拓能力较弱。2023 年成都入围的国家文化出口重点企业中，仅有 3 家数字文创企业，不及北京（17 家）、上海（17 家）、广州（10 家）、杭州（8 家）、苏州（5 家）、无锡（4 家）。2023 年文化和旅游部、商务部公布的新一批国家对外文化贸易基地中，成都无一入围。文创企业依托自贸试验区、综合保税区开展“两头在外”的数字内容加工业务不多，网络文学、数字出版、线上演播、电子竞技等领域出口竞争优势还不明显，文化贸易对传统文化行业数字化转型的带动作用不强。

四　数字科技赋能成都文创产业高质量发展展望

进入数字经济时代，文创产业正经历着前所未有的变革。习近平总书记指出，数字技术正以新理念、新业态、新模式全面融入人类经济、政治、文化、社会、生态文明建设各领域和全过程，给人类生产生活带来广泛而深刻的影响。新一轮科技革命和产业变革迅猛发展，网络互联的移动化、泛在化，以及信息处理的高速化、智能化，正在推动新一代数字技术与文创产业深度融合。数字科技作为这一变革的核心驱动力，不仅改变了文创产品的生产、传播和消费方式，还催生了新质生产力的崛起。展望未来，成都应以习近平文化思想为指导，顺应信息技术迅猛发展新形势，深入贯彻落实国家文化数字化战略，坚持科技创新和文化创意双轮驱动，着力关键环节和突出短板，深化文化体制机制改革，推动数字科技赋能文创产业高质量发展。

（一）数字内容供给更加丰富，突出数字科技赋能文创产业高质量发展的价值引领

一是加快文化资源数字化。实施文物数字化采集工程、文博场景数字化工程、非遗数字化采集工程，加快大熊猫、三星堆—金沙、三国、都江堰—青城山等文化资源数字化转化。开展文化数据采集、存储、分析发掘、版权保护等领域技术攻关，将文化资源转化为高清图像、音视频、数码材料等，推动博物馆数字化、文物数字化、遗址数字化、文物数字化修复等，运用数字技术创新培育一批具有城市文化特色的 IP，让优秀文化资源借助数字技术“活起来”“动起来”，既展示成都城市精神内涵，又赋予地域文化数字特色，实现文博资源由物理形态向数字形态的转化。更好向全社会开放数字文化资源，为公众提供更加便捷、高效的文化获取途径，综合运用三维建模技术、游戏引擎的物理渲染、VR 虚拟现实场景等数字技术，借助网络视频等数字平台，将产品的符号价值与城市形象相结合，不断提升和扩大数字文化内容供给质量和传播范围。

二是突出文化价值引领。将社会主义核心价值观融入数字文创产品的设计与创作中，加快博物馆、图书馆、美术馆和文化馆等文化场馆的数字化、智能化升级。借助大数据、云计算、人工智能等先进技术创新文化传播方式，提高文化传播效率，以更加生动、形象的方式传播主流价值观，引导社会形成积极向上的文化氛围。要发挥文化对消费行为和创新氛围的引导，推动科技创新的市场化应用以文化消费需求为导向，营造鼓励创新、尊重研发、终身学习的文创行业发展氛围，激发文化科技创新的活力动力，保障文

化领域的科技创新和应用符合社会价值、法律规范和伦理道德。①

三是发展数字内容产业。把握数字内容产业发展趋势，促进 AI、VR、AR、区块链等数字技术与文创产业深度融合，引领内容产业变革，培育文创产业新动能和新增长点。加快用户生成内容（UGC）、专业生产内容（PGC）和 AI 生成内容（AIGC）等创作方式创新发展，依托馆藏文化资源开发数字文化产品，推动网络游戏、网络文学、网络视频、网络音乐等数字内容产品的创作、生产、传播，促进优质文化资源数字化转化和开发。

（二）数字基础设施更加完善，筑牢数字科技赋能文创产业高质量发展的技术底座

一是提升算力基础设施建设水平。新一代人工智能等数字技术的发展和应用将引发文创产业业态升级、理念转变、流程优化等一系列连锁反应，由此带来文创产业深度数字化变革。建强“超算中心+智能计算中心+云计算中心+边缘计算中心”的算力支撑体系，鼓励成都超算中心、成都智算中心等多元主体建设具备模式识别、机器学习、情感计算等功能的集群式智能计算中心，以服务智改数转、人工智能产业发展等为驱动，不断强化智能算力资源储备。鼓励支持数字文创企业参与企业级数字基础设施开放合作，完善文化产业领域人工智能应用所需基础数据、计算能力和模型算法，推动传统文化基础设施转型升级。主动对接新基建，用好新基建政策、平台、技术，完善文化领域数字经济生产要素，促进产业互联互通。

二是落地算力新型应用场景。强化算力资源优化利用，建设算力调度平台，探索构建区域一体化算力调度体系，实现算力资源的整体优化和按需调度，提升算力跨网络、跨地域、跨行业的数据交互能力。协同发展中心集群计算和基于国家文化专网的分布式计算、边缘计算，为文化数字化提供低成本、广覆盖可靠安全的算力服务。推动算力在文创生产、消费、传播场景的应用落地，支撑个人 AR、VR 设备在社交、娱乐方面的沉浸式场景应用，

① 杨光：《向“新”而行，加快文化资源数字化转型》，《文汇报》2024 年 7 月 30 日。

同时提升公共算力支撑能力，满足图书馆、美术馆、体育馆等大型惠民场所智能服务算力需求。重点打造成都文创优势行业的垂直大模型，进一步降低算力平台的使用门槛与成本，加快基础层的创新发展，推动功能模型层创新扩散。

三是建设数字文创创新平台。完善“云、网、端”文化数字化平台建设，打通“数字化采集—网络化传输—智能化计算”数字链条，促进数字文创智慧化、智能化模型研发和应用。促进要素流通转化，组建成都市文化大数据公司，建设运营成都市文化大数据中心，建强成都文交所、成都数字版权综合服务平台、全国文化大数据交易中心·巴蜀文化专业中心等文化数据服务平台，为文化资源数据和文化数字内容的确权、评估、匹配、交易、分发等提供专业服务，推动古蜀、三国、大熊猫、蜀锦蜀绣等特色文化资源创造性转化、创新性发展，推进文化数据资产化。在数字文创领域加强创新应用实验室、城市未来场景实验室、众创空间、科创空间等创新载体建设，加强数字文创领域工程技术研究中心、企业技术中心、产学研联合实验室、国家软件产业基地（成都）公共技术支撑平台等创新平台建设，推动“沿于成都、引领前沿”的硬核科技产品不断涌现。

（三）数字文化消费更具活力，拓展数字科技赋能文创产业高质量发展的多元路径

一是激发数字文化消费动能。随着数字经济蓬勃发展，数字技术赋能文化产业，催生以个性化、多样化、品质化、线上线下一体化、在线在场相结合为新特征的文化消费。数字文化消费具备传播迅捷、寓教于乐、互动性强、绿色环保等特点，有望成为引领新消费的主引擎，牵引国内市场持续回暖。① 数字技术全面赋能文创产业，推动消费形式的变革，促进文创产品和服务的创新，为人民群众的文化消费提供了更多选择。把握消费升级趋势，大力发展线上线下一体化、在线在场相结合的数字文化消费场景，深入推进“互联网+”，促进文化产品和服务上线上云，加快传统线下业态数字化改造

① 韩彦超、潘泽泉：《提振数字文化消费》，《解放日报》2024年2月27日。

和转型升级，借助虚拟现实、增强现实等新技术，发展云演艺、云展览等新型业态，培育壮大云旅游、云娱乐等新型消费形态。①

二是丰富数字文化消费场景。将大数据、云计算、人工智能、区块链等新一代数字技术嵌入文创产业全链条和全过程，促进前沿虚拟现实空间技术在文化娱乐、旅游、展览、艺术、体育等消费场景的应用，集成全息投影、数字孪生、高逼真、跨时空等新型体验技术，着力构建在线体验沉浸式数字文化新模式，不断开创文化消费新空间，搭建更富想象力、更具智慧的数字文化消费新场景。② 以数字影视、数字音乐、数字艺术展示等赋能全市文创产业园区文创街区。大力提升天府绿道、夜游锦江、金融城双子塔灯光秀、“城市之眼”丹景台等场景品牌影响力。运用数字技术推动龙泉山城市森林公园、锦城公园、交子公园、天府芙蓉园等公园场景向“云上”拓展。推动天府绿道数字化升级，建设无线数字绿道、梦幻影像绿道、多彩灯光绿道、奇趣音乐绿道等，打造“沉浸式数字文创空间”。利用数字技术提升旅游景区吸引力，打造智慧景区、智慧酒店、智慧旅游小镇、数字公园、虚拟现实主题公园等，推动发展无人机表演、全息互动投影、夜间灯光秀等数字化生活场景，探索以数字科技赋能文商旅体融合发展新路径，丰富数字文化消费体验。

三是培育数字文化消费热点。加强数字文化消费需求研判，把握新趋势、新特征、新人群，运用数字化手段打造产业供给链、创造数字文化消费新需求。利用大数据、云计算等技术，为消费者提供个性化的数字内容服务，提升数字文创重点领域消费水平、层次和能级，开发定制化消费、互动式消费、体验式消费，促进数字文化消费品质升级。针对“Z 世代”、银发群体等不同人群的消费特征，提供更多元、精准、高品质的数字文化消费产品服务。积极推动数字文化下乡进村，消除数字鸿沟，培养农村数字文化消费习惯，以更丰富、更优质的内容满足人民精神文化需求。

---

① 曾文麒：《把握文化发展新趋势 大力发展数字文化消费》，《人民日报》2023 年 8 月 31 日。

② 焦勇：《释放数字文化消费潜能》，《经济日报》2023 年 8 月 2 日。

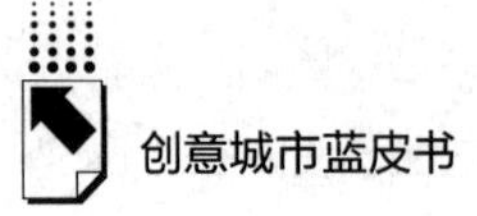

（四）数字文创产业更具竞争力，培育数字科技赋能文创产业高质量发展的新优势

一是提升数字文创企业优势。深入推动产业建圈强链，培育壮大“根植性”文创“链主”企业，促进文创产业链和创新链深度融合。一方面，引优育强壮大数字文创链主企业。由关键点引领关键链、由关键链带动关键面，聚焦数字文创重点领域，招引优质链主、培育“有根”链主。开展产业链补充式、填充式招商，分链分级梳理国内外数字文创链主企业战略布局、产业技术路线选择、产业基金分布和项目承载地资源现状，瞄准世界500强企业、大型跨国企业、“隐形冠军”企业、瞪羚企业、独角兽企业、品牌企业招引，带动关联企业、产业链项目、文创技术人才和创新团队来蓉发展。支持成都数字文创龙头企业冲刺世界500强、中国500强、中国文化企业30强。另一方面，梯度培育做强链属企业。分层级加大对数字文创“有根”企业的梯度培育，培育上市企业和专精特新企业，推动优质企业上规、上市、上云、上榜，做大做强做优本土链上企业和关联企业。支持企业申报各级各类研究中心（基地），建立健全成都数字文创企业30强发布机制和成都数字文创重点企业库、项目库。聚焦细分领域和关键环节，建立并动态更新数字文创产业链重点培育企业名单，优化人才、基金、中介、平台、场景要素配置，推动数字文创产业聚链成群。

二是提升数字文创行业优势。依托成都影视城、天府数字文创城、东郊记忆艺术区等产业建圈强链主要承载地和协同发展地，聚焦网络文学、数字影视、数字音乐、数字动漫、数字艺术、电竞游戏、装备制造七大重点领域，提升数字文创产业集群竞争力。加快推进成都智媒体城、三体宇宙全球总部、哔哩哔哩西南总部、网易成都研究院、西南影视产业园数字影视拍摄基地等重大项目落地投运，招引一批高能级、牵引性重大项目，前瞻布局数字文创、科幻产业等未来赛道，聚力提升影视、科幻、电竞、数字文创装备制造等领域竞争优势。持续打造“影视之都”，聚焦影视产业建圈强链，持续优化创作环境、引聚影视企业，联合头部影视企业和知名团队推出电影

《哪吒之魔童闹海》《江口沉银》、电视剧《苍穹以北》等大剧大作，吸引《流浪地球 3》等作品在成都创作。抢抓短剧风口，鼓励成都本地专业影视制作公司、MCN 机构、游戏厂商等投入短剧赛道，构建短剧创作生态。促进科幻文学创作及科幻产业发展，加强科幻内容创作、科幻 IP 运营，丰富科幻原创内容，探索面向全球的科幻 IP 交易渠道。着力培育“天问”科幻文学奖品牌，将“天问”科幻文学奖打造成为科幻界全国唯一官方奖项。加快培育电子竞技自主品牌赛事，持续提升王者荣耀、穿越火线等优秀赛事国际影响力、吸引力，支持企业开展电竞游戏产品开发、赛事运营、经纪管理、转播制作，推动电竞产业提质升级。加快发展数字文创装备制造业，推动成都电子信息产业功能区、成都影视城、成都未来科技城、天府智能制造产业园、西岭雪上文体装备功能区、青城山旅游装备产业功能区、简州智能装备制造新城等装备制造能级提升，打造国内领先的数字文创装备集群承载地。

三是培育数字文创新业态新模式。推动数字文创和旅游、演艺、会展等产业融合发展，加快培育交互式、体验式融合新业态。推进智慧旅游景区建设，培育沉浸式文旅新业态，提升旅游产品开发和旅游服务设计的文化内涵及数字化水平，开展线上精准度假定制服务。打造“景区数字终端、互联网、手机”立体旅游综合服务平台，推出系列“云游成都”产品和服务，促进虚拟旅游展示等新模式创新发展。加快虚拟现实视频、“5G+VR+AI 云演艺直播新业态城市未来场景实验室”、“5G+4K/8K 超高清直播”等多元化交互场景优化升级。推出系列“云展览”，发展“互联网+展陈”“互联网+艺术品交易”等新模式。加快研发数字艺术呈现技术、数字化展演展陈技术服务，提升数字化、网络化、智能化水平。

（五）数字文化贸易更具新优势，提升数字科技赋能文创产业高质量发展的国际影响力

一是建强文化进出口基地。推进国家文化出口基地建设，发挥基地集聚、引领和辐射作用，探索一批适应文化贸易创新发展的模式和经验。创建

覆盖文化产品和服务全链条、全流程的云生产和服务体系，以数字技术推动基地文化生产和贸易升级。支持企业申报国家文化出口重点企业和项目，在优体制、优政策、优渠道、优服务等方面持续发力。持续优化基地和园区服务功能，推动行业制定科学发展策略，为数字文创企业提供政策指导、通关便利、外汇金融、保险、翻译等服务，助力企业参与国际竞争，不断提高数字文创产品和服务在对外文化贸易中的占比。

二是做优对外贸易主体。创新数字文化服务出口新业态新模式，推动动漫游戏、影视作品等数字文创产品和服务出口，引进一批数字文创跨国公司地区总部、功能型总部企业，培育一批市级数字文创出口重点企业，发展一批对外文化贸易中介机构，推出一批海外年轻人喜爱的数字文创产品。搭建国际数字文创交易平台，鼓励成都数字文创企业参加境外知名展会、投资推介会，支持线上文创产品展览交易会等新模式，鼓励支持龙头企业通过开放平台、共享资源、产业链协作等方式推动成都文化企业“走出去”。加强本土数字文创企业与国际知名品牌机构的业务合作，鼓励企业通过电子商务、项目合作、海外并购、设立分支机构等方式开拓国际市场。

三是提高数字内容国际传播力。通过数字技术赋能，推动成都文创产品突破时空限制，实现更广范围的即时传输。支持数字艺术、云展览和沉浸体验等新型业态发展，积极培育网络文学、网络视听、网络音乐、网络表演、网络游戏、数字电影、数字动漫、数字出版、线上演播、电子竞技等领域出口竞争优势，提升文化价值，打造具有国际影响力的成都文化符号。持续打造中国网络视听大会、世界文化名城论坛·天府论坛、数字文创产业成都峰会、FIRST 成都惊喜电影展等一批品牌节会，把金熊猫天府创意设计奖等奖项打造成为国际化品牌。

（六）数字文创环境更加优化，强化数字科技赋能文创产业高质量发展的要素保障

一是完善数字文创政策支持体系。坚持“一个产业一个政策、一个企业一套办法”，落实数字经济、战略性新兴产业等相关产业政策，出台数字

文创重点行业支持政策，形成数字文创产业政策最精准、最专业的“成都口碑”。健全产业统计标准，推动建立部门间产业数据共享机制，发布统计数据和产业发展报告。密切跟踪产业发展趋势，开展行业监测和前瞻性研究，推动多方共建数字文创研究机构。推动有条件的区（市）县将数字文创产业纳入当地国民经济和社会发展规划、重点专项规划。推动跨部门、跨领域的政策协同，确保各项政策在支持数字文创产业发展上形成合力。

二是完善数字知识产权保护制度。结合数字文创产品的特点，探索数字版权、算法、商业方法、人工智能产出物等新型知识产权的保护范畴和模式。依托现代信息手段，建立便捷高效的数字版权维权机制，加快数据要素市场体系建设，加快建设成都数据交易所（中心），推动数据场内交易，完善版权保护平台，提供一键投诉举报、产品维权通道等便捷操作方法。加大知识产权执法力度，严厉打击盗版、侵权等违法行为，维护良好的市场秩序和公平竞争环境。加强知识产权保护的社会宣传和教育，提高全社会的知识产权保护意识。

三是健全数字文创人才引育体系。以内容创作、项目策划、创意设计、经营管理、投资运营、文化金融、国际合作等为重点领域开展人才培育工作，鼓励发展“互联网+”教学和数字技能培训，建立数字文创人才实训体系，探索建设数字文创职业教育特色学院。依托“蓉漂计划”“产业生态圈人才计划”等吸引一批高端人才，鼓励成都籍人才回蓉发展，落实人才落户、子女就学、医疗保障、出入境等配套政策。谋划建设一批能够支撑城市数字文创产业发展的高端智库和创新团队。为数字文创人才提供创业指导、融资支持、法律咨询等全方位的服务保障，帮助其解决创新创业过程中遇到的实际问题。

B.2
2023年成都市文化创意产业发展分析报告*

中共成都市委宣传部、成都市统计局**

摘　要： 成都市全面贯彻中央和省委关于推动文化产业高质量发展的决策部署，坚持文化与科技、文化与创意融合发展，深入推进产业建圈强链，着力强链补链、招大引强、金融赋能，加快建设独具人文魅力的世界文创名城。本报告基于对成都市文创产业发展现状的分析，认为现阶段成都市文创产业发展仍存在高能级链主企业不多、新业态待培育壮大、文化数字化创新程度低等发展障碍，并从项目提速、项目提能、品牌提质、服务提效等四个方面提出了推动成都文创产业高质量发展的对策建议。

关键词： 文创产业　建圈强链　文化科技　成都

一　成都市文创产业发展现状

2023年，成都市坚持以习近平文化思想为指导，以推动高质量发展为主线，坚持优结构、强平台、建载体、提服务，高水平推动世界文创名城建设，实现了文创产业发展量质齐升。

（一）经济贡献稳步增长

1. 产业规模能级实现“双倍增”

企业营收实现倍增。成都市文创企业总营收从2018年的3870.7亿元增

---

* 本报告的经济数据均来源于成都市统计局。

** 执笔人：刘成敏，中共成都市委宣传部产业处处长；蔡玻，成都市文化产业发展促进中心工作人员；孙焱，成都市统计局人口就业和社会科技统计处处长；袁菁遥，成都市统计局人口就业和社会科技统计处二级主任科员。

加至 2023 年的 9304.75 亿元，增长 140.4%。产业增加值实现倍增。2018~2023 年，成都市文创产业增加值从 1172.9 亿元增加到 2574.94 亿元，增长 119.5%（见图 1）。文创产业成为重要经济增长点。

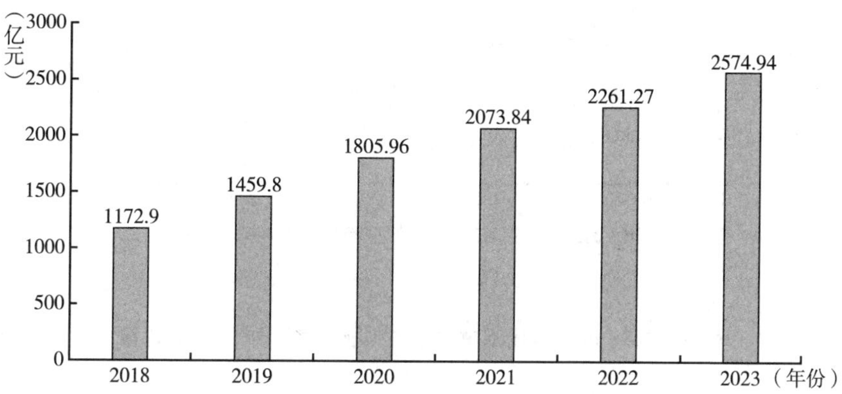

图 1　2018~2023 年成都市文创产业增加值

2. 产业质量效益展示“高能级”

成都市文创产业增加值自 2021 年迈上 2000 亿元台阶后，持续保持高速增长态势，年均增长 17%，超过全市 GDP 增速，在经受疫情影响后，2023 年文创产业增加值增速再次回到两位数，达到 13.9%，高于 GDP 增速 7.9 个百分点（见图 2），文创产业增加值居全国副省级城市第 3 位，产业规模位居全国城市前列。

3. 支柱地位日益巩固

2018 年以来，成都文创产业增加值占 GDP 的比重由 7.64%上升至 2023 年的 11.65%，成为全市重要新兴支柱产业，对城市经济的贡献率稳步提升。在 2020 年文创产业增加值占 GDP 的比重首次突破 10%后，2023 年首次突破 11%，连续 4 年稳定在 10%以上（见表 1），在经济总量中的占比不断提升，支柱地位日益稳固。

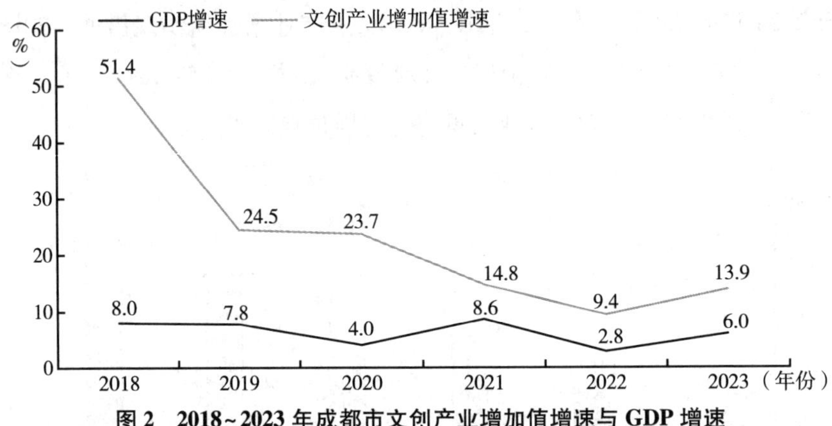

图 2　2018~2023 年成都市文创产业增加值增速与 GDP 增速

表 1　2018~2023 年成都市文创产业增加值及占 GDP 的比重

单位：亿元，%

年份	2018	2019	2020	2021	2022	2023
增加值	1172. 90	1459. 80	1805. 96	2073. 84	2261. 27	2574. 94
GDP 占比	7. 64	8. 58	10. 19	10. 4	10. 86	11. 65

（二）文创产业链不断健全

1. 产业结构持续优化

2023 年，创意设计、动漫游戏等八大重点行业实现增加值 2003. 2 亿元，增长 11. 09%；八大重点行业实现营收 8229. 64 亿元，增长 18. 9%。创意设计业实现增加值 516. 8 亿元，增长 13. 81%，贡献率达 26. 7%，在八大重点行业中增速排位第一，拉动增长 3. 36 个百分点。现代文博业保持快速增长，实现增加值 130. 9 亿元，增长 39. 41%，在八大重点行业中排名第一，贡献率达 15. 76%，拉动增长 1. 98 个百分点。八大重点行业中，只有动漫游戏（同比下降 0. 37%）、传媒影视（同比下降 13. 25%）为负增长，文化装备逆势上涨，实现增加值 105. 04 亿元，首次突破百亿元，增长 35. 2%。

2. 市场主体更加活跃

全力推动企业“上规、上市、上云、上榜”，2023 年新增规上文创企业

322 家、上市文创企业 1 家、上云企业 326 家，四川新华出版发行集团等 2 家企业入选全国文化企业 30 强及提名企业，力方视觉等 12 家企业入选 2023~2024 年度国家文化出口重点企业。从规上文创企业来看，2023 年八大重点行业规上文创企业 2930 家，实现营收 7383.43 亿元，增长 19.3%；其中，营收 50 亿元以上企业 31 家，实现营收 4764.7 亿元，产业链竞争力逐步提升。

3. 重点项目加速落地

坚持“走出去”和“引进来”相结合，以产招商、以商招商等协同推进，2023 年，成都赴北京、上海等地开展招商引资活动 10 次，签约引进三体宇宙全球总部、哔哩哔哩西南总部等优质文创项目 86 个，总投资 410 亿元，较上年分别增加 54 个、156 亿元。其中，高能级项目 14 个，总投资约 69 亿元。29 个省市重点项目加快建设，完成投资 68.3 亿元，完成目标进度的 115.2%。

（三）产业承载力逐步提升

1. 空间布局不断优化

坚持以“三个做优做强”为牵引，持续优化全市文创产业空间布局，加快打造四川天府新区和成都高新区增长极；以中心城区为主要区域，构建文创产业动力核；以城市新区为主要区域，构建文创产业协作圈，打造西部郊区新城龙门山文创生活示范区和东部郊区新城龙泉山—沱江先进文创智造区，打造“极核辐射、一圈环构、两翼齐飞”的文创产业发展新格局。

2. 载体平台支撑有力

接续打造中国（成都）网络视听产业基地、青羊绿舟文化产业园等 19 个国家级功能性产业平台（基地）（见表 2）、锦江文化创意产业园等 24 个省级园区（基地），新增梵木文化产业园等国家级文化产业园区（基地）2 个，成为副省级城市中唯一拥有 2 个国家级文化产业园区的城市，产业空间布局持续优化，呈现特色化、差异化、集群化发展的良好态势。

表 2　成都市国家级文化产业功能性平台

门类	名称
国家级文化产业平台（9个）	中国（成都）网络视听产业基地
	中国（成都）超高清视频创新应用产业基地
	国家版权创新发展基地
	国家文化和科技融合基地
	国家文化出口基地
	国家音乐产业基地
	国家数字服务出口基地
	国家超高清视频创新中心
	国家级视觉融合场景体验技术创新中心
国家级文化产业示范园区（2个）	成都青羊绿舟文化产业园区
	梵木文化产业园
国家级文化产业示范基地（8个）	成都武侯祠锦里旅游文化经营管理公司
	四川建川实业集团
	成都市三圣花乡景区
	成都市兴文投资发展有限公司
	成都洛带客家文化产业开发有限责任公司
	成都演艺集团有限公司
	成都传媒文化投资有限公司
	中国（成都）网络视听产业基地

3. 重点区域有序增长

2023 年，23 个县（市、区）均完成目标任务，实现了有序增长，其中，16 个县（市、区）文创产业增加值增速高于全市平均水平。从重点区域来看，“3+4”区域（四川天府新区、成都高新区、青羊区、武侯区、成华区、郫都区、大邑县）共有规上文创企业 1474 家，增加 157 家；实现营业收入 4761.09 亿元，增长 28.42%，高于全市 14.52 个百分点；实现增加值 860.9 亿元，增长 10.4%，占全市文创产业增加值比重为 33.43%。

（四）要素保障更加有力

1. 重点行业抢先布局

出台全国首个城市级科幻产业发展实施意见，提出打造具有全球影响力的科幻中心城市和全球科幻文化重要承载地、科幻 IP 创作运营示范地、科幻产业科技创新策源地、科幻产业高质量发展引领地，明确了 6 大重点领域和 16 项重点发力方向，着力构建“一核引领、两区联动、多点支撑”的发展格局，到 2027 年打造科幻产业落地转化载体平台 10 个以上、培育“链主”企业 5 家以上，加快建设具有全球影响力的中国科幻之都。编制科幻产业五年发展规划和三年行动计划，研究制定支持科幻产业发展政策，构建科幻产业落地实施政策体系。中国科幻研究中心、成都高质量发展研究院联合发布的《2024 中国成都科幻产业报告》显示，2023 年成都科幻产业总营收达 235.21 亿元，同比增长 17.49%，稳居全国城市科幻产业发展第一阵营。

2. 文创金融高效赋能

设立西部地区首个区域性股权市场文化专板“天府文创板”，首批 20 家企业上板挂牌，实现融资超 3 亿元。“文创通”贷款累计支持索贝数码等企业 385 家合计 832 户次，授信金额超 43 亿元。文创产业投资基金签约子基金 12 只，直投项目 6 个，连续 3 年荣获“中国文化产业十佳政府引导基金”。

3. 专业服务激发活力

建立文创业（数字文创）建圈强链链长制工作专班，累计成立成都市数字文创产业联盟、成都动漫游戏协会等中介机构 8 个；1 人入选四川省天府英才计划，10 人获评成都市文创产业领军人才。开展“蓉易见”活动 12 次，解决企业融资、用工等问题 15 件；2023 年协助审核通过版号游戏 78 款，较上年同期增加 22 款，居全国第 6 位。

（五）文商旅体融合迭代升级

1. 文化消费场景多样

持续打造 200 个“最成都 · 生活美学新场景”等文旅新场景、200 余个体育消费新场景，为夜间消费最活跃城市。拥有博物馆 192 家，其中非国有博物馆 119 家，非国有博物馆数量居全国第一位；实体书店 3678 家，总量位居全国第一；音乐厅、剧院等演艺场所 108 个。融合平台类型拓展，吸引聚集 1000 余家影视文化企业和机构落户，电影票房稳居全国前四；演艺市

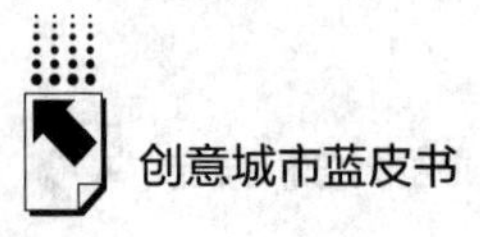

场繁荣，举办演出活动4000余场、票房高达12亿元，跻身全国音乐演艺“第三城”。

2. 文旅业态产品丰富

2023年上榜“中国十大旅游目的地必去城市”，入选首批国家文化和旅游消费示范城市、首批国家体育消费试点城市，建成多个国家级夜间文旅消费集聚区与成都文旅消费新业态示范区，青羊区—郫都区—都江堰市入选国家文化产业和旅游产业融合发展示范区建设单位名单。文旅融合精品供给丰富多元，全面打造以龙门山脉与龙泉山脉为重点的户外休闲运动发展格局，“西岭雪山”入选2023中国体育旅游精品项目，“夜游锦江”项目入选全国20个沉浸式文旅新型业态示范案例，宽窄巷子入选首批“全国示范步行街”。

3. 文商旅体深度融合

2023年，全年累计接待游客数量增长71%，旅游收入达3700亿元、实现翻番；体育产业总规模突破1100亿元、体育消费总规模突破690亿元，高质量举办第31届世界大学生夏季运动会、汤尤杯等重大体育赛事，“金牌球市”强势回归，成都蓉城中超主场总上座人次达52.49万人、场均人数达3.39万人，位居“全球体育之都”榜单全球第八、中国第二。

（六）品牌影响力显著增强

1. 精品力作竞相涌现

推动文艺创作“攀原登峰”，推出电视剧《故乡，别来无恙》《公诉》《做自己的光》、纪录片《非遗珍宝在成都》，电影《孤军》《白塔之光》《再见，李可乐》全国公映，《大熊猫》舞剧全国巡演。推动精品图书出版，《百年辉煌》入选“中宣部2023主题出版重点出版物”，“中国有个战旗村”入选2023年国家出版基金资助项目，《中国科幻口述史》入选腾讯好书2023年文学好书榜。“蓉宝”“科梦”等文创产品火爆出圈。

2. 数字文创加速发展

加快构建“双核、多极、两带”的数字文创产业空间发展格局，提升成都数字文创产业联盟服务效能，搭建成都国际数字版权交易博览会、成都

（国际）数字娱乐博览会等产融对接平台；出台《成都市推进国家文化数字化战略实施方案》，明确加快文化机构数字化转型升级、发展数字化文化消费新场景、加快文化产业数字化布局等 7 个方面 19 项重点任务，加快推进成都文化数字化建设。成都位列“科技集群”百强榜全球第 24 位、中国第 9 位。

3. 城市知名度不断提升

深入开展国际文化交流，加速构建以世界文化名城为主品牌的城市文化品牌体系。成功举办第 81 届世界科幻大会、第九届中国国际版权博览会、世界文化名城论坛等品牌活动，IGS · 中国（成都）国际数字娱乐博览会成为中西部唯一的国家级数字文创类博览会。发力电子竞技领域，成功举办 2023 年王者荣耀世界冠军杯、2023 穿越火线世界总决赛（CFS）、2023 永劫无间世界冠军赛总决赛等五大世界级电竞赛事。世界文化名城论坛前秘书长保罗 · 欧文斯在《世界文化创意中心城市报告》指出，丰富多彩的文化、创新精神、政府支持、不断增长的专业人才规模以及传统和现代的无缝融合等，正促使成都成为中国乃至亚洲充满活力的全球数字创意中心。

二　成都市文创产业发展存在的问题

（一）高能级链主企业不多

链主企业散、小、弱的问题尚未根除，“根植性”头部企业少，缺少像北京字节跳动、上海哔哩哔哩、杭州阿里等的本土高能级企业以及行业“隐形冠军”企业、独角兽企业。入选“全国文化企业 30 强”企业数目仅 2 家（含提名），与北京（4 家）、上海（6 家）相比还有差距；文创上市企业数量仅为广州的 47%、上海的 67%；部分链主企业存在能级不高、带动力有限的问题，如域上和美集团有限公司虽然入选 2023 年“全国文化企业 30 强”提名企业，但 2023 年营收仅为 6.7 亿元，在成都尚未开发出具有全国影响力的精品演艺项目。

（二）新业态仍待培育壮大

区块链+文创（NFT）、文博+元宇宙、“电竞+”和“沉浸式娱乐+”等新业态产业集约化水平低，产业链缺失环节较多，总体处于价值链低端；具有产业引领性、市场牵引力的重大项目不多，在2023年新招引的86个项目中，仅有3个项目投资超30亿元，缺乏投资超50亿元的大型项目。文创品牌影响力不强，缺少像上海咖啡文化周、杭州国际动漫节等的品牌活动。目前，仅《熊猫》《苏东坡》2个节目入选“2023全国演出市场社会效益和经济效益相统一优秀演出项目”，暂无作品入选精品演出项目名单。

（三）文化数字化创新程度偏低

文化资源的数字化利用模式不够系统，文博文创数字化开发形式单一。产品市场化运作不够，与“成都造”带来的市场效益还不相匹配。文化产品数字化、智慧化平台普及率和活跃度较低，沉浸式体验式消费新场景、大型旅游演艺剧目还偏少。全国主要城市沉浸式体验项目的数量在全国占比，成都仅为7%，远低于上海（24%）；虽催生了众多具有前沿性的创新项目和高科技企业，从全国主要城市申请文创产业领域关键技术专利数量来看，成都（403件）仅排名第6位，与北京（1978件）、深圳（1471件）、上海（798件）相比，文化创新竞争力待提升。

三　成都市文创产业高质量发展实施路径

（一）深入实施项目提速行动

加快重点项目招引。创新“链主企业+产业基金+领军人才+中介机构+公服平台”招引模式，动态更新产业图谱和“5+N”生态清单，赴北京、上海、深圳、广州等地开展招商推介活动，围绕“文化+创意”“文化+科技”“文化+数字”等重点方向，瞄准米哈游、阳狮集团、雅昌集团等链主企业，力争招引高能级项目10个以上。推进重点项目建设。着力抓好38个重点项目建设，总投资492.07亿元，2024年计划完成投资70.64亿元，增长11.2%。加强项目策划储备。坚持将项目推进与“三个做优做强”重点片区综合开发、城乡融合等项目结合。策划储备西南影视产业园数字影视拍摄基地、东郊记忆北片区文化产业园等项目16个，加快形成连点成线带面效应。

（二）深入实施产业提能行动

重点培育八大行业。加快构建以创意设计、现代时尚、动漫游戏为支撑的现代文创产业体系，持续巩固文创产业在全市经济中的支柱性地位。2024年，力争创意设计营收超2000亿元，现代时尚、文化装备营收超1500亿元。聚焦打造三大产业。聚焦“影视+”产业，出台成都市促进影视产业发展若干措施，推动影视行业“聚人才、出作品、强企业、优生态”四维协同发展，充分利用好第11届中国网络视听大会成果，加快布局微短剧、网剧产业。聚焦“科幻+”产业，出台全国首个城市级科幻产业5年发展规划、3年行动计划及配套政策，奋力打造具有全球影响力的科幻之都。聚焦“游戏+”产业，制定推动成都动漫游戏产业高质量健康发展的若干措施，重点实施企业招引培育、原创精品研发、发行提质提效、产业生态营造、强化要素保障五大工程，力争动漫游戏营收超800亿元。加快布局四大新赛道。布局文创“元宇宙”、国潮新文创、微短剧影视、“AI+文创”四大新赛道，大力发展数字影视、数字音乐、数字艺术品、数字出版、数字文化装备等新兴文化业态。

（三）深入实施品牌提质行动

高品质举办“高能级”重大活动。办好首届“天问”华语科幻文学大赛、世界熊猫家园·熊猫文化创意大赛、第37届大众电影百花奖颁奖典礼、金芙蓉文学艺术奖等重大品牌活动，积极争取2025~2027年度中国游戏产业年会落地成都，持续办好成都数字版权交易博览会等文创品牌活动。高标准擦亮“成都味”特色品牌。全面加快蜀锦蜀绣产业发展振兴，推动出台

“成都市促进蜀锦蜀绣高质量发展的若干措施”“蜀锦蜀绣高质量发展三年行动计划”等政策措施，增强蜀锦蜀绣产业发展新动能。发展壮大成都“老字号”品牌，打造“成都礼物”“这礼是成都”等文创精品品牌。高水平打造“现象级”精品力作。推动文艺创作“攀原登峰”，对接郭帆导演团队争取《三体》系列短片落地，与峨影集团合作成龙最新电影《P 计划》，重点推出电影《哪吒之魔童闹海》《太空冬眠》、电视剧《苍穹以北》《好运家》、纪录片《蜀·风流人物》《诗美成都》等精品力作，全力争取“五个一工程”等全国性奖项。

（四）深入实施服务提效行动

做强金融服务。联合成都银行，创新发行全国首单版权资产支持票据（ABN）文创金融产品，签约星合互娱等企业 20 余家，金额达 3 亿元以上。加快筹建总规模 30 亿元的成都科幻与未来产业发展基金，聚焦重点细分赛道，强化“投新、投早、投小”。推动“文创通”贷款累计授信超 45 亿元，支持企业 880 户次以上；“天府文创板”上板企业 30 家，实现融资 5 亿元以上。加强招才引智。用好“蓉漂计划”“蓉城英才计划”“产业建圈强链人才计划”，加大科幻、游戏、传媒影视等文化科技融合产业人才引育力度，力争培育“产业建圈强链领军人才”10 人。开展成都文创名企进名校招才引智活动，推动文创人才校企“靶向对接”。建设文化大数据中心。组建成都市文化大数据公司，建设运营成都市文化大数据中心，加快文化资源数字化，推动古蜀、三国、大熊猫、蜀锦蜀绣等特色文化资源创造性转化、创新性发展。建强成都文交所、成都数字版权综合服务平台、全国文化大数据交易中心·巴蜀文化专业中心等文化数据服务平台，推动文化数据资源化、资产化、资本化。

专 题 篇

B.3 中国数字文化发展现状与前瞻及对成都的启示

杨永恒　杨 楠*

摘 要： 数字技术日益融入社会发展的各个领域，成为推动城市发展、促进文化繁荣的关键动能。本报告系统总结了我国数字文化发展的主要成就，如数字文化发展态势持续向好、公共文化机构数字化转型取得新进展、数字文化新业态与新模式层出不穷、中华传统文化数字化转化加速推进、网络精神家园更加风清气朗、数字文化贸易助力中华文化“走出去”，等等，成为推动文化高质量发展的重要动能。同时也要看到，我国数字文化发展仍面临诸多挑战，如数字文化空间的规则和生态亟待重构、生成式人工智能引发意识形态偏见、传统文化资源数字化转化利用不足、数字文化发展的包容度不高以及数字文化发展引发治理新难题，等等。在此基础上，本报告针对下一阶段我国数字文化发展，从扩大高质量数字文化供给、人工智能技术赋能文

* 杨永恒，清华大学公共管理学院教授，博士生导师，清华大学中国发展规划研究院副院长，研究方向为文化战略与政策；杨楠，清华大学中国发展规划研究院博士后，北京工业大学艺术设计学院讲师，研究方向为文化发展规划。

化发展、推动文化与科技深度融合、完善数字文化治理、促进数字文化交流互鉴等角度提出了对策建议。本报告还结合成都实际，从数字文化软硬件建设、城市间数字文化发展协同、数字文化产品内容创作生产、数字文化产业生态体系、引领数字文化发展议题设置、加强国际数字文化合作等方面，就推进成都数字文化发展提出了对策建议。

关键词： 数字文化　数字文化产业　成都

数字技术作为世界科技革命和产业变革的先导力量，日益融入经济社会发展各领域全过程，深刻改变着生产方式、生活方式和社会治理方式。[①] 随着大数据分析、人工智能、虚拟现实等前沿科技手段的广泛应用，一种以数字技术和互联网为基础的独特文化形态——数字文化应运而生。数字文化是随着数字技术和互联网的进步而兴起的一种独特文化形式，展示了现代信息技术所形成的新型生产、生活和思维方式，正日益成为促进城市发展、推动社会进步和实现国家振兴的重要动能。

一　我国数字文化发展的主要成就

（一）公共文化机构转型步伐不断加快

数字技术赋能公共文化机构转型发展。一方面，数字图书馆、公共文化云等数字公共文化服务模式层出不穷，文化产品和服务更加形象化、更具交互性、更易于理解，大大提升人民群众的获得感和满意度。例如成都市文化馆打造的“文化天府”云平台，为市民提供了看直播、享活动、学才艺、

① 《习近平向 2022 年世界互联网大会乌镇峰会致贺信》，光明网，2022 年 11 月 9 日，https://politics.gmw.cn/2022-11/09/content_36148376.htm。

订场馆、读好书等一站式和多元的文化服务，截至 2023 年底，累计注册人数突破 157 万人，下载量超过 280 万人次，总点击量达 1.3 亿人次，成为市民手中的“指尖充电站”。[①] 另一方面，得益于数字技术创新，公共文化机构的服务流程不断优化，服务效率大幅提升。如成都采用的“文旅 e 管家”大数据绩效管理平台，运用大数据监测技术实现了对超大城市公共文化服务效能的实时量化管理和评价，解决了基层文化阵地监管效率低下的问题，推动了公共服务质量的提高和服务效能的增长。

（二）数字技术催生了数字文化新业态、新模式、新产业

人工智能、增强现实（AR）、虚拟现实（VR）等技术的迅速发展，也为文化和旅游领域带来了诸多创新的服务与产品。一是新兴技术的应用极大地丰富了公众的文化体验，满足了多元化需求，并为传统文化产业注入了创新活力。例如，云展览、云演出、云直播和云录制等新形式正在成为常态，为观众带来了前所未有的审美体验，也为传统的展览和演出行业带来了新的发展机遇。2023 年，全国线上演播观众突破 18 亿人次，[②] 《龙凤呈祥》、《英雄时代》、《古籍里的古曲》、国乐作品数据库等线上演播示范项目广受好评。

二是在新技术的加持下，文旅深度融合，催生沉浸式体验新空间、元宇宙等新消费场景，增强了文旅经济的发展动能。如成都传媒集团东郊记忆构建的“赛博朋克光影街区”和“数字艺术展馆”智慧旅游沉浸式体验项目，通过整合科技手段与数字 IP 资源，提供了一系列主题鲜明、互动性强的文化活动，拉动了相关产业发展。再如成都交子大道元宇宙街区，游客借助 AR 导航探索交子大道，形成虚拟城市露天艺术展厅，将艺术引入生活，重塑城市空间美学，为城市文化发展赋予了现代科技气息。

三是数字文化产业规模持续扩大，产业结构进一步优化。以可穿戴智能

---

① 数据来源于成都市文化馆。

② 数据来源于文化和旅游部内部数据资料。

设备制造、数字出版、多媒体游戏动漫开发等行业为代表的新型文化业态呈现强劲的增长态势，2023 年，数字文化企业营业收入同比增长 15.3%，远高于规模以上文化企业平均增长率 7.1 个百分点，[①] 显示出强劲的行业带动效应。数字化进程也激发了文化资源的数据交易潜能，放大了数据要素的乘数效应，推动了文化数据要素产业的崛起。一些地方启动探索文化数据交易业务，旨在实现文化数据资产化和产业化，充分释放经济价值和社会效益。

（三）数字技术推动了中华优秀传统文化创造性转化、创新性发展

数字技术广泛应用于文物保护、非遗挖掘整理和历史文献研究等领域，为传统文化赋予了全新的生命载体。一方面，各类文化机构积极参与构建中华文化数据库，中国文化遗产标本库、中华民族文化基因库、中华文化素材库等关键资源被纳入国家文化大数据体系。在数字技术的加持下，文化遗产数字化覆盖率迅速提升，许多珍贵的文化遗产得以高效保存和利用。数字技术不断推动古籍的整理和利用，在创新文献生产方式、革新文本呈现形式的同时，还扩展了文献获取途径，进一步促进了古籍的整理、保护与传承。国际儒学联合会于 2021 年 9 月向台湾民间机构云赠送了《文澜阁四库全书》，数字化处理后该著作得以被更广泛和便捷地检索与利用。

另一方面，数字技术既实现了中华优秀传统文化资源的有效保护和传承，也为广大民众体验和欣赏中华优秀传统文化提供了更加生动活泼的方式，释放出强大的文化活力，让中华优秀传统文化“焕发新生”。“数字中轴”“云游长城”等项目借助数字化力量进一步实现对历史文化资源的深度挖掘和传播。三星堆博物馆新馆亮相，青铜神坛、青铜鸟足神像、青铜骑兽顶尊人像三组文物以 AI 算法数字化修复演示的方式进行展陈，裸眼 3D 还原考古“方舱”，新馆“出道”即“出圈”。成都金沙遗址博物馆对遗址馆进行数字化展示，借助高精度三维数据采集与重建、虚拟现实、三维动画、体感交互等技术，构建完成“考古时空门”“再现金沙 VR 眼镜”及“金沙

① 数据来源于国家统计局 2023 年全国规模以上文化及相关产业企业数据。

祭祀沉浸式投影”等互动数字化展项，更加深入地诠释了文物和遗址的深层次信息。

（四）风清气朗的网络精神家园蓬勃发展

网络文化发展迅速，互联网成为弘扬和传播主流价值观的坚实阵地、亿万民众精神生活的新家园。“学习强国”“全国党史知识竞赛”“红色文物100”等一批承载红色资源的 App 获得广泛关注，并在广大网民中产生了深远影响。在网络文化内容创作方面，文化创作引导成效显著，正能量故事照亮网络空间，一批弘扬主旋律、传递社会正向价值观的优秀作品应运而生，如《大博弈》《人世间》《我们这十年》《思想耀江山》《我和我的新时代》等电视剧及节目，深得大众喜爱，引发了广泛的共鸣和社会讨论。

此外，网络文学、综艺、影视、动漫、音乐、体育、游戏产品和数字出版产品、服务以及网络视听节目等网络文化形态呈现勃勃生机，涌现如《王者荣耀》《哪吒之魔童降世》《梦幻新诛仙》等现象级作品，这些作品不仅受到了广泛关注，也为网络文化的发展与繁荣带来了新的动力和机遇。广大网民积极创作生产向上向善的网络文化产品，2023 年全国网络文学作者规模已经达到 2405 万，网络作品数量超过 3620 万部，网络文学用户超过 5.37 亿人，展现稳健而持续发展的良好势头。①

借助生成式人工智能（AIGC）等先进技术，“内容生产自动化”等新模式不断开拓，为大众文化创新注入了前所未有的激情。大数据模型辅助创作有效降低了创作门槛，使得普通用户也能积极参与到文化创作过程中。这些新的技术手段实现了技艺“平权”，推动形成了全社会共同参与文化创造的新局面，构建了一个充满活力、包容并蓄、富有创新力的网络文化创新生态。

（五）数字文化助推中华文化影响力不断增强

数字文化成为中华文化扩大国际影响力的重要突破口。我国文化服务进

① 数据来源于《数字中国发展报告（2023 年）》。

出口快速增长，尤其是数字文化贸易迈上新台阶。截至 2022 年，我国对外文化贸易总额超过了 2000 亿美元，同比增长约 11%。文化产品的进出口额达到了 1803 亿美元，文化服务进出口额为 414 亿美元。[①] 以游戏、网络文学等为代表的数字文化产业成为中国文化对外传播的新载体与新表现形式。2023 年中国游戏产品海外市场收入超过 163. 66 亿美元，规模连续四年超千亿元，[②] 网络文学出海市场规模已超 40 亿元，海外访问用户约 2. 3 亿，覆盖 200 余个国家和地区。[③] 数字平台成为我国数字文化贸易的主渠道，以爱奇艺、腾讯、优酷为代表的头部网络视频平台正在不断提升中华文化国际传播效能。中国美食、美景、民俗、非遗等大众文化借助视频平台进一步扩大影响力，“阿木爷爷”“李子柒”等平民网红发布视频圈粉无数，用独特的方式向世界展现出中国文化之美，传递出中国智慧之光，助推文化传播从“走出去”向“走进去”纵深发展。

二　我国数字文化发展面临的重要议题

数字时代不仅深化了数字空间与现实世界的融合，也在不断加速社会信息化及虚拟化的进程，从而深刻重塑了社会的文化样态。推进数字文化的健康发展，必须持续响应和满足人们不断增长的精神文化需求和数字空间的互动需求，确保数字文化能够广泛惠及全人类。这正是数字时代文化建设的核心使命，我们必须深刻理解并积极关注以下关键议题。

（一）重新构建数字空间的规则与文化生态

数字技术的广泛应用使得虚拟空间与物理世界并存，深刻推动了经济社会形态的网络化和网络意识形态的多样化，从而催生了更为复杂和多元的网络文化生态。随着互联网的不断发展，网络空间日益成为人们获取信息、进

① 数据来源于商务部。

② 中国音像与数字出版协会：《2023 年中国游戏产业报告》，2023 年 12 月 15 日。

③ 中国社会科学院：《2023 年中国网络文学发展研究报告》，2024 年 2 月 26 日。

行交流互动的重要场所。然而，网络空间的独特性决定了不能简单地照搬现实世界的规则和秩序。以算法为核心的技术秩序带来了高效便捷的服务，但同时也可能引发信息不对称、算法歧视等问题，进而带来诸如安全、法律、道德、伦理和隐私等方面的社会风险。因此，建构网络数字时代的规则和秩序，以及营造良好的网络文化生态，将成为未来数字文化建设的关键焦点。[①]

（二）生成式人工智能应用引发的意识形态和社会偏见

生成式人工智能为 AI 的应用打开了广阔的应用前景，在文化创作领域也为插画、图片和视频创作等开辟了广阔的前景。在这一过程中，推荐算法等核心技术发挥着关键作用。然而人工智能目前尚无法确保所学习内容的真实性和客观性，存在着大量虚假信息和固化的社会偏见。运用 AIGC 算法进行文化艺术编码和解码时，操作者的立场和价值观可能不同，对文化进行不同的诠释，可能误导受众的文化认知。[②] 另外，由于大模型主要基于英文数据训练，并从英美视角产生“规范性”观点，生成式人工智能仍然面临复杂性、不确定性、不透明性以及可能导致生成不准确内容的“随机鹦鹉”等问题，从而引发事实错误、认知错误和价值观的扭曲，进而引发文化意识形态上的安全隐患。特别是在商业化运作中，快速低成本地使用人工智能会弱化创作者的情感感知能力与文化艺术的创造动力，[③] 从而影响文化产品的创新性，导致原创性文化产品和优质文化产品的匮乏。因此，如何合理使用人工智能服务于文化艺术创作生产等议题值得深入探讨。

---

① 杨永恒：《文化数字化与数字文化化——对数字文化发展再审视》，《人民论坛·学术前沿》2023 年第 1 期。

② 杨永恒：《人工智能时代社会科学研究的“变”与“不变”》，《人民论坛·学术前沿》2024 年第 4 期。

③ 李景平：《人工智能深度介入文化产业的问题及风险防范》，《深圳大学学报》（人文社会科学版）2019 年第 5 期。

（三）海量传统文化资源的数字化转化、资本化开发和品牌化塑造

我国坐拥底蕴深厚且种类繁多的文化资源宝藏，在推进文化资源的数字化转化、资源化利用和资本化开发上仍有较大发展空间。首先，现阶段各文化机构接入全国文化专网的内在动力尚未得到有效调动，文化大数据的潜在应用场景尚不明晰，急需相关政策和举措来加速推进国家文化大数据体系建设。其次，数字化文化产品形态较为单一，同质化竞争态势日益加剧。尽管部分传统文化企业已逐步认识到数字技术转型的重要性，但在实际操作层面依然拘泥于传统运营模式，未能与现代理念深度交融，这使得丰富的文化优势资源难以通过二次创新性开发实现价值最大化。最后，相较于美国、日本及韩国等文化产业发达的国家，我国在数字文化原创领域的竞争力尚显不足，尚未成功孕育出一批既能彰显民族精神内核、承继历史遗产，又能体现时代价值取向的标志性文化 IP 品牌。

（四）数字文化发展的包容性

随着信息技术的飞速发展，数字技术和工具已经深入生活，成为现代社会中信息交流、人际沟通乃至文化传播的重要载体，但是一些网络边缘人群的数字化能力相对较差，通常缺少有效利用数字化资源的技能。这不仅仅限于技术的使用层面，更包括对互联网上各种虚假信息、庸俗内容的识别与甄别能力的欠缺。在数字化浪潮的冲击下，这部分人群处于明显的劣势地位，从而加剧了城乡、区域以及社会群体间的数字文化差距，形成了难以逾越的数字文化鸿沟。这种鸿沟不仅仅是技术接入的不平等，更是文化体验和社会参与机会的不均等。在数字化成为主流的今天，有效提升数字文化发展的包容性，让数字发展机遇惠及普罗大众，是维护数字时代社会公平正义的应有之义。

（五）数字文化快速发展引发的治理难题

数字文化在快速发展的同时，也面临诸如监管不足、版权纠纷、数字安全等多层次、多维度的复杂挑战。一方面，随着技术的不断创新和应用，数字文化涉及的领域日益多元化，如虚拟现实、人工智能、区块链等在文化领域不断应用，给监管工作带来了新的考验。科学完善的监管标准与配套的法律依据尚处于缺位状态，各类数字交易成为监管“盲区”，文化市场的安全隐患亟待正视并消除。另一方面，文化版权确权、归属等方面存在的问题日益突出。AIGC 的出现使得数字文化版权归属问题变得更加复杂，如何通过法律手段和新技术有效进行版权确权，并解决法律认定等问题，需要进行深入探讨。

三　推动我国数字文化高质量发展的方向与策略

（一）持续扩大高质量数字文化供给，以满足人民精神文化需求

借助数字技术的力量，推动文化供给侧结构性改革深入，大力拓展高品质数字文化产品及服务的覆盖范围。第一，以国家文化大数据体系建设为核心，围绕文化资源库建设等关键环节，全面推进新型基础设施在数字文化领域的应用，尤其注重突破部门间、层级间的壁垒，实现文化资源的跨平台互联互通。第二，全面深化数字技术在整个文化产业链的渗透与应用，鼓励文化机构运用大数据、人工智能等技术，精准把握需求，为公众打造更加符合个性化和多元化需求的文化产品与服务。第三，积极推动公共文化资源数据的开放与共享，鼓励平台企业和数字文化企业深入开发与高效利用这些资源，进一步提升高质量数字文化内容的生产能力和市场供给能力。通过拓展应用场景，创新传播渠道，实现数字文化的广泛普及与深度传播。第四，充分利用网络视听、实时互动直播等形式，培育云端演艺和云端展览等新兴业态，促进线上线下文化服务消费深度融合，丰富用户数字文化新体验。第五，坚持城乡一体化的数字文化发展战略，使优质数字文化资源不断辐射农村地区、偏远地区和特殊群体，重点推进欠发达地区居民的数字素养提升行动，借助数字技术弥合区域、城乡和群体之间的文化鸿沟，

保证数字文化发展的包容性和普惠性，使每个人都能分享到科技进步带来的文化红利。

（二）拥抱人工智能技术，全面赋能数字文化的创新发展

人工智能技术的广泛应用将深刻改变数字文化领域，带来难得的机遇和深远的变革。第一，要加快建设中国自主的文化大语言模型，充分发挥中国在人工智能领域的技术优势和研发能力，依托中国庞大的人口基数和深厚的中华文明，加速构建具有全球影响力的自主大语言模型。第二，维护人工智能时代的意识形态安全，不仅要加速构建中国自主的大语言模型，还要引导用户理性看待和使用 ChatGPT 等大语言模型，持续训练海外大语言模型，既提升中华文化在大语言模型中的认知度、接受度和传播力，也推动主流大语言模型逐步成为开放、包容、融合的文化新空间。[①] 第三，需要强化人工智能研究中的伦理建设和价值导向，迅速制定相关使用规范和指南，以应对人工智能带来的伦理与道德挑战，包括数据隐私保护、算法偏见、环境影响及结果滥用等问题。第四，完善监管措施，建立法律法规体系，通过出台相关法律规定和有效措施，维护我国人工智能关键核心技术产权，确保人工智能技术在文化创作过程中始终安全可控。

（三）推动文化与科技深度融合，培育数字文化发展的新动力

数字技术是推动数字文化发展的基础，影响着文化数字化和数字文化化的进程和方向。第一，通过增加科技投资、项目孵化、引入风险资本、强化成果转化和加强知识产权保护等措施，完善数字文化的创新生态系统，加速新技术在文化领域的部署和应用，推动数字文化的快速发展和更新。第二，通过加大文化科技供给，支持建设新型文化科技研发中心和协同创新中心，强化基础技术研究，攻克核心技术难题，推进集成创新应

---

① 杨永恒：《人工智能时代社会科学研究的“变”与“不变”》，《人民论坛·学术前沿》2024 年第 4 期。

用，加速文化科技的发展。第三，促进数字文化的软硬件同步发展，集中力量攻克关键核心技术，提升我国在智能文化设备、游戏引擎、可穿戴技术和文化遗产保护等领域的技术领先地位。第四，推动数字技术与文化创意产业和旅游产业的深度结合，提升用户洞察、用户体验、产品创新和运营管理的整体质量和效率。

（四）完善数字文化治理体系，构筑清朗的网络精神家园

要健全数字文化领域的综合治理体系，推动形成良好的数字文化生态。一是完善网络数字空间的治理体系，结合自律、社会监督和政府监管，动员广大网民共同建设和管理网络精神家园。二是加强内容源头治理，完善数字文化产品的审核机制，促进积极健康的网络文化发展。三是推动数字伦理和网络文明建设，严厉打击网络暴力和违法犯罪，营造健康的网络文化环境。重点保护特殊群体，尤其是未成年人，加大对具有舆论动员能力和社会影响力的网络平台的监管力度，规范网络文艺生态链、网络空间亚文化及小众文化圈层的价值观和行为。四是引导新兴数字文化形态规范有序发展，建立适应新产业、新业态、新模式特点的监管机制，平衡行业需求与消费者权益，兼顾包容创新与规范运营的关系。五是针对数字藏品、NFT 和区块链等新兴现象，要加强线上产品与线下实物的关联，防范数字文化产品的虚拟货币化；加强对新兴文化现象的研究，及时制定规范和指南，避免出现“先污染后治理”问题。

（五）推动数字文化交流和相互借鉴，持续促进中华文化的深入传播

作为全球数字化进程的重要受益者及推动者，中国有责任也有义务为全球数字空间建设作出贡献。一是建议充分利用数字技术与新媒体工具，不断创新中外文化交流的方式，通过数字手段广泛传播中华文化，不断树立中国文化品牌形象。鼓励调动数字平台企业的积极参与，利用社交平台、短视频、网络视听等新媒体工具不断输出展示中国文化。二是鼓励各国挖掘和利

用自身的文化资源，积极开展网络文化传播，不断通过网络文化交流、学术交流、知识共享以及媒体合作等，使互联网成为一个展现不同国家文明成就的平台，实现各国数字文明美美与共的良好愿景。三是积极参与数字文化领域的国际事务，引导并参与数字动漫、网络游戏、网络视听、数字艺术、创意设计等领域的国际标准和规则制定。策划并举办全球性文化竞赛，不断提升我国在数字文化领域的国际影响力。四是加快发展数字文化贸易，培育一批具有国际竞争力的数字文化领头企业，提升在海外市场的渗透度。五是推动完善全球数字空间的对话与协商机制，强调政府、国际组织、互联网企业、技术社群、民间机构和公民个人等多方主体的作用，形成共商、共建、共享的数字命运共同体。

四　对成都数字文化发展的启示

《成都市“十四五”世界文创名城建设规划》中提出，将传媒影视、创意设计等八大产业作为发展重点，并明确要打造附加值高、原创性强、成长性好的现代文创产业体系。随着数字文化影响不断增强，成都在世界文创名城的建设规划中当以数字文化发展为契机，积极转变经济发展方式，不断完善现代数字文化创意产业体系，结合人文与科技深度融合的未来发展趋势，建议在以下几个方面持续发力。

一是以前瞻眼光打造数字文化软硬件环境，持续推动文化、经济、科技深度融合。积极对接国家文化大数据体系建设，完善四川省域国家文化专网，依托数字文化产权交易平台盘活海量文化数字化资源，丰富数字文化内容供给。持续推进公共文化服务供给模式创新，不断整合、更新、拓展线上公共文化平台功能，探索多元主体线上线下相结合的数字公共文化供给新模式。聚焦数字影视、数字音乐、数字动漫、电竞游戏等重点数字文化产业发展，进一步赋能传统文化产业数字化转型，丰富传统文化艺术数字文化产品与服务。赋予传统文化创造性转化和创新性发展空间，深化数字技术在非物质文化遗产保护、传承和创新性转化中的应用，推动巴蜀文化语料库建设。

不断挖掘古蜀文化、水利文化、丝路文化、三国文化等文化资源的价值，在数字影视、动漫、游戏等领域打造更具吸引力和竞争力的数字文化产品，满足不同群体的文化需求。

二是不断推动形成城市间数字文化协同发展新格局。城市数字文化发展需要形成集群效应，可依托“城市+区域”的多主体合力，实现城市间的产业优势互补、要素集聚优势互补、城市功能优势互补。不断推动成都国有文化企业聚焦主业优化产业布局结构，积极参与成渝地区双城经济圈、巴蜀文化旅游走廊建设和文化数字化战略，参与国家文化公园四川段和城乡公共文化服务体系一体化建设。推动将数字文化建设纳入成渝双城协同发展战略范畴，创新体制机制，整合成渝两地数字文化资源，实现优势互补、收益共享，不断形成成渝双城共创数字文化产业发展的强大合力。例如，推动成都的数字音乐、电竞游戏等数字文化产业与重庆的数字出版、文物保护装备制造等特色产业门类协同发展等。

三是推动成都数字文化产业建圈强链，构建具有竞争力的数字文化产业生态体系。重点扶持具有引领作用的数字文化链主企业，鼓励其进行技术创新、业态创新和模式创新，提升产业链整合与辐射能力。进一步促进国有文化资本在数字文化的投资布局，实施成都重点民营数字文化企业扶持计划，培育一批数字文化“独角兽”“瞪羚”企业。推动创新链与产业链深度融合，围绕数字文化经济、网络文化、数字空间治理等新兴领域，支持国家部委、科研院校、数字文旅企业在成都寻找务实合作的突破口，就技术精度、底层数据库搭建、数字文化产品制作等软硬件难题开展关键技术攻关与成果转化。

四是积极参与数字文化发展议题，打造中国最适宜数字文创发展的城市。推动生成式人工智能在成都数字文化领域的超前布局和落地应用，引导技术企业与文化企业的匹适性发展，构建智能文创大模型，在智能写作、智能影视、智能动漫等领域积极部署，赋能城市经济文化发展转型。大力推动数字文化多元主体投入成都城市文化建设，结合更多公共空间、文化场馆等资源，开发消费级应用场景，推动元宇宙、AR、VR 项目落地，打造景区、商圈沉浸式体验新空间，拓展消费新场景，不断优化市民和游客的数字文化消费体验。持续打造宜居城市，着力增强吸引力，集聚一批数字文创领域的高端人才，构建使人才安心的生活环境、使市场主体放心的营商环境、让资本充满信心的创业环境、让游客舒心的旅游环境、让顾客开心的消费环境，通过完善城市文化生活体验，不断激发数字文化创作灵感和数字文化新消费。

五是积极引导正能量数字文化内容创作与生产，促进新兴数字文化形态规范有序发展。依靠数字文化平台企业，重新构建内容生产系统性框架，重构并激活数字文化生产关系，形成人人广泛参与的文化生产模式，创造更多含有成都元素的优质网络文化内容。推动数字文化企业实现经济效益与社会效益的双向奔赴，努力把数字文化内容做得既“有意义”又“有意思”，致力于打造更多富有创意、高品质的网络文化内容产品，以生动鲜活的表达讲述反映新时代中国发展的“成都故事”。建立健全版权保护的监督机制，打击侵权盗版行为，维护数字文化合法权益，尤其是要加强对数字新业态的政策引导和监督管理，加强事前内容的审核和审查，防范违法违规行为。鼓励行业协会、平台企业、政府部门等多方合作，共同营造良好的数字文化发展氛围，共同推动数字文化产业朝着更加健康、可持续的方向发展。

六是加强文化领域的国际交流与合作，将成都打造为具有全球影响力和美誉度的世界文化名城。努力办好大型涉外文化活动，以发展数字文化为契机，在国际数字文化合作、文物数字化保护与利用等领域推出系列带有成都标识的国际品牌论坛，不断参与数字文化领域的全球议题设置。积极争取承办更多国际性知名文化活动，持续扩大中国网络视听大会、数字文创产业成都峰会、成都国际音乐节、成都国际诗歌周、成都金沙太阳节等一批品牌节会的国际影响力，提升成都的全球知名度和吸引力，形成成都的国际文化品牌矩阵。继续大力发展数字文化对外贸易，持续推动形成一批具有影响力的巴蜀文化 IP，将数字文化产品打造成具有国际竞争力的品牌，通过多样化的推广和营销手段，将成都的独特文化传播到世界各地。

B.4

文化产业数字化转型的国家战略视角：策略、实践与展望

宋洋洋*

摘　要：　数字技术的溢出效应深度赋能数字文化产业，在实践层面呈现业态融合、技术点状突破、数字场景拓展等特征。但针对数字文化产业发展的新逻辑研究仍欠缺逻辑性论证和探讨。本报告通过文献整理、案例研究等方法，研判国家文化数字化战略视角下数字文化产业的逻辑机理，提出了以文化数据资产化、文化产业数字化和文化空间智能化为主线的生态体系；提出了围绕中华优秀传统文化、社会主义先进文化和革命文化的文化核心、以“文化赓续—文化呈现—文化传播”三层递进为主的技术逻辑；探索了涵盖产业价值和社会价值两方面的价值逻辑。并以成都市文化场景为例展开场景验证，为数字文化产业高质量发展提供了一定的参考。

关键词：　文化数字化　数字文化产业　技术逻辑　价值逻辑

一　引言

党的十八大以来，以习近平同志为核心的党中央高度重视文化数字化建设，2022 年 3 月，中共中央办公厅、国务院办公厅印发《关于推进实施国家文化数字化战略的意见》，意味着文化数字化首次上升为国家战略。党的

* 宋洋洋，中国人民大学创意产业技术研究院副院长，湖南大学特聘教授，主要研究方向为文化科技融合。

二十大报告也提出，实施国家文化数字化战略，健全现代公共文化服务体系，创新实施文化惠民工程，文化数字化已经成为推动文化高质量发展、建设社会主义文化强国的重要战略选择。

当前，针对数字文化产业的研究内容日益丰富，但国内外尚未形成对数字文化产业的共识性看法和确定性定义。如欧盟于 1996 年出台《信息社会 2000 计划》，认为数字内容产业是运用先进数字技术和信息技术发展的产业，涵盖了视频、图片等多种产品和服务形式。① 英国创意产业特别工作组则于 1998 年出台《创意产业路径文件》，认为广播电视、电影录像等是数字创意在产业层面的重要体现。② 相较欧美、日本等数字文化产业优势地区，中国对数字文化产业的研究起步较晚。文化部于 2017 年出台了《关于推动数字文化产业创新发展的指导意见》，认为数字文化产业是以文化创意内容为核心，依托数字技术进行创作、生产、传播和服务的新兴产业，具备传输便捷、绿色低碳、需求旺盛、互动融合等特点，当下正在成为引领新供给、新消费，高速发展的数字创意产业的重要组成部分。在国家文化数字化战略落实后，顾江③将数字文化产业定义为在计算机、互联网及移动互联网等生产力要素变革支持下，创造了无尽数字化场景的文化业态，强调了数字技术对文化产业发展的赋能。

综上所述，数字文化产业可视为文化数字化在文化产业领域的发展表征和实践形式，它不仅是助力文化产业转型升级的重要选择，也是推动实施国家文化数字化战略的重要组成。现阶段，我国数字文化产业理论研究已经具有一定基础，但针对数字文化产业发展的生态系统、技术逻辑和社会价值逻辑的探索仍停留在浅层化阶段，尚未形成系统性数字文化产业发展逻辑框架。鉴于上述情况，本报告试图从国家文化数字化战略视角，从

① 靳雨露：《域外数字文化产业发展新态势——以数字文化产业政策法律对比研究为切入点》，《中国广播电视学刊》2021 年第 11 期。

② 罗仕鉴、杨志等：《文化产业数字化发展模式与协同体系设计研究》，《包装工程》2022 年第 20 期。

③ 顾江：《文化强国视域下数字文化产业发展战略创新》，《上海交通大学学报》（哲学社会科学版）2022 年第 4 期。

系统性、全局性的文化经济视角出发，探索数字文化产业的生态系统、技术逻辑和价值逻辑。

二　数字文化产业生态体系的三个层面

传统文化产业存在“联而不合”的问题，各领域尚未在产业发展链条中形成紧密关联，属于“块状经济”。国家文化数字化战略的实施重构了数字文化产业发展链条，形成了以数据资产化、产业数字化和空间智能化为主体的生态体系，包含要素层、核心层和应用层等三个层面。

（一）数据资产化筑牢要素层基础

要素层是筑牢数字文化产业生态系统的重要基础。数字资产化能够突破文化数字化发展中的“数据孤岛”等痛点，加速推动文化数据这一核心要素流动，并以文化数据资产化实现数据的跨领域、跨层级交易，经“采集—标注—关联—整合—交易”等环节解构并将其转化为具有资产价值的可交易数据，最终对接供需两端。文化数据资产化具有三大优势。

（1）文化数据溯源化。在隐私算法和随机纹理嵌入等技术支持下，数据平台能够为数据生成并嵌入永久唯一的数字编码。数字文化产业主体能够通过对数据编码和标识的提取和解析实现数据溯源，实现文化数据的安全流动，保障数字文化内容创作者的各项权利。

（2）数据模型定量化。通过构建文化数据价值评估模型、开展人工智能预训练等操作，不断循环修正数据指标及模型，能够对数据价值进行精准评估和分类①，为数据交易平台的建立和精准运营提供标准化的可量化数据，奠定数据基础。

（3）数据资产交易化。在数据可溯源、可量化的基础上，文化数据将具有明确的价值标注；在区块链和云计算等技术支持下，标准化的数据资产

① 宋洋洋：《文化数字化新阶段的价值导向与重点任务》，《群众》2021 年第 24 期。

能够在不同区块链间达成共识，形成多主体共存的多边交易市场，从而实现从文化数据向数据资产的透明转化。

（二）产业数字化做强核心层链条

核心层是加速文化要素流通、技术成果落地、数字场景应用的重要保障。文化产业数字化将加速数字技术向文化产业链、版权价值链和科技创新链的渗透进程，推动版权价值链和科技创新链助力文化产业链革新，从而实现数字文化产业全业、全程、全息发展。

（1）全业态发展。数字技术通过将非电子化载体上的文化内容进行数字化处理，推动新闻、出版等传统文化业态实现提质增效，促进短视频、虚拟主播等文化产业新业态涌现，丰富产品种类、增强产业效益、助力全业发展。数据显示，文化新业态营收从 2018 年的 2.1 万亿元增长至 2022 年的 4.38 万亿元①，文化产业也从数字经济领域内相对滞后的部门转变为先进部门。

（2）全流程发展。数字技术通过赋能数字文化产业“创意—生产—传播—体验”全环节链条，有效提升数字文化产业发展效能。在创意环节，人工智能、脑机交互等技术将以群智决策降低创意设计门槛；在生产环节，生成式人工智能的快速发展推动 AIGC 辅助文化产业提高生产效率；在传播环节，个性推荐、智能分发技术将实现数字文化内容向精准营销转变；在体验环节，VR、AR 等数字技术推动沉浸式展演等场景实现智能交互体验式发展。

（3）线上线下联动发展。第四次产业革命让虚拟仿真等技术助力文化产业跨越传统的传播介质、空间载体及时间界限，推动数字文化创意内容实现跨载体呈现、跨时空交互，为文化产业引入了互动化发展模式，拓展了数字文化产业“在线+在场”的全息新场景。

---

① 国家统计局：《文化产业实现规模效益双提升——第四次全国经济普查系列报告之五》，2019 年 12 月 6 日，http：//www. stats. gov. cn/xxgk/sjfb/zxfb2020/201912/t20191205_ 1767558. html。

（三）空间智能化实现应用层拓展

应用层是文化业态发展的现实场景表现，呈现为文化空间智能化赋能老旧厂房、公共文化场馆等现实空间及社交空间、游戏空间等虚拟空间改造，以智慧管理等手段推动现实场所的数字化，以元宇宙等技术增强虚拟场所的现实性。文化空间智能化具有以下三大特征。

一是城市文化空间再造。文化空间能够借助数字技术手段，融入地方文化特色，释放物理空间承载的文化记忆，通过打造一批城市艺术新空间，实现数字文化产业发展空间的重塑和再造。

二是文化场景智慧更新。人工智能等数字技术能够为文商旅综合体、文博场馆等文化空间提供网络化、个性化和智慧化服务，打造“千人千面”的智能体验和服务管理场景，契合消费者对数字文化内容个性化、定制化需求。

三是“上云用数”增强共鸣。全息投影、数字孪生等数字技术能够助力打造“云展演”“云演艺”等虚拟多维空间，实现跨地域、跨时空、跨设备的文化内容交互，为用户打造能够产生情感连接的文化空间，增强文化内容与用户的情感共鸣。

数字文化产业的生态系统数字技术赋能文化产业全链条、全流程的统筹整合，而要实现生态系统创新发展，仍需要明确技术逻辑以增强其核心动力，也需要剖析价值逻辑助力产业可持续发展，并在场景中展开实践验证，最终实现文化产业的高质量发展。

三　数字文化产业的技术逻辑起点与递进关系

通过分析数字技术在数字文化产业发展中的作用机理，本报告试图厘清数字文化产业的技术逻辑，即先以技术介入实现文化赓续，之后以技术重构丰富文化呈现，最终以技术支撑加速文化传播。在数字技术矩阵化驱动文化产业聚合化发展的前提下，以文化为核心、技术作驱动，数字文化产业逐渐形成了“文化赓续—文化呈现—文化传播”的技术逻辑递进关系。

（一）以技术矩阵化技术逻辑起点

1. "5G+云计算"做强文化数据优势

一是实现资源聚合化管理，5G 与云计算能够实现海量文化资产的聚合化存储和管理，提供高速检索和共享服务。二是实现资源的多重备份和保护利用，云计算数据中心不仅为资源存储提供多重备份和容灾设计，提高了数据保存的安全性，还为数据版权的跨主体、跨地域管理和授权提供了便利。三是实现资源的快速传输，5G 技术提升了大规模文化数据的传输速度，提高了文化资源的传播效率。

2. "XR+智能硬件"拓展文化呈现维度

一是提供沉浸式文化体验，XR 技术借助三维空间及其无限拓展的特性打造人机交互的虚拟环境，打造沉浸感强、互动性高的观赏体验。二是提供立体智慧体验，智能眼镜等智能穿戴设备能够随时提供定制化的文化内容和服务，增强用户的文化体验感。三是打造虚拟创作模式，XR、新型智能硬件更新了文化创作的新途径，例如 XR 虚拟制作技术能够实现影视虚拟拍摄，提高了拍摄效率、降低了拍摄成本。

3. "LBS+人工智能"促进场景智能交互

一方面是提升导览水平，提供实时位置和景点信息服务等虚拟导游服务，打造智能化文化场景导览。另一方面是提高个性化定制推荐水平，通过分析用户的浏览历史、位置信息等行为偏好，向用户精准推荐文化活动和文化场所。

4. "大数据+算法"实现知识图谱化

大数据与算法的应用加速知识图谱化发展，助力传统文化保护与传承。一是关联元素加深文化理解，大数据与算法的应用能够辨识不同文化元素之间的关联，形成知识库并以知识图谱的形式呈现，增强文化可及性。二是为数字化保护提供工具支持，通过数字化建模和数据采集等，实现文物的数字化保存和数据的智能管理。三是加强文化教育和知识推广，知识图谱是文化可视化的重要工具，能够帮助大众更好地学习、理解和传承传统文化。

5. AIoT 增强文化场景感知力

AIoT 技术通过将传感器、智能设备和互联网融入文化场景，增强了场景的感知力和互动性。一方面，提供消费画像数据和分析。AIoT 根据对行为偏好数据的实时追踪，分析受众的兴趣点位，助力展陈场所优化观展路线和展区内容，提升访客体验。另一方面，实现智能化信息展示。物联网技术能够将文物、藏品等展品的相关信息和制作过程以智能化手段呈现给观众，实现多场景的互联互通。

（二）“赓续—呈现—传播”的技术逻辑递进

1. 技术助力文化赓续传承

一是拓展文化传承时空，通过将传统文化转化为数字形态，使其实现“数字永生”。二是助力中华文明溯源，以数字修复等手段展现中华文明起源和发展进程，助力重现中华文明的灿烂成就。三是赋能文化活态传承，数字化应用丰富了传统文化的存在形式，文化基因库、数据库等数据中心能够永久保存历史数据，为活态化传承奠定了数据基础，助力实现中华文化全景呈现，中华文明数字化成果全民共享。

2. 技术革新文化呈现方式

一方面，创新了空间表现形式，文化资源呈现方式正在从“单一线下”向“在线在场”转变，突破传统文化与大众的单向互动模式，云展览、数字博物馆等“线上+线下”场景涌现。另一方面，革新了互动体验形式，以沉浸式、互动体验为特点的展现形式改变了过去“单方面、薄内容”的文化呈现姿态，以感官互动实现双向交互。

3. 技术推动文化交流与传播

一是拓展了文化交流边界，新的技术支撑体系催生了跨媒体平台等传播媒介，创造了远距离、高精度、低成本的传播路径，推进了传统媒体和数字媒体的有机融合，促进了文化的流动交融。二是丰富了文化传播模式，突破了以往图文视频为主、鲜有互动交流的中心化传播方式，形成了以数字人等轻体量、强互动为特征的传播新模式。三是保障了文化传播权利，手机等智能终端的普及降低了内容传播的门槛，激发了大众的文化表达意愿和创造活力，“全民媒体”的出现加速提升了文化传播效能。

四　数字文化产业的双重价值逻辑

在“文化赓续—文化呈现—文化传播”的技术逻辑下，数字文化产业的价值逻辑可以从产业价值逻辑和社会价值逻辑两方面展开探讨。其中，产业价值逻辑包含生产关系重组和生产流程重构两大层面；社会价值逻辑包含五大平权环节，旨在以技术平权实现数字文化内容成果的共创共享，具体阐述如下。

（一）产业价值逻辑：重组生产关系、重构生产流程

1. 重组文化生产关系

文化生产力决定文化生产关系，重构文化生产方式的社会形式，重组文化生产过程中人与人、人与产业的关系。因此，数字文化产业价值逻辑的起点在于明确数字技术的赋能对文化生产关系的重组。

一是由线性生产走向网状生产，由原来的“生产者生产什么、消费者就消费什么”向基于消费者偏好的定制化生产转变，从单向线性生产向网状发散性生产转变。

二是由专业化生产走向社会化生产，数字技术的普及降低了创作门槛，内容生产主体由专业生产者向社会参与者拓展，非专业人士也能参与文化创作，内容生产逐渐向社会化转变。

三是由内部分工走向社会化大分工，5G、物联网等数字技术将生产主体和生产环节紧密串联，形成了更加透明的新分工网络，使新分工网络上的生产主体得以发挥优势、主攻强项，避免多主体重复开发，造成资源浪费。

2. 重构文化生产流程

数字文化产业技术逻辑的进路在于探索生产流程的提质升级。数字技术深度赋能文化产业，重构了传统文化产业的创作生产流程，实现了生产流程由单向性向并行性、由线性向矩阵式的转变。

一方面是重构创作流程，如随着游戏引擎、XR（拓展现实）等技术的应用，“游戏引擎（算法）+ 拓展现实（高清大屏）”等技术得以嵌入拍摄流程中，高速监控镜头构图、实时调整运镜轨迹等制作手段逐渐普及，革新了影视制作流程。

另一方面是重构“采编发”流程。5G 技术和融媒体平台的发展助推媒体行业打通策划、采集、编辑、播发的内容生产链，推动“中央厨房”式的采编与传播体系落地应用，实现“一次采集、多方生成、多渠道分发”的流程再造，拓展了新闻传播广度。

（二）社会价值逻辑：实现多环节平权发展

数字文化产业技术逻辑的重要目标之一在于推动数字技术与实体经济深度融合，推动“创意—设计—制作—传播—体验”等环节实现平权发展，提高群众话语权，实现数字文化内容共创，让广大人民群众共享数字红利。

1. 创意平权：非专业便利化，专业者高效化

一方面，非专业人群创作便利化，在自然语言处理等算法的支持下，生成式人工智能（AIGC）能够在短时间内处理大规模的复杂数据，并对其进行标签化、元素化处理，为创作提供复用性强、适应性高的基础内容，服务结构化创作，为非专业人群提供便利。另一方面，专业人群创作高效化，AIGC 通过提供强专业性内容素材，减少了专业人群整理基础素材的时间和精力消耗，为专业内容创作释放了高创意、高自由的创作空间。

2. 设计平权：提高容错率，打造新媒介

一方面，技术突破了传统设计领域的低效和不可逆性问题，通过更新设计软件和硬件等手段提高了设计效率，提高了专业设计的容错率。另一方面，数字技术提供了新的创作媒介，通过构建数字化三维绘画空间，为设计师提供了逼真多元的创作表现手法和三维展示空间，进一步推进创作内容创新升级。

3. 制作平权：降低制作成本，推动全民创作

数字技术的应用降低了内容制作的时空要求，为制作领域带来了重大变

革。如内容制作形式已从传统的图文转向了语音、视频等多媒体形式，伴随虚拟制作技术的成熟，内容制作逐渐向三维空间发展。在数字技术驱动下，短视频等多媒体内容以更低的制作成本推动“全民创作”的实现。

4. 传播平权：提高社交黏性，加速流量传播

在媒体发展早期，内容传播主要以熟人网络为核心，以人际传播为途径。数字技术对媒体的深度赋能加速社交平台崛起，形成了“屏屏传播”和“裂变式营销”等传播新模式。新型传播模式利用社交关系黏性，通过社交平台加速网络流量向线下场景流动，以更低成本提高了传播效率和传播速度，在吸引社会关注的同时产生了显著的经济效益。

5. 体验平权：突破时空现实，提高体验可及性

过去，文化体验受时空、技术等因素限制，群众难以享受跨地域的文化服务。随着声光电、虚拟现实/增强现实（VR/AR）等技术的发展，数字技术的应用突破了群众的年龄和地域等限制，将传统的二维展示空间拓展为三维空间，为消费者提供了“线上+线下”均可享受的立体式文化场景，提高了文化体验的可及性和互动性。

五　新发展逻辑下的场景应用

在人工智能、虚拟现实等技术的带动下，一批数字文化新场景涌现，沉浸式博物馆等成为数字文化新体验的代表，为用户带来沉浸式新体验；数字技术对文化产业的赋能模糊了文化事业和文化产业的界限，推动了数字文化产业和文化事业在场景上的深度融合，为探索文化传承的数字化发展提供了重要力量。

（一）矩阵式技术打造数字沉浸体验场景

沉浸式体验可以看作将虚拟现实、现实融合等数字技术和叙事性内容相互融合，通过视觉工具与交互装备，让实体空间和虚拟空间更耦合，从而强化感官认知和情绪体验的场景。作为跨媒介叙事的重要形式之一，沉浸式业

态是一个高度追求技术集成创新和场景聚合应用的领域，能够带动传统展览和新型展览、传统纸媒和新媒体等在沉浸式场景中展开深度互动。[①] 伴随人工智能和虚拟现实等数字技术从点状应用向矩阵式聚合的发展，沉浸式体验经历了从单一体验向“在线在场在地”的融合体验的转变。

1. 初期的沉浸式体验场景以线性为主

2020 年，文化和旅游部出台《关于推动数字文化产业高质量发展的意见》，明确提出“发展沉浸式业态”。但初期沉浸式体验多以纯线下“在场”体验的升级改造为主，“线上+线下”体验形式选择少，无法为用户提供深层次的代入感。随着消费需求逐渐向品质化、碎片化和个性化转变，消费端的主体意识和交互意识也不断增强，急需复合型沉浸式场景。

2. 矩阵技术打造沉浸式新场景

数字经济时代的到来催生了以 O2O（Online to Offline）为导向、以“在地在场在线”为特征的复合型沉浸式新体验，将在地文化、线下场景和线上途径三者有机结合，加深了用户身临其境的交互体验感。

一方面，“在线在场在地”带来强代入感和高交互体验。依托声、光、电等技术，沉浸式展演以强烈的视听冲击体验，激发用户的视觉、听觉等感知，实现体验生动化、丰富化和情感化。通过模拟真实场景，沉浸式场景将帮助用户形成空间记忆和交互记忆，提供超越现实的代入式体验，带给用户高品质的精神享受，如“ARTE 全沉浸式美术馆·成都”通过 Mapping 投影等技术，以 11 组数字作品为观众提供了超越时空的真实自然场景，营造了高互动性的沉浸式观览体验。

另一方面，“在线在场在地”驱动沉浸式场景进一步升级。手势识别、面部捕捉等技术不断提升沉浸式场景人机互动的灵敏性；5G 等信息技术凭借高速传输和低延迟率等，为沉浸式互动提供了流畅稳定的网络支持；VR、AR 等智能装备的升级和普遍应用，提升了听觉、触觉等感官模拟水平。

---

① 王蕾：《亨利·詹金斯及其融合文化理论分析》，《东南传播》2012 年第 9 期。

（二）数字平权加速文化产业与事业场景深度融合

近年来，公共文化事业单位不断开展数字化转型工作，追求数字文化的公共价值和市场增值的共生机制。数字文化产业领域的关键技术也逐渐向公共文化领域渗透，考古文博等公共文化事业场景逐渐从传统的“二维呈现”向“全景呈现”转变，中华优秀传统文化的保护、传承和创新发展新场景日益丰富。

1. 数据采集：保障转化数据基础，充实转化核心元素

数据采集是文化遗产数字化保护修复的首要步骤之一，四川省文物考古研究院的文物考古专家团队与腾讯 SSV 数字文化实验室合作开展人机协同方式下的 AI 智能辅助文物修复实验①，为三星堆遗址出土的大量残缺、开裂、变形、腐蚀严重的出土文物提供文物修复的 AI 辅助方案，缓解修复难、耗时长等问题。

2. 内容挖掘：补全文物数据体系，加速产品创造转化

全面的文物数据体系能够为文化遗产数字化保护提供全面、系统的理论支持。在机器学习、数据标注等技术支持下，知识图谱能够基于文物数据化的原始数据构建“解构—归类—关联”的内容链条，完成数据到文字、文字到图片的转化，赋予文物创造性转化的契机。

3. 智慧管理：贯通文物数据交互，视觉手段强化管理

随着文化遗产数字化进程的加快，规范化数据格式将成为打通文物本体“数据来源”和产品市场“数据出口”交互通道的重要元素，以视觉手段创新管理并呈现文物数据已成为文化遗产智慧管理场景的重要趋势。

4. 数字展陈：展陈空间不断升维，虚拟还原加深体验

随着数字技术对文物领域溢出效应的不断增强，文化遗产资源端的数字化需求得以对接技术企业的技术供给，涌现了数字 IP、数字展览等文化遗

---

① 曹惠君：《四川省文物考古研究院与腾讯在蓉签约 将共探人机协同 AI 智能考古》，2023 年 3 月 1 日，https：//www. sc. chinanews. com. cn/bwbd/2023-03-01/182703. html。

产的创造性转化场景，实现了文物展陈从单向二维向双向高维的拓展。如成都武侯祠博物馆联合国内人工智能图形算法公司打造了集数据统筹、内容展示等于一体的虚拟实景还原项目，为用户提供了 720°全景漫游的沉浸式体验。①

结 语

数字技术已成为畅通数字文化产业内容创意、生产、传播、服务等各环节，实现数字文化产业技术革新和价值体系重构的重要力量。本研究揭示了数字文化产业发展的生态系统、技术逻辑与价值逻辑，展现了数字技术对数字文化产业全链条发展的深度赋能作用。但本次研究仍存在局限性，如在数字文化产业生态、技术逻辑和社会价值逻辑的深度融合等领域仍有较大研究空间。面向未来，数字文化产业将面临一系列动态性强、技术性高、体验需求大等发展新需求和一系列新挑战。因此，成都数字文化产业发展也应在充分理解国家文化数字化战略内在逻辑、战略目标和重点任务的基础上，以数字文化产业生态逻辑为产业发展基础和框架，持续迭代技术发展逻辑，不断更新社会价值逻辑链条，助力成都打造世界文创名城。

① 杨华、廉恺：《让文物火起来丨成都武侯祠数字文化之旅》，2022 年 4 月 14 日，http://www.xinhuanet.com/info/20220414/bbb6c3ae155e40bf9c8e1ad1895d8c72/c.html。

B.5

元宇宙赋能数字文化产业的创新范式与推进机制研究：以成都为例

解学芳　贺雪玲*

摘　要：　数智技术作为数字化、数据化、智能化的融合，将进一步以集成创新方式加速数字文化产业的发展与数智变革。元宇宙本质上是数智时代技术集大成者，成为文化产业数字化转型的新兴技术驱动力量，且大众对数字文化的精神满足和消费需求升级，进一步推动数字文化跨领域重塑。数字文化产业在元宇宙赋能下，主要基于人工智能生成内容技术、虚实融合技术、区块链技术形成三大创新范式，即元宇宙赋能数字文化内容生产新范式、元宇宙赋能数字文化数实融合新范式、元宇宙赋能数字文化共创共建共治新范式。在数智时代，成都数字文化产业发展不仅面临元宇宙相关技术赋能和庞大市场需求机遇，也迎来了政策红利期；与此同时，成都数字文化产业发展也面临种种严峻挑战。鉴于此，亟须构建成都元宇宙赋能数字文化产业创新范式的推进机制，即建构以AIGC为主导的元宇宙内容生产机制，构筑“全球—区域”的元宇宙新业态发展机制，建立立足中国式现代化的元宇宙善治机制。

关键词：　元宇宙　数字文化产业　数智技术　成都

数字文化产业与元宇宙同为数智时代的产物，数字文化产业发展方兴未艾，元宇宙浪潮紧随而来，元宇宙重塑数字文化产业发展模式已成为数智时

---

* 解学芳，同济大学人文学院副院长，艺术与创意产业研究所所长、教授、博士生导师，主要研究方向为数字文化产业；贺雪玲，同济大学人文学院，主要研究方向为数字文化产业。

代新命题，这是文化、科技、经济领域的历史性交融。一方面，元宇宙从文化艺术中诞生，具备与生俱来的文化创意基因。文化创意是数字文化产业的核心，侧重于艺术想象，而元宇宙正是基于数字技术而展开的艺术想象[①]——双方作为一种艺术想象均源自现实世界又与现实世界有所区别，既融入现实世界，又在此基础上超越现实世界，反映出数智时代人类伟大的创新创造能力。[②] 另一方面，数智时代元宇宙通过数字技术的关联耦合与集群创新成为新质生产力，[③] 催生数智驱动、虚实互促、去中心化的元宇宙赋能数字文化新生产范式、新业态发展模式，以及共创共建共治生态新范式，依托人工智能生成内容技术（AI/AIGC）、虚实融合技术（AR/VR/MR/XR）、去中心化技术（Web3.0 DAO/区块链）等推动元宇宙赋能数字文化产业高质量创新发展。

一　内涵与机理：元宇宙赋能数字文化产业创新范式

伴随着数智时代的到来，元宇宙赋能数字文化产业，主要基于人工智能生成内容技术、虚实融合技术、去中心化技术生成三大创新范式：一是元宇宙赋能数字文化内容生产新范式，二是元宇宙赋能数字文化数实融合新范式，三是元宇宙赋能数字文化共创共建共治新范式。

（一）元宇宙赋能数字文化内容生产新范式

其一，元宇宙+AIGC 助推数字文化内容生产范式由以 AI 为辅转向以 AI 为主，内容供给主体从人转变为机器，进一步释放数字文化产业生产力，提高内容生产效率和质量。2023 年 9 月，《四川省元宇宙产业发展行动计划

① 曾军：《“元宇宙”的发展阶段及文化特征》，《华东师范大学学报》（哲学社会科学版）2022 年第 4 期。

② 臧志彭、解学芳：《中国特色元宇宙体系建设：理论构建与路径选择》，《南京社会科学》2022 年第 10 期。

③ 关乐宁、单志广：《元宇宙经济的要素重构、创新变革与系统性治理》，《电子政务》2024 年第 1 期。

（2023—2025年）》（简称四川《行动计划》）提出，聚焦大模型内容生产、多模态内容转换、实时云渲染等领域，强化数字内容模板库、知识图谱储备，打造适用元宇宙的数字设计、数字编辑、数字审核等多人协作、端云协同的智能内容生产工具。[①] 首先，在深度学习、云计算、大模型、自然语言处理等技术加速发展和迭代背景下，根据用户需求指令由 AI 进行数字文化内容生产并形成 AIGC 模式，掀起文化产业新一轮数字化变革，推进元宇宙朝着多模态大模型的方向转变。其次，元宇宙+AIGC 模式将以内容生产模式变革极大提升数字文化产业生产力，引领数实融合浪潮下的数字文化产业变革，对人们文化生产生活方式带来深远影响。元宇宙+AIGC 模式替代了需耗费大量人力和时间成本的传统文化生产方式，使从业者从处理繁杂的重复性工作转移到创造更高价值的数字文化内容生产上，并建立起高自动化的元宇宙赋能数字文化产业内容生产系统，从而提高内容创作效率与创制质量。

其二，元宇宙+AIGC 模式实现数字文化内容创意、个性化生产、精准定制投放，丰富了内容表现形态，为数字文化产业带来新模式新活力。2023年8月，《成都市加快大模型创新应用推进人工智能产业高质量发展的若干措施》发布，旨在以完善算力与数据等要素供给为基础，以模型算法创新为关键，以场景应用为牵引，构建活跃的元宇宙+AIGC 模式创新与应用生态。[②] 一方面，稀缺性的 AIGC 强调内容生产走个性化发展之路，元宇宙+AIGC 模式基于巨量文化数据资源库和传感器应用能够有效分析和精准匹配用户对高质量数字文化的个性化需求。[③] 元宇宙时代，人工智能大模型研发加速数字文化内容持续更新，使内容生产更贴合市场需求和用户偏好，但同

① 《四川省经济和信息化厅关于印发〈四川省元宇宙产业发展行动计划（2023—2025年）〉的通知》，https：//jxt. sc. gov. cn//scjxt/jxtzcwj/2023/9/15/1119dc76f8c948ba93c416d6e3a8607b. shtml，2023年9月15日。

② 《上半年成都人工智能产业规模达424亿元》，成都市人民政府官网，https：//www. chengdu. gov. cn/chengdu/home/2023-08/06/content_ d366287a5157439c9b8380de59d105cc. shtml，2023年8月26日。

③ 解学芳：《人工智能时代的文化创意产业智能化创新：范式与边界》，《同济大学学报》（社会科学版）2019年第1期。

时要关注 AI 对齐，推进 AIGC 拥抱人类的价值观，特别是在内容创制维度应与新时代社会主流价值观对齐。另一方面，元宇宙+AIGC 模式实现了用户与数字文化内容的真正交互——AIGC 技术改变了用户与数字文化产品和服务的传统互动模式，基于情节发展、虚拟社区互动、在线社交等为交互内容增添“智慧”，既有效把握个人需求与社会需求的价值平衡，也推进文化圈层的集聚与社会要素的聚合，不断增强文化共识。

（二）元宇宙赋能数字文化数实融合新范式

其一，元宇宙虚实融合场域为行业开辟数字文化经济发展新空间和新场景，满足用户的数字文化经济新体验。首先，元宇宙是数字世界与真实世界密切交融的数字新空间，本质上涵盖了数实世界交互、数实经济融合、数实生活协调、数实身份统一、数实资产融汇五个层面的系统协同。对于数字文化产业而言，元宇宙的重要价值体现于通过五个层面的系统协同实现文化产业的数实经济互促发展，推动建设数字文化元宇宙经济发展新空间。[①] 其次，虚拟现实、人工智能、虚拟数字人、数字孪生等技术的集成将提供更加逼真的虚拟环境，实现用户对数字文化感官体验和交互方式的升级。例如，虚拟数字人“SIA”在成都交子大道 2024 年元旦跨年活动中担当现场 DJ 的角色，依托高精细度设计建模和动捕数据录制采集技术，低成本、高效率、高质量地向观众展示了真实、流畅的“SIA”的姿态效果，引导观众沉浸式感受、参与现场氛围感演出。由此可知，元宇宙赋能数字文化产业能够进一步在 AI 感知层面推进用户视觉、触觉、听觉等多感官全面数字化智能化，在 AI 交互层面通过增强虚拟数字人的智能化和人格化属性，在各种复杂的数字文化场景中实现高度拟人的交互，生成人“人”交互的真实化感受。

其二，元宇宙虚实互促、沉浸智能化场景体验赋能数字文化产业形态持续创新，不断丰富虚拟偶像、数字藏品、文博元宇宙、游戏元宇宙、影视元

① 《于佳宁丨元宇宙，互联网的下一个时代?》，佛山在线，http：//www.fsonline.com.cn/p/296955.html，2022 年 2 月 14 日。

宇宙、文旅元宇宙等数字文化产业新业态新模式。一方面，随着人们对高质量、个性化、有创意的数字文化消费需求的增加，数字技术的迭代升级和加速应用改变着数字文化产业生态，通过元宇宙技术场景优势推动传统文化产业数智化升级。特别是在元宇宙新兴技术赋能下，线下文化实体空间向数字博物馆、艺术虚拟展厅、文旅体验馆等数字文化体验空间升级，中华优秀传统文化资源价值充分转换，助力打造数字文化元宇宙基地、沉浸式历史文物展览、传统节日主题科幻文化活动等大型数字文化主题项目，持续推进数字文化新业态的场景构建。另一方面，元宇宙是下一代互联网，是信息化、智能化、数字化、虚拟化的高级阶段，其融合 5G、AR/VR、AI/AIGC、区块链、物联网、数字孪生等多项新兴技术助力生成数字文化新业态——虚拟偶像、数字藏品、文旅元宇宙、文博元宇宙、影视元宇宙等新型虚实交融业态，具备沉浸式体验、多模态交互、虚拟与现实融合的特征。

（三）元宇宙赋能数字文化共创共建共治新范式

其一，DAO 为趣缘强弱关系转化及其价值生成提供了系统化和组织化的基础设施，吸引高异质性成员加入形成更复合的元宇宙+数字文化产业协作生产新模式。一方面，个体在 DAO 内聚合，在既往文化创作机制基础上实现模式累加或延伸，在趣缘关系基础上深度协作生成价值。传统文化创作在有限的强关系人群交往中进行价值生产，由于地理和生活背景的相似性群体内异质性不足，从而一定程度上影响创造性。而 DAO 对趣缘弱关系的聚合和趣缘强关系的激活使得 DAO 内的异质性远远超过固有文化机构内部异质性，因而能够进行更复合和更多元的价值创造。① 另一方面，元宇宙赋能数字文化产业实现了共创利益融通，即数字文化生产价值广泛覆盖于不同类型的参与者，描绘了“价值共创”的数字化愿景。Web 2.0 的商业场景普遍缺乏对数字劳工创作价值的尊重，因数字劳工对数字文化创作作品的剩余权

① 苏健威、喻国明：《DAO：未来社会构型、社会协同与价值生成的基础范式——社会深度媒介化时代一个核心概念的探讨》，《新闻界》2023 年第 11 期。

利掌控不足，用户创造、传播和分享产生的价值易被平台攫取。DAO 基于区块链技术和智能合约可以有效保障数字劳工对数字文化生产的贡献价值，[①] 是证明数字文化财产权利归属、确保数字文化生产真实性、体现数字文化创意稀缺性的有效数字工具。[②]

其二，基于 DAO 的平权式共建共治机制重塑数字文化经济的信用模式与决策机制，优化行业组织内部的管理模式与组织外部的竞合关系。首先，DAO 的技术信任是统筹推进数字文化产业生态中各文化企业或文化运营平台整合协同的重要保障，推动行业共建“要素全面整合、组织高度自治、平台开放共享、平台经济联通化、平台运营智能化、平台系统集成化”的元宇宙赋能数字文化产业平台新范式。其次，基于区块链和智能合约技术，实现文化价值和文化权益的安全传递。基于智能合约代码制定运行规则，满足特定条件的算法程序将自动强制执行，极大地减少了人为干扰，实现组织自治。例如，Mirror DAO 支持数字文化产品的内容创作、销售、众筹等，众筹者按照一定机制获得收益分成。最后，DAO“去中心化”功能实现各文化组织间更加开放公平的交互、竞争与协作。DAO 破除了互联网大厂垄断数字文化生产和消费的局面，为中小文化企业充分发挥自身优势提供发展机遇，并推动文化企业间协同合作式发展。

二　机遇与困境：元宇宙赋能成都数字文化产业的政策机遇与现实困境

（一）元宇宙赋能成都数字文化产业创新的政策机遇

为抢抓数字文化产业的元宇宙赛道发展先机，促进数字文化虚实经济深

① Hassan S, De Filippi P.,“Decentralized autonomous organization”, *Internet Policy Review* 2021, 10 (2): 1-10.

② 陈加友、李晓琴、吴桐：《元宇宙：底层网络、运行规则、表达形式和组织结构》，《管理学刊》2023 年第 1 期。

度融合、高质量发展，成都相继发布涉及数字文化产业与元宇宙相关产业的政策方案。

其一，在元宇宙赋能数字文化产业内容创作培优方面。2022 年 12 月，《成都市元宇宙产业发展行动方案（2022—2025 年）》（简称成都《行动方案》）出台，提出鼓励开发数字原生内容和打造创作者经济，建立用户生成内容的激励机制，支持发展 PUGC、OGC、MCN、AIGC 等生产新模式。① 成都市经信局市新经济委于 2023 年 6 月发布《2023 年成都市元宇宙场景建设工作计划》（简称成都《工作计划》），明确指出坚持以“虚实相生、数实融合”为发展导向，重点建设“元文旅”场景——围绕成都地方的特色景区、文博场所等文旅空间，活化三国文化、天府文化等本土文化 IP，激活数字内容原创活力，重点开展丹景台数字沉浸式体验空间、元宇宙数字文旅产业园一期等场景项目建设。随后，四川《行动计划》也明确，要加速数据合成、3D 场景生成、沉浸式音视频编辑制作等数字内容产业化，拓展数字内容场景应用，塑造“元宇宙四川”数字内容创作品牌，② 以此来增强成都等本土城市品牌的影响力。

其二，在元宇宙赋能数字文化产业数实融合业态推进方面。成都《行动方案》提出，要“支持开展虚拟演艺赛事，引导全息投影、体感交互等技术与赛事、演唱会、音乐会深度融合”。③ 2023 年 3 月，《成都高新区元宇宙产业行动计划（2023—2025 年）（征求意见稿）》（简称成都《行动计划》）发布，指出要推动 XR 终端及技术赋能文旅、购物、娱乐等消费领域，围绕商圈、景区、特色街区以及赛事、演唱会打造“消费元宇宙”场

---

① 成都市互联网协会：《重磅丨成都市元宇宙产业发展行动方案（2022—2025 年）出炉》，https：//www. iscd. org. cn/4/9286/1169359，2022 年 12 月 29 日。

② 四川省经济和信息化厅：《关于印发〈四川省元宇宙产业发展行动计划（2023—2025 年）〉的通知》，https：//jxt. sc. gov. cn//scjxt/jxtzcwj/2023/9/15/1119dc76f8c948ba93c416d6e3a8607b. shtml，2023 年 9 月 15 日。

③ 成都市互联网协会：《重磅丨成都市元宇宙产业发展行动方案（2022—2025 年）出炉》，https：//www. iscd. org. cn/4/9286/1169359，2022 年 12 月 29 日。

景。[①] 随后，成都《工作计划》也强调强化动作捕捉、快速渲染、虚拟仿真等新技术在音乐、影视、文创等文娱消费领域的应用，通过植入 3D 数字人和用户社交等功能，培育沉浸式虚拟购物、虚拟直播等数字消费新方式，发展线上线下相结合的消费元宇宙，营造虚实共生的消费新体验，[②] 从而构建数实共生的成都数字文化产业一体化格局。

其三，在元宇宙赋能数字文化产业生态协同构建和治理方面。成都《行动方案》强调支持元宇宙平台型企业、内容生产商、创世居民共同制定产品价值评价体系，完善数字资产、数字藏品、数字影视版权等合规交易机制；[③] 而成都《行动计划》提出要优化产业发展生态，布局元宇宙产业发展集聚区，组建元宇宙产业发展基金。[④] 四川《行动计划》指出，要聚焦数字内容生产、传播、消费等领域，依托区块链、密码等技术，强化版权、专利权、地理标志权等知识产权公共服务，推动元宇宙数字内容企业矩阵建设，深化生态赋能。探索数据主权认证管理，强化数据主权安全保障。推动建立元宇宙版权审核、内容审核机制，[⑤] 以此为成都等新文创城市打造元宇宙赋能数字文化产业发展的良好生态。

（二）元宇宙赋能成都数字文化产业创新的四大困境

其一，虽然成都数字文化产业发展态势良好，但缺少头部企业，产业横向的融合度低。当前，成都数字文化产业呈现蓬勃发展态势，成为城市经济

① 卢星宇、何齐铁：《共探 AIGC 产业发展动能尽显成都数字文创蓬勃发展》，https：//www. toutiao. com/article/7216696003406332473/？ wid = 1711004401497，2023 年 3 月 31 日。

② 《温江区人民政府：〈2023 年成都市元宇宙场景建设工作计划〉印发》，http：//www. wenjiang. gov. cn/wjzzw/c152333/2023 - 06/29/content _ cf0b77c2467a4d9a9db5d46316911005. shtml，2023 年 6 月 29 日。

③ 成都市互联网协会：《重磅｜成都市元宇宙产业发展行动方案（2022—2025 年）出炉》，https：//www. iscd. org. cn/4/9286/1169359，2022 年 12 月 29 日。

④ 卢星宇、何齐铁：《共探 AIGC 产业发展动能尽显成都数字文创蓬勃发展》，https：//www. toutiao. com/article/7216696003406332473/？ wid = 1711004401497，2023 年 3 月 31 日。

⑤ 四川省经济和信息化厅：《关于印发〈四川省元宇宙产业发展行动计划（2023—2025 年）〉的通知》，https：//jxt. sc. gov. cn//scjxt/jxtzcwj/2023/9/15/1119dc76f8c948ba93c416d6e3a8607b. shtml，2023 年 9 月 15 日。

增长的重要力量，且成都经济实力雄厚，具备发展“元宇宙+文化产业”的强大经济支撑力和综合实力。在《中国城市新文创活力排行》中，成都综合人才、传播、政策等方面优势位居榜首,[①] 2023 年 10 月，在成都发布的《世界文化创意中心城市报告》认为，成都正在成为潜在的全球数字创意中心。[②] 然而，成都数字文化产业重点企业在规模和数量上还有待提升，缺乏具有国际影响力的企业和重大数字文化产业项目，相较于具有发展优势的东部地区城市（北京、上海、广州、深圳），成都数字文化产业头部企业数量较少。[③] 一般来说，独角兽企业代表着未来数字经济的发展方向,[④] 目前成都数字文化产业领军企业少，还处于由少数头部企业带动的粗放发展格局，且缺少头部引领性的文化企业和文化元宇宙项目，数字文化产业网络化集群优势效应难以发挥。因此，成都亟须进一步加快元宇宙赋能数字文化产业布局，培育更多领军企业以实现数字文化产业的高质量发展。

其二，成都文化资源丰富，行业资本投入和高端复合型人才却相对缺乏。成都拥有深厚的文化底蕴，本土特色文化资源为数字文化内容创作提供了优质素材。但成都数字文化产业多元投资格局尚未形成，面临高端数字文创领军人才缺乏的困局。针对投融资问题，当前主要由政府通过成都“文创通”等对中小文化科技企业进行扶持，但社会资本和外资投资文化产业的占比一直较小,[⑤] 不利于成都元宇宙赋能数字文化产业发展，优化数字文化产业投融资环境迫在眉睫。此外，数字文化产业需要有深厚文化知识功底、懂得创意设计、熟练使用元宇宙相关技术、擅长管理运营的复合型文创人才，当前推动成都数字文化产业发展的高端人才缺乏，难以支撑数字文化

① 《〈中国城市新文创活力排行〉揭晓成都排名第一》，中国网四川，http：//sc. china. com. cn/2018/wenhua_ zixun_ 0718/281764. html，2018 年 7 月 18 日。

② 《报告首发：成都正在成为潜在的全球数字创意中心》，每日经济新闻，https：//www. sohu. com/a/728709696_ 115362，2023 年 10 月 16 日。

③ 尹宏、赵嫚：《成都数字文创产业竞争力比较研究》，《成都行政学院学报》2021 年第 6 期。

④ 金元浦：《成都文创：我国城市升级换代高质量发展的一个典范》，《四川戏剧》2021 年第 2 期。

⑤ 罗小华：《夯实文化产业基础，提升城市文化软实力——以成都为例》，《中华文化论坛》2016 年第 5 期。

创新能力及行业竞争实力的提升。[①]

其三，成都数字文化产业多行业萌发，而“元宇宙+文化产业”未形成高、精品牌集群，行业标准体系也尚未建立。成都在游戏、动漫、网络视听、网络文化等数字文化细分行业上具有一定的竞争优势，如《王者荣耀》《哪吒之魔童降世》等现象级产品的品牌效应明显。但从整体看，成都与北京、上海、深圳等前沿城市相比，仍有一定差距。成都元宇宙尚处于发展初期，在行业应用的成熟度较低，也缺乏行业发展的标准体系作为参照。数字文化产业多元融合的程度对市场产品与市场需求适配度具有重大影响，对于元宇宙赋能成都数字文化产业新兴行业而言，其与经济形态、文化生态、技术形态等方面的融合需要持续加强。[②] 推动中华文化全景呈现是国家文化数字化战略的目标，但由于技术成熟度不足，元宇宙赋能成都数字文化产业打造各种虚拟文化场景受到限制。

其四，虽然元宇宙赋能成都数字文化产业的发展环境持续优化，但产业生态仍有待完善。当前成都政府已出台相关政策支持元宇宙经济与数字文化产业的深度融合，支持数字文化产业跨界联结发展、鼓励发挥行业组织协同发展力量、优化数字文化产业生态圈等。然而，与沿海发达城市相比，成都数字文化产业仍然缺少平台型、具备专业数字文化发行能力的行业龙头企业与一体化平台，容易形成供需错配困境。另外，随着元宇宙赋能成都数字文化产业的发展，潜在的数据安全问题、用户隐私问题、新型AIGC 版权纠纷问题等会陆续出现。在长期的互联网文化生态中，我国形成了一种“先发展后治理”模式。目前针对元宇宙赋能成都数字文化产业涉及的数据信息安全、个人信息保护、内容版权保护等问题尚未建立起完善的制度环境，从“先发展后治理”的治理范式走向“边发展边治理”刻不容缓。

---

① 眭海霞、陈俊江、练红宇：《“互联网+”背景下文化产业发展路径研究——以成都市为例》，《中华文化论坛》2020 年第 5 期。

② 刘海莉：《文化产业是现代经济的重要组成部分》，《边疆经济与文化》2004 年第 8 期。

三　建构与跃迁：元宇宙赋能成都数字文化产业高质量发展的推进机制

数智时代，成都数字文化产业发展面临元宇宙相关技术赋能机遇，也迎来了政策红利期，而其面临的一系列困境仍然值得警惕。鉴于此，加速建构元宇宙赋能的成都数字文化产业高质量发展推进机制至关重要。一是建构以AIGC为主导的元宇宙赋能数字文化产业内容生产机制，二是构筑“全球—区域”协同的元宇宙赋能数字文化产业新业态发展机制，三是建立立足中国式现代化的元宇宙赋能数字文化产业的精准善治机制。

（一）建构以AIGC为主导的元宇宙内容创新生产机制

其一，制定元宇宙AIGC生产规则，提高成都数字文化产业元宇宙内容生产能力。元宇宙AIGC技术前瞻性规则和要求的制定，对其创作的数字文化内容质量以及AI技术所做出的相关决策起着决定性作用。首先，在元宇宙内容生产过程中，创作者的职责不仅仅是输出内容，也要深入研究AI算法和理解数据训练方法，习得如何通过规则获得理想的文化内容和产品，包括数字文化内容生成的体例要求、标准格式、产品结构、创作风格等。基于元宇宙AIGC生产规则，应实时跟踪成都地方数字文化元宇宙行业发展的新状况、新问题、新要求，持续完善AIGC生产规则以保持其适应性和有效性。其次，制定数字文化产业元宇宙AIGC生产规则，遵循AI对齐原则。例如，针对年轻消费群体，AIGC生产规则应当限制生产涵盖暴力、色情、不良价值观等的数字文化创意内容，积极主动将社会主流价值观融入AIGC生产规则，实现人工智能的“价值对齐”。此外，AIGC生产规则的制定对当前社会出现的许多新伦理问题的价值取向也具有引导义务，从业者在制定规则时，须基于用户反馈综合考虑伦理因素，充分体现数字文化生产和运营以人为本的价值基准。

其二，完善元宇宙AIGC人机协同模式，强化创作者责任意识，防范技术风险。2023年投资建设的成都智算中心被列入科技部首批9家国家新一代人工智能公共算力开发创新平台建设名单，全力打造 AIGC 技术创新中心，建设新一代 AI 技术创新策源地，[①] 为成都数字文化产业发展打造新型数智化环境提供了技术保障。首先，数字文化产业 AIGC 模式赋能未来行业应用创新已经形成广泛共识，人机共创生态将为成都元宇宙发展提供广阔的生长空间。在推进元宇宙赋能数字文化产业创新范式过程中，数字文化创作者不仅要在思维理念上接受和适应人机协同，在新格局中找准自身定位，还要从知识储备和 AI 技能运用上切实转型，将部分技术处理工作让渡于 AI。其次，数字文化创作者也需要处理好人机协同可能带来的挑战，遵循 AI 对齐，预防和规避数字文化内容著作权侵权风险。同时，数字文化创作者要进一步把握正确的政治方向、创作导向、价值取向，在内容创作、生产、营销等全产业链环节强化主体责任意识，当好元宇宙 AIGC 模式的把关人和秩序守护者。

（二）构筑“全球—区域”协同的元宇宙新业态发展机制

其一，对外建立成都元宇宙发展国际通道，激活行业发展的创新机制，推进成都数字文化产业与全球市场接轨，在国际市场中向中高价值链环节游走，增强成都数字文化产业的国际竞争力。首先，基于元宇宙在全球数字文化产业价值链环节中找准自身定位，提升国际意识。2023 年 7 月，四川省政府发布《关于支持成都加快打造国际消费中心城市的意见》，提出“创建全国示范智慧商圈”，同年 11 月，《成都市科幻产业发展规划（2023—2027 年）》（征求意见稿）也提出大力支持元宇宙核心产业发展。可见，以元宇宙新兴技术赋能数字文化产业发展与应用，是成都数字文化产业与国际市场接轨的重大战略方向。其次，挖掘和释放元宇宙赋能数字文化产业发展的创新动能，积极推动成都数字文化产业嵌入全球数字文化产业大生态中，厘清和弥补其在制度创新、经济创新、技术创新、文化创新等要素创新方面的优

---

① 戴竺芯：《新区 AICG 产业如何发展？2023 成都高新区“数智启新 · 生成未来 AIGC 技术创新研讨会”举办》，https：//www. sohu. com/a/715621425_ 121687414，2023 年 7 月 12 日。

劣势。当前，成都元宇宙发展创新积累了良好的基础资源。从产业规模看，成都文创产业产值突破2000亿元；从技术储备看，成都在元宇宙产业相关的区块链、显示技术、高端软件等核心领域全国领先；从基础设施看，成都率先布局元宇宙软硬件支撑体系，累计建成5G基站超5.6万个，超算中心算力进入全球前十。[①] 可见，元宇宙赋能数字文化产业集成创新与融合应用成为布局重点，成都元宇宙赋能数字文化产业发展要把握和协同好制度创新、经济创新、技术创新、文化创新等要素优势，构建具备全球竞争力的核心优势。

其二，对内立足中华优秀传统文化创新，专注数字文化产业各系统要素重组与融通创新，发挥融合优势在构建和发展成都元宇宙新形态中的关键作用。一方面，以强化成都本地文化创新为基础，融合文化资源、技术资源、产业资源、制度环境等形成“全球”与“地方”的适度关联，制造形成成都数字文化产业的“地方蜂鸣”。成都元宇宙发展具备丰富的数字内容资源，如都江堰、武侯祠、杜甫草堂等历史建筑群落，古蜀文化、丝路文化、三国文化等传统文化元素，数字时代推进成都传统文化资源的数字化呈现与传统文化要素的数字知识产权化已成趋势。另一方面，充分利用元宇宙集成技术具有的现实与虚拟融合、传统与现代融通的复合性价值，在横向层面延伸更多元的成都数字文化产业形态，培育全新的创新创意主体生态，推动不同数字文化产业之间实现跨界、跨范围的聚集和协作。特别是在文博元宇宙、游戏元宇宙、演艺元宇宙等领域深耕，扩大元宇宙规模，以赋能传统文化产业转型升级。[②] 在纵向层面通过虚拟实景的可视化，构建起更逼真的全景数字化场域，尤其在娱乐、游戏、文旅、文博等产业领域，观众可沉浸其中进行全新的审美体验并随时“具身性”参与，这一过程将在激活传播情境与主体关系基础上，达成创意、生产、宣传、销售等环节的统一融合，以打造出全新的成都元宇宙生态系统。

---

① 《“数实相融元启未来”2023全国元宇宙产业创新发展峰会在蓉落幕》，四川新闻网，http://scnews.newssc.org/system/20230920/001397382.html，2023年9月20日。

② 《成都布局成立元宇宙产业联盟 将构建交子大道元宇宙中心》，中国新闻网四川，http://www.sc.chinanews.com.cn/bwbd/2021-12-18/159996.html，2021年12月18日。

（三）建立立足中国式现代化的元宇宙精准善治机制

其一，立足中国式“网络空间命运共同体”倡议，树立“社群主导”与“系统安全”的成都元宇宙赋能数字文化产业共享共治理念。习近平总书记早在2015年第二届世界互联网大会中原创性地提出“构建网络空间命运共同体”的重要倡议，[①] 成都元宇宙治理思维亟须回归“价值互联网”的本质。[②] 一方面，成都元宇宙产业适用以网络文化社群为主导、政府“向后站”的共享共治理念，表征为不同网络文化社群在动态博弈中形成的管理秩序。通过元宇宙与DAO的融合真正实现人与人之间、地区与地区之间、国家与国家之间的监管融通，改变传统以政府为主导的单一文化制度设计和法律规制范式，着重挖掘成都各区域网络文化社群的监管潜力，培育新型元宇宙赋能数字文化产业善治生态。另一方面，在充分利用网络文化社群治理基础上，系统构建成都元宇宙分权分域治理体系，基于大数据和算法精细化把关每一层级的潜在风险，由下至上生成系统科学的信息反馈回路。成都《行动方案》指出，对涉及民生、个人隐私的元宇宙企业加强数据安全监督管理，强化元宇宙价值伦理、虚拟空间意识形态等平台监管和行业自律。[③] 鉴于此，应当明确成都各地区、各层级、各部门对虚拟空间开展文化社群活动享有绝对的管辖权，并积极出台通用的技术标准、行业标准和应用标准，构建高品质全链条内控机制。

其二，深刻践行“去中心化自治”与“双效协同”的元宇宙立法机制原则。一方面，基于系统科学理念，重塑文化业务流程、文化体制机制、文化制度模式，形成增强成都元宇宙治理能力的数字政府平台机制、数字行政行为机制、数字公民参与机制和数字社会治理机制。[④] 四川《行动计划》指

① 《让互联网发展成果惠及全体人民——论“共同构建网络空间命运共同体”》，《人民日报》2015年12月17日，第2版。

② 唐林垚：《Web 3.0治理：制度机理与本土构建》，《华东政法大学学报》2023年第6期。

③ 成都市互联网协会：《重磅丨成都市元宇宙产业发展行动方案（2022—2025年）出炉》，https://www.iscd.org.cn/4/9286/1169359，2022年12月29日。

④ 马长山：《数字法治政府的机制再造》，《政治与法律》2022年第11期。

出，要密切跟踪元宇宙发展中出现的价值伦理、虚拟空间管控等新问题。加强区块链风险管理制度建设，探索创新监管模式，抓好合规引导，营造元宇宙信任发展生态。[①] 可见，成都元宇宙治理不能游离于传统金融市场和监管部门之外，作为对“共享共治理念”的补充，须践行政府主导“去中心化自治”原则，以集中式、高位阶的法律准备，为成都元宇宙应用于更广泛的商业和社会契约场景保驾护航。另一方面，基于区块链技术生成的是有限度的去中心化趋势，可以发掘“价值互联网”背后的“互中心化”取向，即通过智能契约的合理制定、价值权衡和技术保障，在文化创作者、文化企业、地方政府之间建立一种互为中心的转换机制，进而消除数字文化经济行为中的隔膜。

① 四川省经济和信息化厅：《关于印发〈四川省元宇宙产业发展行动计划（2023—2025 年）〉的通知》，https：//jxt. sc. gov. cn//scjxt/jxtzcwj/2023/9/15/1119dc76f8c948ba93c416d6e3a8607b. shtml，2023 年 9 月 15 日。

B.6

成都开拓 Z 世代数字文化消费新市场*

戴俊骋　陈　萱**

摘　要：　随着数字文化消费成为文化市场消费新趋势，基于成都文化与科技交融的城市特点，Z 世代的消费行为和特征对消费市场的发展具有决定性的影响。本文将从 Z 世代的消费模式视角出发，梳理当前成都市在数字文化消费领域的发展现状，探讨如何通过创新做法激活 Z 世代的消费潜力，并试图针对新市场环境面临的挑战提出发展建议，以促进数字文化消费市场的多重发展及生态完善。

关键词：　数字文化消费　Z 世代　成都

文化消费是指人们为了满足精神文化生活需要而以各种方式消费精神文化用品和服务的行为。2023 年 QuestMobile 数据显示，随着线下消费场景的恢复，文娱产业持续回升，短视频、在线视频、手机游戏、在线音乐、泛娱乐直播、电影演出等多个文化消费行业的月活用户分别攀升至 9.62 亿、8.14 亿、6.25 亿、5.90 亿、0.76 亿、0.58 亿，其中手机游戏、在线视频月活用户分别增长 6.3%、5.1%。[①] 而 Z 世代作为这个时代的真正数字"原

---

* 本文系国家自然科学基金（42071194）和北京市社会科学基金（21ZDA07、21JCB014、22YTA024、22JCB014）的阶段性成果。

** 戴俊骋，中央财经大学文化与传媒学院/文化经济研究院教授、博导，主要研究方向为文化经济、文化地理；陈萱，中央财经大学文化与传媒学院，主要研究方向为文化经济。

① QuestMobile：《2023 文化娱乐新消费报告》，2023 年，https://business.sohu.com/a/732915313_121101099。

住民”，他们的生活方式、消费习惯乃至价值观都与前人截然不同，Z 世代对数字文化内容的需求既广泛又深刻，涵盖从游戏、音乐、视频到虚拟现实等多个层面。与此同时，Z 世代对数字文化产品的消费不仅仅是追求娱乐的过程，更是一种个性表达和社交互动的方式。

在此浪潮中，成都以其独特的地理优势、丰富的文化底蕴以及强大的创新能力迅速崛起，成为国内极具潜力的数字文化产业和消费中心，在吸引、满足 Z 世代文化消费群体的需求方面展现出其独特魅力。本文旨在从数字文化消费研究的视角出发，深入探讨成都在开拓 Z 世代数字文化消费新市场方面的策略与实践。通过对 Z 世代的消费特点、数字文化消费市场现状以及成都作为数字文化创新中心的潜力进行深入分析，本文试图分析成都如何利用其文化、地理与技术优势，满足 Z 世代对数字文化产品、消费的需求，并进一步推动城市数字文化产业的发展。通过对比分析和案例研究，期望为其他城市或地区在类似数字文化消费市场中的策略制定提供参考和启示，从而促进我国数字文化消费市场的整体提升和创新发展。

一　Z 世代的消费行为和特点

Z 世代，又称为“后千禧世代”或“数字原住民”，通常指的是在 1995 年到 2010 年之间出生的人群。这一代人从小生活在互联网、社交媒体和移动通信技术高速发展的环境中，对数字技术有着与生俱来的熟悉度和依赖性，对于数字媒介的态度与接受度与其他世代有着显著区别。Z 世代一般都是在较为丰裕的物质环境中成长起来的，因此也拥有较强购买力。目前中国 Z 世代已超 3 亿人群规模[①]，占中国总人口的 21. 3%，占全球 Z 世代的 12. 55%。湾财社于 2023 年所做的问卷调查数据显示，89. 01%的 Z

---

① 《我国 Z 世代人口超 3 亿》（来点财经范儿节目），https：//mp. pdnews. cn/Pc/ArtInfoApi/video？id=31720069。

世代受访者偏好在线购物，有 84.82%的 Z 世代受访者通过互联网广告获取信息。

（一）消费模式高度数字化

Z 世代的成长伴随着数字时代的发展，其消费行为也深受高度数字化生活方式的影响，对数字社交、网络购物、视频娱乐等互联网生态更能接受和包容。作为在互联网和移动通信技术迅猛发展背景下成长起来的一代，他们对于线上购物、数字支付等现代消费方式拥有天然的亲和力和依赖性，是全渠道消费者。这一群体倾向于利用社交媒体、电商平台以及各类应用程序进行产品搜索、比较和购买，重视消费模式的高效率和便捷性。

（二）注重适用性、个性化和定制化

Z 世代数字内容消费者追求适用、个性化和定制化的产品和服务。DT 研究院和美团外卖联合发布的《当代青年消费报告》显示，Z 世代受访者最在意的是“自己需要”，之后是“质量”。而 Fastdata 极数在《全球 Z 世代消费洞察报告 2024》中指出，34%的 Z 世代认为拥有自己独特观点“非常重要”（见图 1）。他们认为拥有独特的价值观非常重要，视自我表达和独特性为重，强烈渴望脱颖而出，因此更倾向于选择那些能够提供个性化选项或定制服务的品牌，也希望通过社交媒体平台构建出专属自己的虚拟形象与个人世界。

（三）社交媒体的品牌营销对 Z 世代决策影响大

品牌营销、社交媒体的影响力在 Z 世代的消费决策过程中至关重要。这一代人极大地依赖于社交网络中的评价、推荐和口碑来做出购买选择，更广泛的灵感有助于 Z 世代的购买决策。品牌的社交媒体形象和网络影响力成为影响 Z 世代消费者消费行为的关键因素之一。Fastdata 极数在《全球 Z 世代消费洞察报告 2024》中也指出，37%的 Z 世代消费者说社交媒体广告

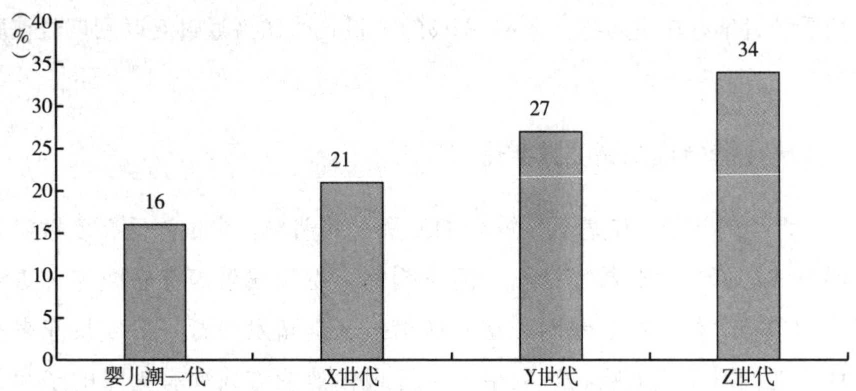

图 1　不同代际人群认为拥有自己独特观点“非常重要”的比例

资料来源：Fastdata 极数《全球 Z 世代消费洞察报告 2024》。

是最重要的最有影响力的广告形式（见图 2）。此外，通过在社交网络上与各个品牌方、企业进行互动，Z 世代对其同龄人乃至其他年龄段的人群产生了显著影响。他们成为最倾向于在社交平台上追踪品牌和零售商、分享品牌内容以及发布评论的群体。由此可见，Z 世代对自己的看法有着明确的认识，并且勇于表达自己的观点。

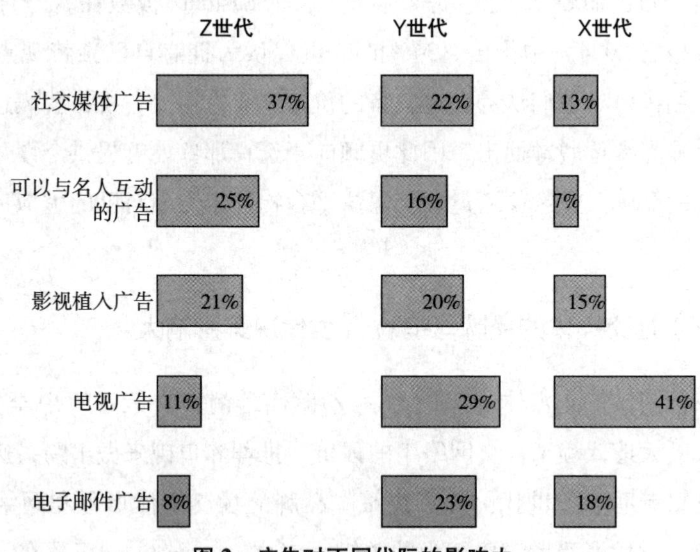

图 2　广告对不同代际的影响力

资料来源：Fastdata 极数《全球 Z 世代消费洞察报告 2024》。

（四）消费心态谨慎理性，关注产品社会价值

Z世代不仅关注产品的质量和性能，也越来越重视产品和品牌的可持续性以及社会责任感。他们倾向于选择那些积极采取环保措施、展现强烈社会责任感的品牌，从而体现其对环境保护和社会公正的高度重视。除此之外，虽然Z世代消费者对价格敏感，但他们在消费时更注重产品和服务的整体价值，这意味着他们愿意为那些能够提供超出期望的产品或服务支付更高的价格。Z世代在消费决策时，会综合考虑产品的功能性、设计、品牌形象以及与个人价值观的契合度，展现了Z世代在追求物质价值的同时，也追求精神满足和个人价值的实现这一观念。

二　成都数字文化消费发展现状分析

（一）数字基础设施不断完善

成都作为中国西部的重要城市，近年来在数字基础设施方面取得了显著进展。《2023年成都互联网发展状况报告》指出，2023年成都网民规模超1872万人，互联网普及率达87.5%，较上一年增长0.8个百分点，成都地区移动互联网用户月平均规模约2448万人。成都属地开发商且年活跃用户在50万人以上的APP产品主要分布于手机游戏、学习工具、音视频等领域。[①] 近年来，人工智能和数字文创领域在投融资中表现活跃，足以反映出这些领域良好的发展前景。同时，《成都市“十四五”新型基础设施建设规划》中提出，加快“千兆城市”建设，实现城乡基本覆盖。到2025年，成都将建成5G基站9万座，城市千兆光纤网络覆盖率达到80%。[②] 城市宽带

① 成都市互联网信息办公室、成都市经信局新经济委：《2023年成都互联网发展状况报告》，2024年7月。

② 成都市发展和改革委员会：《成都市“十四五”新型基础设施建设规划》，https://cddrc.chengdu.gov.cn/cdfgw/c147315/2022-06/16/4c9c2ff2f55a47758545fdc893529b16/files/e63851da471e4250a92255bb8e02040e.pdf。

覆盖率和移动互联网接入速度的提升为数字文化产品的消费提供了坚实的技术支持。这一发展不仅促进了传统文化内容的数字化转型，也为新型数字文化产品的创造和传播创造了有利条件。

（二）文化消费市场的供给主体不断涌现

2023 年成都文化消费呈现井喷式增长，伴随消费者对于数字文化产品和服务需求的日益增长，成都的文化企业、独立工作室、文创品牌等纷纷应运而生，并且涵盖文学、音乐、手工艺品、数字娱乐等多个领域，企业数字化程度也不断加深，成都市文化消费市场供给日益丰厚。相关数据显示，2023 年成都市音乐产业产值达 568.53 亿元，同比增长 13.13%，音乐演出票房收入突破 12 亿元，音乐演出市场发展位居全国前列。[①] 这些新兴供给主体往往具备更加灵活创新的经营理念和模式，并通过互联网平台与消费者建立起直接的联系，利用社交媒体进行品牌推广，同时也在产品设计和服务方式上寻求差异化，以满足年轻消费群体对于个性化和体验化的需求。供给主体不断涌现不仅能为消费者提供更加丰富多彩的文化消费选择，也为城市的文化发展注入崭新活力，展现出成都在推动文化与经济融合发展方面的巨大潜力。

（三）数字文化消费内容形式丰富多样

成都被誉为“全国三大数字娱乐中心”之一，《新周刊》曾将成都评为“中国最休闲的城市”，而数字娱乐产业也被成都市划入重点发展的六大产业。目前，随着数字技术的发展和应用，成都的数字文化消费的内容和形式日益丰富多样。从在线视频、音乐、电子书籍到虚拟现实体验、电子竞技等，各类数字文化消费品满足了不同消费群体的需求，也为成都深入开发在线文化娱乐业打下良好的基础。成都本地文化特色与数字化创新的结合，更赋予了这些数字文化消费品独特的魅力，吸引大量消费者的关注。

---

① 数据来自成都市文化广电旅游局。

（四）Z世代成为成都数字消费市场主力

截至2023年底，成都网民规模超1872万人，移动互联网用户月平均规模约2448万人。[①] 2021年成都40岁以下的网民比例已超80%。[②]《2023成都西南Z世代消费者洞察报告》统计得出，在成都人口突破2100万的前提下有约500万的Z世代消费者。[③] 由此可见，Z世代和千禧一代在成都数字文化消费市场中逐渐占据主导地位。成都这些年轻的消费者不仅对数字技术有着天然的亲和力，而且他们的消费决策也越来越多地受到社交媒体和网络社区的影响。年轻消费者对于创新和个性化产品的需求推动市场的多样化发展，并促使不同主题不断探索新的内容形式和营销策略。

三　成都激活Z世代数字文化消费的代表做法

（一）出政策：推出促进新消费发展“16条”政策

成都对数字文化消费的一系列政策支持体现在多个方面，旨在推动数字技术与文化创意的深度融合，引领新消费场景创造、品牌塑造、消费群体吸引，促进文化与技术的创新融合，进而推动城市经济的高质量发展，满足人民对更高品质文化生活的需求。在《成都市数字文化创意产业发展“十四五”规划》中，政府明确了七大重点发展领域，包括网络文学、数字影视、数字音乐、数字动漫、数字艺术等，也强调了对数字文化创意产业的全面支持，从而推动数字内容生产孵化，加快数字新媒体产业园建设，推进数字音乐、影视、动漫等全产业链融合发展，并通过支持这些领域的发展来推动整

① 成都市互联网信息办公室、成都市经信局市新经济委：《2023年成都互联网发展状况报告》，2024年7月。

② 成都市互联网信息办公室、成都市经信局：《2021年成都互联网发展状况报告》，2022年8月。

③ 《2023成都西南Z世代消费者洞察报告》，搜狐网，2023年，https：//www.sohu.com/a/743351192_ 121655386。

个数字文化创意产业的高质量增长。同时，成都推出促进新消费发展“16条”政策，涉及发布新消费领域新场景新产品机会清单，构建新消费企业梯度孵化体系，以及支持实体企业数字赋能发展等多个方面，助力全方位塑造新消费产业集群生态。[①] 2023 年发布的《成都高新区数字文创产业三年行动计划（2023—2025）》中也提出 2025 年成都高新区网络视听与数字文创产业规模需突破 1000 亿元的发展目标。这些政策不仅仅聚焦于技术和产业革新，同时也是成都市积极构建数字文化产业生态、力争在数字文化创造和交流过程中吸引到更多的企业和人才的坚实支撑。

（二）优生态：着力完善数字文化消费生态系统

成都对数字文化消费的产业发展支持有着全面深入的战略规划，并通过持续出台一系列促进数字文化产业发展措施，如投资基础设施建设、扶持内容创新、提高产业集聚度等，有效激发市场活力，构建全面、多元、创新的数字文化产业生态系统。在打造数字文创产业集群领域，成都致力于构建“双核多极两带”的空间格局，以数字文创产业为核心，推动包括龙门山和龙泉山在内的数字文创产业带的发展，打造千亿级数字文创产业集群，并采取依托于温江区的中国西部文化城推进数字内容生产孵化基地的建设，在双流区依托成都芯谷发展大数据、5G 和人工智能等新兴网络应用软件等举措促进该领域的发展。与此同时，成都强调以产业生态圈创新生态链变革经济工作组织方式，从而适应新消费、新业态、新模式发展的产业特点，通过制度创新、政策创新、工作创新，推动科技创新、管理创新和商业模式创新，实现数字文化消费生态系统的完善。

（三）树地标：打造数字文化消费新地标

成都充分利用其文化优势，通过建设“三城三都”和创建国际消费中

① 《培育新消费发展产业集群 成都推出促进新消费发展“16 条”》，四川新闻网，2020 年，http://scnews.newssc.org/system/20201223/001136299.html。

心城市、建立和推广数字文化平台，以“年轻化”“体验感”“多元化”的Z世代特点为导向大力发展文创产业。① 目前成都已打造出一部分数字文化消费新地标，例如以餐饮消费与文创为特点的原老工业区猛追湾望平街，通过打造夜间消费场景和运用现代数字技术举办各类“爆款活动”，已实现街区“华丽转身”。这一系列的举措旨在通过数字技术的融合与创新，促进文化旅游产业的转型升级，实现文化消费的多元化与个性化，进而提升城市的文化软实力和国际竞争力。成都通过深化数字文化产业的创新与发展，不仅在建设数字文化消费新地标方面取得显著成效，还力争催生多种文旅新业态，为城市的文化旅游产业带来新的发展机遇和挑战，持续在推动数字文化与经济、社会全面融合方面进行积极的探索和深入实践。

（四）建场景：以数字消费场景引领城市更新与特色街区建设

近年来，成都成功地将动漫、电竞、潮流玩具、国风、音乐会，以及视觉艺术等新兴的数字消费场景和模式深植于城市之中，通过城市有机更新项目、打造多元化的消费场景，成功做到吸引当下Z世代的注意力和激发其消费欲。铁像寺水街作为成都新兴的城市文化名片和商业消费新地标，以“历史传统文化+文化艺术消费+新消费场景”为独特经营理念，通过定期举办川剧、变脸、茶艺等表演，引入文化艺术产业和数字文化内容，逐渐成为城市文化的名片，为消费者提供丰富多元的数字消费场景，从而吸引大批年轻游客和消费者。前身为“中体产业成都滑翔机制造厂”的梵木 Flying 国际文创公园，2023年被评入成都市“十大类百佳消费场景名单”，特点是将现代设计元素与工业遗存结合，紧跟年轻消费者的文化需求，涵盖创意设计、音乐展演、科技美陈、空间美陈、工艺制作、生活配套、体育竞技等多个要素，成为具有强烈体验感的文化消费场所。尤其是梵木 Flying 国际文创公园中的飞行空间通过国内一流的设施设备和全息投影技术，构建全景声、

① 《无场景不消费 成都如何吸引Z世代新消费者》，每经网，https：//www.nbd.com.cn/articles/2021-08-19/1881175.html。

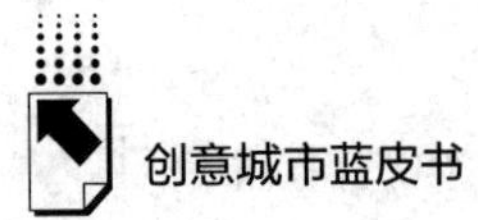

全沉浸的活态场馆，围绕市民和游客夜间休闲需求，不断挖掘空间设施服务潜能，提供文旅消费新时空，致力于打造新型文旅消费和夜间经济应用场景，以数字场景引领文化消费。[①] 同时，园区还通过接入潮流综艺如《潮流合伙人》增加园区曝光量，吸引大量 Z 世代消费者。

（五）推数展：持续开发沉浸式数字艺术和互动展览

成都通过开发数字艺术和互动展览方面等一系列创新举措也为融合传统文化与现代科技、为公众提供全新的文化体验和互动方式做出了一定贡献。例如，2023 年 2 月 21 日，全国首个地铁数字艺术空间《画游千里江山——故宫沉浸艺术展》落地成都凤凰数字艺术中心东大路馆，正式对外开放。[②] 通过高科技手段重新诠释传统艺术，能够将中国画的古典美学以沉浸式形式呈现给观众。这种创新的展示方式不仅丰富成都的文化展览形态、提升城市的文化软实力和创新形象，而且能兼顾 Z 世代的消费偏好。此外，开发沉浸式数字艺术和互动展览开辟了数字艺术创新的新路径，能为成都本地的艺术家和文化企业提供新的灵感和方向，鼓励创作者探索传统文化的现代表达方式，以促进本地文化创意产业的发展和创新。位于成都传媒集团东郊记忆·国际时尚产业园的“ARTE 全沉浸式美术馆·成都”自开馆以来就受到了 Z 世代的热烈追捧。展览中的多组艺术作品通过结合惊艳的视觉效果、震撼音效和迷人香味打造全新的沉浸式体验。Z 世代偏好沉浸、互动、富有趣味性的文旅场景，成都市通过承办此类展览，也利用 VR 和 AR 等现代技术，为 Z 世代提供沉浸式的文化体验。成都通过虚拟现实技术重现历史场景或文化遗址，让年轻人在享受游戏的同时了解成都深厚的文化背景，足以

---

① 《天府旅游名县 | 打卡新型沉浸式文旅消费时空，玩转梵木 Flying 飞行空间》，武侯区文体旅局，https：//mp. weixin. qq. com/s? _ _ biz = MzAwNjIyNTc0Nw = = &mid = 2651088644&idx = 1&sn = da0af13ce94fc3c7d8220b43bc3cf9c2&chksm = 80e06d38b797e42e436b0f13ecbadeb866ec302ca17cdf072cfd470d8627d8a1b492a7c4720f&scene = 27。

② 《成都凤凰数字艺术中心〈画游千里江山——故宫沉浸艺术展〉盛大开幕！看国宝长卷“动起来”!》，凤凰数字科技，2023 年，http：//www. phoenixdt. cn/index/journa _ lis _ mdetails/index? id = 50。

展现其作为文化创新中心的雄厚实力和追求卓越的精神，有利于吸引国内外游客和文化爱好者的广泛关注。

（六）求破圈：探索适应 Z 世代的破圈之路

成都通过数字化的多种方式探索“年轻化”与“破圈”的道路，尝试将传统文化、商业模式和新兴技术相结合，实现对年轻群体的吸引和扩大其文化与商业的影响力。这种探索不仅仅限于文化领域的推广，也包括了商业、服务、消费、技术等各个领域的创新和突破。其中重要的实践领域之一是数字赋能成都公园城市建设，试图打破公园“圈层限制”，并健全城市现代化治理体系。通过数字化理念创新，例如单馆围合式的涵盖旅游、休闲、度假的成都市海昌极地海洋世界、沿着公园绿道“City walk”逛成都的最佳路线呈现，等等，都为成都数字文化消费的“年轻化”和“破圈”打下基础。这些尝试的一个重要目的旨在扩大受众群体基数，同时也为了促进年轻人寻求亚文化独立性的过程中与主流文化的融合和对话。通过这种方式，成都也能够更好地融入全球化的趋势中，实现文化和经济的共同发展。

四　成都开拓 Z 世代数字文化消费新市场面临的挑战

（一）技术快速迭代带来应对压力

Z 世代作为“数字原住民”，对于新鲜事物和技术创新有着极高的期待。他们生活在一个信息爆炸、技术迅速迭代的时代，对数字产品和服务的质量、互动性和新颖性要求极高，同时也更为期待高沉浸、强互动和个性化的数字体验。随着 VR、AR、AI 等数字技术的快速发展，消费者尤其是 Z 世代的技术期待也在不断提高。

在成都进一步开拓数字文化消费市场时，面临的首要挑战是如何保持技术创新与内容更新的速度足以满足 Z 世代不断变化的需求。这要求成都不仅要不断引进和掌握最新技术，还要将其创新地应用于文化内容创作和消费体验设计中，这对资源、资金和人才提出了较高要求。

成都有关政府部门既要在数字技术应用上持续投入和探索，如 VR、AR、AI 等前沿技术的应用，还要在文化内容创新上保持敏锐度，持续提供具有文化深度和创新性的数字文化产品。同时，这也对成都的文化和科技企业提出了更高的要求，需要这些主体不仅具备强大的技术研发能力，还要有丰富的文化创意和敏锐的市场洞察力。

（二）Z 世代消费行为的多样易变性带来不确定性

Z 世代作为“数字原住民”，他们的消费习惯具有多样性和变化性，他们既追求创新和个性化，又对品质和性价比有较高要求。Z 世代的消费偏好也在不断变化，受国际流行文化的影响，他们可能会迅速从一个趋势转向另外的流行趋势；社交媒体对 Z 世代消费习惯的影响也尤为显著，在 Z 世代实时了解和接触全球范围内的新趋势和新观念的过程中，他们的消费更加全球化和多元化，也让他们的消费行为和偏好更加流动和易变。此外，社交媒体上的 KOL 和意见领袖对 Z 世代的影响巨大，他们的推荐和评价能在短时间内引发高频次、不同导向的消费潮流。

鉴于此，成都在进一步开拓 Z 世代的数字文化消费市场时应注重深入理解这一代人的消费心理和习惯这一层面。成都数字文化消费市场的战略调整需要紧密跟踪 Z 世代的消费趋势和文化兴趣，灵活调整市场策略和文化产品供给。同时，文化消费品牌方也需更加关注市场动态，不断创新产品和服务，在社交媒体上与 Z 世代进行更紧密的互动和沟通，以适应他们多变的消费需求和偏好。

（三）数字文化消费新市场品牌破圈与口碑管理承压

成都在进一步开拓 Z 世代数字文化消费市场时，建立和维持品牌信任是面临的一个重要挑战。Z 世代消费者在品牌选择上注重产品的质量和创新性、倾向于寻找具有创新元素和个性化特征的文化产品，同时也高度重视品牌的价值观和社会责任。他们倾向于支持那些能够反映他们个人信念和价值观的品牌，尤其是在环境保护、社会正义和透明度方面。因此，需要品牌方在这些领域展示出真诚承诺和具体行动。

在社交媒体和网络平台日益成为主要的品牌传播渠道的今天，如何有效利用这些平台进行品牌建设和口碑管理，是成都市数字文化产业发展面临的一大挑战。Z 世代对网络信息反应敏感，任何与 Z 世代数字文化消费者期望不符的行为都可能在短时间内被放大和传播，对品牌信誉造成损害，一旦品牌形象受损，恢复和重建的成本将非常高昂。因此，政府在其中的引导作用十分重要，政府方需要建立起与 Z 世代消费者的沟通桥梁，及时响应他们的反馈和关切，以此维持和加深消费者的信任和忠诚度。

五　成都进一步开拓 Z 世代数字文化消费市场的建议

（一）构建更为全面的数字文化产业生态

培育数字文化产业生态是一个系统工程，需要从产业链整合、创新驱动、政策支持和人才培养等多个维度共同努力。成都可以通过政策扶持、资金投入、人才培养等措施，吸引和培育更多创意企业和个人参与数字文化产品的开发，培育健康、活跃的数字文化产业生态。例如，鼓励和支持企业采用新技术如人工智能、虚拟现实、大数据等，加强数字文化产品和服务的创新；积极参与国际合作和交流，引进国外先进的技术、管理经验和创新理念，同时将成都的数字文化产品推向国际市场，等等。

成都市政府需进一步拓展促进新消费发展“16 条”政策的深度与广度，构建涵盖内容创造、分发平台、消费体验和反馈循环的全面的数字文化产业生态系统，引入更多的市场主体参与，如内容创作者、技术提供商、运营平台和终端用户等，形成一个互动共赢的生态圈。通过整合资源，共同打造出有吸引力的数字文化消费新地标，利用科技手段提升沉浸式体验，以数字消费场景为核心，引领城市更新与特色街区建设。

（二）正向引导和培育 Z 世代的消费模式

鉴于当前 Z 世代的消费特点，数字文化消费企业和品牌需要采用更加创新和互动的模式吸引和维系这一代消费者，同时政府也应正向引导和培育其消费模式，从而拓展数字文化消费市场的深度和广度。

成都市政府可制定并实施一系列鼓励创新与创业的政策支持数字文化产业的发展，包括提供税收优惠、创业资金支持、研发补贴等措施，特别是对于那些致力于开发 Z 世代喜爱的数字文化产品和服务的创新型企业，通过降低创业门槛和风险，鼓励更多的企业投身数字文化领域。

同时，也可通过建立产学研合作平台，促进科技与文化深度融合，激发创新活力，力争做到不仅为 Z 世代提供更加丰富多彩的数字文化产品和服务，而且推动了成都文化产业的升级和可持续发展。

（三）构建更为开放包容的数字文化消费环境

成都应致力于构建开放包容的文化消费环境，鼓励 Z 世代积极参与文化创作和交流，通过社区活动、创意大赛、数字文化节等形式，搭建让年轻人有机会展示才华、分享观点、增强文化自信和归属感的媒体平台，促进文化多样性、技术创新和社会包容性的融合发展。同时，需要确保数字文化消费平台和工具对于不同年龄、性别、能力和文化背景的用户始终秉持友好和开放的态度，以消除数字鸿沟，确保人人都能享受到数字文化红利。

与此同时，数字文化消费市场的扩大与国际合作和交流强相关，应当引入国际先进的理念和实践，与世界各地的合作伙伴共同推动数字文化的发展。通过国际文化交流项目、国际合作研发等方式，提升本地数字文化产业的竞争力，也促进文化的多样性和全球视野的形成。

长远来看，构建开放包容的数字文化消费环境，对于形成健康、活跃的数字文化市场至关重要。这能够为 Z 世代乃至更广泛的群体提供更丰富、更个性化、更具包容性的数字文化消费体验，促进经济和文化的全面繁荣。

B.7

加快实施文化数字化战略，塑造成都智能文创新优势

——成都智能文创发展现状、问题与对策

蔡尚伟　董渤*

摘　要： 人工智能技术赋能文化产业发展，成为高质量推进文化数字化战略实施的新的驱动力，智能文创应运而生，是数字文创产业发展的新质生产力。成都在数字文化产业发展顶层规划、数字经济结构、科创资源、人才资源等方面优势明显。建议成都在文创产业发展经验和产业基础之上抢先规划、布局，建立智能文创专项发展机制，加快智能文创要素聚集，建圈强链，高质量构建城市智能文创生态。以建设践行新发展理念的公园城市示范区为统领，增强协同创新发展能力，提升成都智能文创发展新优势，以智能文创加快推进文化数字化战略实施，高水平建设世界文化名城。

关键词： 智能文创　文化数字化战略　新质生产力　协同创新　成都

文化是城市的灵魂，在激发城市活力、潜力和创新能力等方面发挥着重要作用。实现文化产业繁荣发展是推进文化自信自强，建设社会主义文化强国的基本途径之一。党的十八大以来，习近平总书记关于文化建设的系列新思想新观点新论断，形成了习近平文化思想，为新时代文化建设、文化使命

* 蔡尚伟，四川大学文学与新闻学院教授、博士生导师，四川大学文化产业研究中心主任，从事传媒与文化产业研究；董渤，四川大学文学与新闻学院，四川大学文化产业研究中心研究助理，从事传媒与文化产业研究。

担当提供了强大思想武器和科学行动指南。成都坚持以习近平文化思想引领文化建设工作，全面贯彻落实习近平总书记在成都调研时提出的“突出公园城市特点”的重要讲话精神，以建设践行新发展理念的公园城市示范区为统领，坚持以文化人、以文润城，高水平建设世界文化名城。制定了系列促进文化产业发展的专项规划和政策。2023 年 7 月，习近平总书记在川考察期间指出，以科技创新开辟发展新领域新赛道、塑造发展新动能新优势，是大势所趋，也是高质量发展的迫切要求，必须依靠创新特别是科技创新实现动力变革和动能转换。成都在深化文化数字化战略实施进程中，以数字技术赋能文化创意产业转型升级，塑造产业发展新优势，智能文创发展优势明显。2024 年是实现“十四五”规划目标任务的关键一年，成都应把握智能文创发展的基础优势，协同创新发展，以智能文创为推动加快实施文化数字化战略的新质生产力，高质量建设世界文创名城、世界文化名城。

一　智能文创是推动数字文化产业发展的新质生产力

在文化产业蓬勃发展的背景下，文化产业数字化已成为高质量发展文化产业、助力文化消费跃层升级、促进国内外文化市场双循环的重要国家战略。数字文化产业的发展在人工智能（Artificial Intelligence，AI）技术的驱动下，呈现“智能+”的快速进阶跃迁的发展模式，而当下生成式人工智能（AI Generated Content，AIGC）技术加速了文创产业的智能化进程，实现了文创产品从机械化生产到内容智造的快速迭代。“智能文创”正是在此背景下提出的数字文创产业新理念、新概念、新方向。

（一）智能文创的内涵与外延

智能文创的内涵。智能文创是人工智能技术运用于文化产业发展的各方面和全过程——从创意、写作、拍摄、编辑、播音、主持、绘画、音乐，到内容推送、产品营销，甚至到文化产业的管理、教育、研究等活动的各个环节，由此生成了众多“智能+文创”业态。从智能文创本身的价值来说，它是整个数字文化的最前沿。

智能文创的外延。包括智能创意、智能规划与策划、智能写作、智能拍摄、智能编辑、智能播音主持、智能推送、智能营销、智能文创管理、智能文创教育与研发等环节，以及智能文博、智能文旅、智能文学、智能绘画、智能雕塑、智能设计、智能音乐、智能影视、智能动漫、智能媒体等领域。

（二）智能文创是文化产业竞争新赛道

文创产业在全世界范围内都是朝阳产业，代表了人类对精神文化生活的高品质追求。数字文创是整个文创产业的发展方向，智能文创则是数字文创的前沿，因而可以说智能文创是整个文创产业发展前沿的前沿①，是城市文化软实力的重要支撑，是当下文化产业竞争新赛道。

（三）智能文创是新质生产力

习近平在二十届中共中央政治局第十一次集体学习时强调，新质生产力是创新起主导作用，摆脱传统经济增长方式、生产力发展路径，具有高科技、高效能、高质量特征，符合新发展理念的先进生产力质态。它由技术革命性突破、生产要素创新性配置、产业深度转型升级而催生。智能文创的核心技术支撑和科技底座是人工智能，所以说智能文创是由数字文化产业技术创新、数字文创生产要素创新性配置、深化实施文化数字化战略而催生的产物。智能文创工具、产品能够智能化生成文娱内容，改变了文化产业传统的劳动方式、劳动资料及劳动对象，在优化组合后形成全新的数字文化产品和业态，并以全要素生产率大幅提升数字文化产品的生产率。作为数字文化产业发展的新技术、新产品、新业态，可以说智能文创是促进数字文化产业发展、实现数字经济飞跃式发展的新质生产力。

---

① 王嘉：《智能文创——文创发展前沿中的前沿》，《成都日报》2022 年 4 月 21 日。

二　智能文创是成都加快发展数字文创产业的重要着力点

（一）成都实施文化产业数字化战略进入关键一年

党的二十大报告提出，实施国家文化数字化战略，健全现代公共文化服务体系，创新实施文化惠民工程。2022 年 3 月，中办、国办印发《关于推进实施国家文化数字化战略的意见》，在中央层面对国家文化数字化建设进行了战略部署，提出要加快文化产业数字化布局，在文化数据领域，培育一批新型文化企业，引领文化产业数字化建设方向。2022 年 12 月，四川省委办公厅、省政府办公厅印发《四川省推进国家文化数字化战略实施方案》（以下简称《实施方案》），要求各地、各部门结合实际认真贯彻落实。《实施方案》围绕加快数字文化产业发展等 7 个方面，明确了 22 项重点任务，并提出了确保数据安全、激发建设动力、鼓励多元投入、完善要素保障 4 个方面的保障措施。成都是全省推进实施国家文化数字化战略的主引擎，肩负着高质量完成重点任务的职责。

（二）成都建设世界文化名城进入关键时期

2018 年 2 月，习近平总书记在成都视察时强调，特别是要突出公园城市特点。进入新时代以来，成都全面贯彻落实习近平总书记提出的“突出公园城市特点”的重要讲话精神，在建设践行新发展理念的公园城市示范区的探索中，注重挖掘城市历史文化资源，以巴蜀文化之光为中华文明添彩，坚持历史文化赓续传承与城市创新发展的内在统一。2018 年，成都提出建设世界文化名城的目标，努力高水平建设文创名城、旅游名城、赛事名城，高标准打造国际美食之都、音乐之都、会展之都，着力提升成都文化全球影响力。2019 年成都市委通过《关于弘扬中华文明发展天府文化加快建设世界文化名城的决定》。2022 年《成都市“十四五”世界文创名城建设规划》提出，将成都打造成为全国重要文创增长极，为建设践行新发展理念的公园城市示范区和独具人文魅力的世界文化名城提供有力支撑等发展目标任务。

（三）成都推进数字文创产业发展踏上关键节点

习近平总书记强调，要顺应数字产业化和产业数字化发展趋势，加快发展新型文化业态，改造提升传统文化业态，提高质量效益和核心竞争力。国家“十四五”规划和2035年远景目标纲要提出，加快数字化发展，建设数字中国，利用数字经济新优势，充分发挥海量的数据和丰富的应用场景优势，促进数字技术与实体经济深度融合，赋能传统产业转型升级，催生新产业新业态新模式，壮大经济发展新引擎。2019年10月，四川被正式确定为国家数字经济创新发展试验区，成都为创新发展试验区的核心区域。2021年2月，成都市“十四五”规划和2035年远景目标纲要提出，大力发展现代时尚、传媒影视、动漫游戏等重点领域，实现数字文创跨越发展。2021年《成都市数字文化创意产业发展“十四五”规划》明确指出智能文创对数字文化产业发展的引领作用，提出全力打造中国最适宜数字文创发展城市，推出一批形象特色鲜明、吸引力强的数字文创产业园区（基地），建成一批创新示范、辐射带动力强的数字文创产业重大项目和平台，建成一批业态集聚、创新效应凸显的数字文创现代产业集群，推动数字文创产业成为经济社会发展的强大引擎和重要增长极，实现数字文创从“盆地”走向“高地”。

三　成都智能文创发展现状

（一）规模处于国内前列

2022年，成都全市文创产业实现增加值2261亿元，占GDP比重达10.9%，处于全国同类城市第一方阵。2023年，文创产业增加值超2500亿元，同比增长13.9%，占GDP比重为11.65%，文创产业在国民经济中的支柱性地位进一步增强。2022 年，成都人工智能产业规模为 616 亿元，位列全国第七，增速位居全国第一，综合实力排名全国第六。2023 年上半年人工智能产业规模达 424 亿元，同比增长 36.9%。[①] 截至 2023 年 11 月，成都共有人工智能企业 835 家，产业规模达 690 亿元，同比增速超 20%。

（二）政策引领抢跑智能文创赛道

2021 年，成都市发布《成都市数字文化创意产业发展“十四五”规划》，该规划由四川大学文化产业研究中心参与编制完成，是迄今为止，副省级、省会城市出台的首部城市数字文化产业领域专项顶层设计，是全国首部城市数字文化产业领域的专项规划，具有引领性。规划中指出，智能文创作为成都市未来发展数字文创的前沿领域，对智能文创的发展指出了明确的方向。2023 年 1 月，《成都市进一步促进人工智能产业高质量发展的若干政策措施》从促进人工智能算法发展、推动人工智能能级提升、构建人工智能产业生态等三方面提出具体政策。成都市人工智能产业生态“十四五”发展规划提出，力争到 2025 年，成都人工智能总体发展水平进入国内第一梯队，产值规模突破 1500 亿元。《2023 年成都市大数据与人工智能（含车载智能控制系统）产业建圈强链工作要点》提出，在人工智能领域，力争全年培育国家级人工智能专精特新“小巨人”企业 5 家、上市企业 1 家、上规企业 10 家、赋能上云企业 20 家；形成至少包含 100 家大数据与人工智能“上市、上榜”企业的重点招引名单。

（三）生产投入要素日趋集聚

成都市共有国家级科技创新平台 145 个、国家级科研机构 30 余家、国家级研发平台 67 个、国家级重点实验室 12 个、国家高新技术企业 1.15 万家、国家专精特新“小巨人”企业 202 家，省级专精特新中小企业 1647 家。西部（成都）科学城、成渝（兴隆湖）综合性科学中心、天府实验室

① https：//cj. sina. com. cn/articles/view/7750558190/1cdf821ee00100zif7.

等国家重大科技基础设施相继揭牌运行，成都全球创新指数（GII）排名全球第 29 位。拥有西部地区唯一的国家超级计算中心国家超算成都中心，算力排名位居全球前十。作为“东数西算”国家一体化大数据中心成渝枢纽节点的样板工程、西南地区最大的人工智能计算中心，成都智算中心获批首批国家新一代人工智能公共算力开放创新平台。众多国家级科技创新平台和高新技术企业使成都具备了文化数字化的技术基础。

成都市已构建“一所两中心 N 平台”文化数据服务体系。“一所”指成都文化产权交易所。作为西部第一、全国第三的文化产权交易所，已初步构建以前端的数字出版综合服务、文创出海综合服务、公共文化综合交易、版权交易综合服务四大子系统，以及后端的文化产权清结算、文化产权鉴权、中国数字文化链—信用底层区块链三大子系统为支撑的文化产权综合交易平台。“两中心”指成都知识产权交易中心和全国文化大数据交易中心・巴蜀文化专业中心。成都知识产权交易中心是四川省唯一的知识产权类交易场所。全国文化大数据交易中心・巴蜀文化专业中心是全国文化大数据中心西南地区唯一交易节点，依托内容审核、确权、数字出版及元宇宙场景应用等综合能力，已成为国家文化大数据体系的重要组成部分。“N 平台”指成都数字版权综合服务平台、“天府文创云”平台、光厂数字创意作品交易平台、嗨翻屋音乐版权服务云平台等各类文化数据服务平台。

（四）市场主体日益活跃

成都市已招引腾讯新文创总部等重大项目 87 个，总投资 1630 亿元，建成西部文化产业中心等项目 24 个，总投资 411 亿元。腾讯新文创总部在成都设立了“STAC 科创联合大会”品牌。在创新探索上，《王者荣耀》、腾讯人工智能实验室（AI Lab）联合腾讯新文创总部共同推出了“开悟”开放平台，并承办了世界大学生数智竞技邀请赛。

在智能媒体方面，成都传媒集团成都智媒体城项目总投资约 24 亿元，已列入中宣部文产办以及省、市发改委重点项目库，计划 2025 年投入运营。已吸引新华社、华为等 80 余家合作伙伴，共筑智慧媒体产业生态。每经科技打造的雨燕智宣——AI 短视频自动生成平台，是一款短视频自动生成系统，聚焦于前沿 AI 技术在内容生产传播的垂类应用，将 AI 化、自动化、数字化贯彻到媒体转型、品宣营销、智慧课堂、会议传播等多个场景。

在科研院所方面，四川大学计算机学院（软件学院）数据智能与计算艺术实验室进行了 AI 绘画、AI 诗词、AI 音乐、AI 交互艺术等领域的研究，推出了一批技术运用案例。电子科技大学视觉智能研究中心拥有世界领先的图片分类算法和检测定位技术。现有的系统框架支持分布式深度学习、多功能定位，大大提高模型精确度。截至 2022 年末，成都已拥有中科院成都分院、商汤未来创新中心、科大讯飞成都研究院、华为成都研究院、西门子全球仿真及测试技术（成都）研发中心、腾讯“开悟平台”、四川省人工智能研究院等 20 余家高能级科研院所。这些科研院所在深度学习、智能信息处理方法、深度神经网络基础理论研究、机器视觉、语音识别、智能制造等领域均居于国内前沿。

在人工智能通用大模型等前沿领域，已有不少成都本地企业在各自的领域内实现了有效应用。譬如“行者 AI”（成都潜在人工智能科技有限公司）结合当下的艺术形式和科技手段，利用 AIGC 技术进行创作；其打造的音乐教育平台，集 AI 交互式作词、AI 交互式作曲、AI 歌唱合成及编曲等核心功能于一身，已在多所学校落地与实践。世优科技（世优宇宙科技有限公司）为不同行业和个人打造数字人产品，其构建的数字人元宇宙已广泛应用于广电媒体、品牌营销、电商直播/短视频、文旅等不同场景。晓多科技的“晓模型 XPT”服务垂直电商领域，明途科技的“WorkBrain”通过多模态对话交互应用于政企办公领域，医云科技“medGPT”支持医疗问诊场景中多模态的输入和输出，考拉悠然的“悠然大模型”可应用于工业检测、安全生产和数字政府等多个领域。“浮凸文创”由重庆浮凸文创与成都名堂文创联袂打造，是成渝双创的“出圈”之作。

（五）具备智能文创发展的生态基础

工业和信息化部于 2019 年启动国家人工智能创新应用先导区创建工作。

2021 年 5 月，成都国家人工智能创新应用先导区揭牌成立，成都正式进入国家新一代人工智能创新发展试验区和国家人工智能创新应用先导区“双轮驱动”的新发展阶段。初步构建以天府数字文创城、少城国际文创谷、东郊记忆艺术区为主要承载地，成都影视城、三国创意设计产业功能区、安仁·大邑博物馆特色小镇、成都新经济活力区为协同发展地的“3+4”空间布局。先后打造 83 个市级以上文化产业园区（基地），包括梵木文化产业园等 18 个国家级、蒲江明月国际陶艺村等 23 个省级、瞪羚谷数字文创园等 42 个市级园区（基地），全市文创产业园区面积达 1136 万平方米。初步形成以“债权融资+股权投资+路演孵化+金融科技”四大路径为支撑的文创金融生态体系，设立西部地区首个区域性股权市场文化专板“天府文创板”，首批挂牌企业 20 家；“文创通”贷款产品累计支持企业 759 户次，授信额度达 37 亿元；组建中西部首只文创基金，已累计投资 10 个子基金、1 个直投项目，资金放大规模达 70 亿元，连续两年获评“中国文化产业十佳政府引导基金”。现有成都数字文创产业联盟等协会机构 7 个，省、市文化领军人才 11 人，累计培训文创从业人员 12 万余人次。文创（数字文创）产业建圈强链为智能文创发展提供了生态基础。

四　成都智能文创发展存在的问题

（一）尚未建立智能文创专项发展机制

成都市至今尚未推出系统、专项的智能文创发展规划和政策，智能文创零散出现于系列数字文化产业发展规划和人工智能发展规划中。相较于浙江湖州、天津等城市，成都市关于发展智能文创的规划和政策有一定滞后性，并且没有把握好自身优越的发展基础。比如浙江省湖州市《德清县新一代人工智能应用县发展规划》（2017 年），明确地提出“智能文创”概念，指出加快发展智能文创，鼓励完美世界等文创企业转型，推进人工智能技术与文化创意深度融合，推动智能文创产业园建设，搭建人工智能+文化创意产业发展平台。[①]《天津市智能文化创意产业专项行动计划》（2018 年）是迄今为止发布的智能文创发展规划中层级最高，内容最全面、最系统的专项规划，明确了智能文创的定位——智能文化创意产业是文化科技创新的重要方面，是社会主义文化强国建设的重要支撑力量。[②]

成都在智能文创产业发展、战略支持、理论积累等方面具有显著优势，却还未推出智能文创发展标准、评价体系。这使数字文创企业的智能化转型升级、智能型文化企业的激励发展、文化数字化战略的推进等都缺乏标准参考和发展指数评价。此外，成都尚未建立全市统筹的智能文创工作协调机制，缺乏推进成都智能文创建设的强大合力。

（二）缺乏本土链主企业

整体来看，成都的城市新文创活力指数排名全国第一，数字文创企业发展活跃。但相较于发展优势明显的北京、上海、广州、深圳，目前成都人工智能缺乏领军型本土链主企业，智能文创企业发展呈现单点支撑态势，主要依赖腾讯游戏业务对成都数字文创市场的贡献。成都整体营收规模与头部城市存在较大距离。比如深圳市 2020 年游戏营收规模达 1445.56 亿元，占全省的 67.8%，占全国的比例超过 50%。成都智能文创产业集群布局初显成效，以中小企业为主，企业发展较慢。规模不够、产业链营收不均衡，比如 2023 年成都人工智能产业规模仅为北京的 1/3，产业链的基础层、技术层、应用层占比不均衡状态突出。

（三）能级优势发挥不足

成都有古蜀文化、三国文化、大熊猫文化等丰富的特色文化资源，有“一所两中心 N 平台”文化数据服务体系，是继深圳前海、上海浦东之后全

① 《德清县人民政府关于印发德清县新一代人工智能应用县发展规划的通知》（德政发〔2017〕57 号），2017 年 11 月 24 日。

② 天津市人民政府办公厅：《天津市智能文化创意产业专项行动计划》（津政办发〔2017〕112 号），2018 年 1 月 12 日。

国第三个获批设立“国家版权创新发展基地”的城市。但与先发城市相比，成都文化资源数字化转化不足，具有成都印记、成都符号、成都根脉的现象级数字文化 IP 有待进一步开发。比如，在成都数字文化文物信息平台“锦点”上发布的成都珍贵文物图像仅 14402 件，而故宫博物院推出线上数字文物项目“数字文物库”，将故宫文物搬上“云端”，公布超 10 万件文物高清数字影像，有效实现故宫文物数字化。成都文化产权交易机构具备发展优势，而服务能效并未有效释放。成都数字版权综合服务平台累计存证全国版权数据 270 万条，登记确权数量 68 万件，2022 年平台交易额仅 5300 万元，而长沙“优版权”服务平台已累计存证全国版权数据 628 万条，登记确权文物数量 23 万件，2022 年实现交易额 1.23 亿元。

（四）智能科技支撑力不足

成都作为国家文化和科技融合示范基地，有高等院校 60 所，其中世界一流大学 2 所、“双一流”建设高校 8 所、国家级科研机构 30 余家、国家级研发平台 67 个。其中有 16 所高校开设人工智能专业，数量位居全国第二，仅次于北京。同时，成都新一代信息技术领域本科及以上毕业生超过 4 万人，全市软件产业从业人员达 40 万人，居中西部首位。其中四川大学、电子科技大学在人工智能专业建设方面属于国内领先水平。双一流高校与国内人工智能顶流企业合作培养智能人才。百度与四川大学签署了 AI 人才培养合作协议，致力于共同为社会培养 AI 人才。但产学研环节存在障碍，未充分转换应用。

成都人工智能生产要素集聚，拥有国家数据中心集群“天府集群”，从市场供需来看，成都算力还处于供大于求阶段。成都算力和算据优势明显，但算法创新不足，还落后于同级城市，尤其是在基础算法和核心算法领域。在智能科技赋能传统文化方面，成都与北京、上海等城市存在一定差距，文化体验场景化不足。比如，由故宫和腾讯联合主办的“纹”以载道——故宫腾讯沉浸式数字体验展运用最新科技和数字化手段，展示 5.3 米高裸眼 3D 文物、22 倍高清放大数字文物，入选文旅部 2022 年文化和旅游数字化创新实践优秀案例。

五　对策建议：协同创新，塑造成都智能文创新优势

（一）完善政策制度体系

智能文创发展是一个“自下而上”的过程，要想实现规模化和规范化的发展，应与制度创新协同并进。为此，应构建现代、高效和包容的智能文创治理体系。成立发展智能文创的领导小组或工作专班，高位推动智能文创发展，对文化数字化和文化科技深度融合等重大问题进行统筹安排，探索治理智能文创的新举措。建立智能文创专项工作协调机制和定期会商制度，由市委宣传部牵头，市科技局、市财政局、市文广旅局等市级相关部门配合，定期研究智能文创产业发展重要政策和重大问题，统筹推进全市智能文创产业发展工作。要筑牢智能文创体系的制度性基石，尽快出台促进智能文创产业发展的相关规范，组织制定针对智能文创及相关产业的细分法规，保障成都市智能文创健康发展。

（二）加强区域协调联动

跨区域协同是经济、科技发展到新阶段，市场化发展到更高水平的必然要求。成渝地区双城经济圈是在国家高质量发展战略要求下和区域协同发展趋势下的重大战略。在双城联动下，成渝两地的大学、博物馆、文化协会等的专家汇聚于此，以两地深厚的文化底蕴为基底，集文创产品、特色宣传、时代潮流等文化发展内容于一体，核心是打造成渝双城文化会客厅。

智能文创产业是成渝两地产业经济发展的新活力，应积极探索成渝智能文创产业创新合作的新动能、新模式、新标杆。针对成渝地区丰富的巴蜀文化，双方应积极推动文化资源的数字转化，运用大数据、云计算等技术，开展数据采集，使巴蜀文化资源优势转化为市场优势，鼓励成渝地区各单位数据资源互通互用，激活巴蜀传统文化元素，推出更多现象级数字文创精品力作，打造“成渝智造”原创 IP 产业链。

发挥成渝地区高新区联盟、大学科技园联盟、技术转移联盟、科普研学联盟等的桥梁纽带作用，推动两地孵化器协会共同组织创业孵化载体对接交流活动。

（三）扩大市场参与主体

智能文创的快速发展离不开产业化、规模化进程，产业的集群式发展和网络式发展能够持续提升产业的竞争优势，应建设结构合理、差异定位和创新驱动的智能文创产业集群。引进数字文创领军龙头企业，培育一批优秀的本土数字文创企业。要发挥市场主体在智能文创价值链升级中的能动性，整合政产学研多方力量，培育一批聚焦于智能文创的“独角兽”企业和“瞪羚”企业。通过不同类型市场主体的创新协作，破除过去文化产业发展中对政策的路径依赖，使市场主体真正成为智能文创发展的先行者、推动者和实施者。

（四）促进资源要素整合

第一，优化智能文创发展中的人力资本结构。建立智能文创人才职称评审认定体系，开放特殊人才的绿色通道，培育智能文创的领军人才。鼓励高校和企业合作开设智能文创相关专业，四川大学、电子科技大学、西南交通大学等在蓉高校开设了数字文创相关的专业，每年向社会输送大量专业人才。

第二，以原创科技提升智能文创的全要素生产率。加大对基础科学和核心技术的研发投入，推动人工智能、工业互联网和区块链等技术的迭代更新，积累技术优势。加大成都索贝、成都国星宇航、四川大学、电子科技大学等企业和高校院所在智能文创科技研发方面的投入，推进相关领域领先的数字文创技术市场化转化。以产校地企协同创新的机制，让智能文创的发展实现“弯道超车”。

第三，提升文化资源的创新转换能力。文化资源的创意转换是智能文创产业发展的源头，基于文化数据超市对不同类型的文化资源进行归类和联结。四川拥有金沙—三星堆、青城山—都江堰、峨眉山—乐山大佛等丰富的巴蜀文化资源，在培育智能文创 IP 和品牌时要处理好传统文化资源与当代文化资源的间性关系，呈现丰富多元的巴蜀文化。

结 语

2024 年是实现“十四五”规划目标任务的关键一年，成都应牢牢把握数字文创发展优势，塑造智能文创新优势，推进数字技术与文化创意深度融合，扩大优质文化产品供给，满足人民群众对更高品质幸福美好生活的文化需求，布局、构建智能文创产业生态体系，以智能文创为加快实施文化数字化战略的新质生产力，以全面建设践行新发展理念的公园城市示范区为统领，坚持科技引领、创新驱动，高质量建设世界文创名城、世界文化名城。

B.8

四川蜀锦的发展历史及其特点*

王　川**

摘　要：　丝绸是中国文明对世界的贡献，中国是世界上织丝史最为久远的国度，国外多民族的丝绸读音（silk）源于古汉语（si）。丝型织物被加工之后，成为众所周知的“丝绸”，而所谓的“锦”即丝织物之一种。作为中国丝织业发源地之一的蜀地，自古以来盛产蜀锦等丝织名品，以织造工艺独特、民族风格浓郁、文化内涵厚重、区域特色鲜明而闻名于全国。通过丝绸之路，蜀锦在两千多年前就畅销“大夏”等地，蜚声海外，经久不衰，是巴蜀文化的重要代表性产品之一，也是中国传统织造的卓越象征。

关键词：　蜀锦　西汉纺织手工业　四川

一　“蜀”“丝”二字源流与蜀锦的产生

蜀锦，即蜀地①所产之丝制品，始于春秋战国而盛于汉唐，越宋锦、云锦居我国三大名锦之首。②《汉书》描述巴蜀土地肥美，有江水、沃野、山

---

* 本文系成都市哲学社会科学规划项目“成都作为西南文化中心的历史地位与当代对策研究”的阶段性成果。

** 王川，四川旅游学院院长，二级教授、博士生导师，四川省铸牢中华民族共同体意识研究基地主任，主要研究方向为西南区域史、西南文化史。

① 古史上常以“蜀”指整个巴蜀地区，即现今四川、重庆及其周边部分区域。

② 胡光俊：《繁华锦城的千年蜀锦——浅谈蜀锦传统织造技艺》，《现代艺术》2023 年第 5 期。

林、竹木、疏食、果实之饶[①]，蜀地良好的自然地理环境，为蜀锦的产生、发展奠定了坚实基础。谈蜀锦，得溯源“蜀”“丝”二字。

（一）“蜀”字起源：蚕之所自

蜀地自然条件优越：土壤系由河流冲积而成，矿物质、有机质丰富，利于农作物的生长，其垦殖指数、土地生产力高；气候上，盆地全年温暖湿润，热量、降水条件优越；地势上，盆地四周山脉南低北高，两大洋温暖气流北上并阻挡了北方冷空气南侵，使蜀地冬暖春早，全年都是农耕期。因此，蜀地物产丰富，成为经济发展的物质基础。

先秦蜀地江河众多，洪涝灾害频繁，有“鳖灵治水”等古蜀神话流传，先民治水经验丰富。故战国时期蜀郡太守李冰采纳蜀地治水经验，创造性地开凿了都江堰水利工程，变水害为水利，使得蜀地有了良好的水利灌溉，推动了蜀地社会经济的发展，成为水旱从人的“天府之国”。

先秦古蜀五朝的第一个“蚕丛古国”[②]，得益于蜀地的自然条件，种桑养蚕业发达，以蚕桑出名。国名“蜀”字就是作茧之蚕的象形字，汉许慎《说文解字》释“蜀”为“葵中蚕”[③]；《释文》《玉篇》皆说“蜀”是“桑中蚕”。清段玉裁指出，“蚕以蜀为盛，故蜀曰蚕从，蜀亦蚕也。”[④]本意指桑蚕，意为家蚕的前身或近祖，从古代“以事为氏”通行命氏之法观察，蚕丛当为善于养蚕、擅长织桑的族群。尤以发明桑蚕业的黄帝夫人嫘祖故事最为典型。蜀地还有教民蚕桑的青衣神蚕丛氏，以及“蚕女吐丝成茧，衣被天下”[⑤]的蚕神马头娘等传说，均系先秦蜀地蚕桑生产发展的反映。故先秦时期蜀地先民便已经掌握了养蚕、织丝技术。

---

① （汉）班固撰《汉书·地理志》，载冯广宏主编《都江堰文献集成 历史文献卷 先秦至清代》，巴蜀书社，2007，第6页。

② 先秦时期蜀地国家形态处于形成阶段，所谓“王朝”“古国”有族群、部族、方国等含义，并非严格意义上的国家政权。

③ 贾大泉、陈世松主编《四川通史 先秦》（卷1），四川人民出版社，2010，第40页。

④ （清）段玉裁撰《荣县志》，载《四川省志·丝绸志》，四川科学技术出版社，1998，第453页。

⑤ 编写组编《蜀锦史话》，四川人民出版社，1979，第6页。

（二）“丝”字起源：桑蚕所产

商代甲骨文出现了“蚕”“丝”“帛”等字，并发展出与蚕丝相关的从“桑”、从“糸”文字100余个。古代中国对于世界的贡献，除了四大发明之外，还有“三大地理原产地”，丝绸产地便是其中之一。

黄帝夫人嫘，以养蚕取丝著称，为纺织祖神。司马迁《史记》、赵蕤《嫘祖圣地碑》等文献，均记载了嫘祖率先发明了种桑养蚕之法，首创了抽丝编绢之术，她“谏诤黄帝，旨定农桑，法制衣裳，兴嫁娶，尚礼仪，架宫室，奠国基……是以尊为先蚕”①。方志记载了四川省盐亭县青龙山有嫘祖陵，乃当地一大盛景。

丰富的历史文献记载、众多出土文物，可佐证蜀地蚕桑业的源远流长与长盛不衰。成都百花潭、新都出土的战国本地制造铜壶的精美采桑纹饰，展示了古蜀桑园劳动的情景。《华阳国志》记载蜀地出产“桑、漆、麻、纻”②，晋左思《蜀都赋》赞叹蜀地“桑梓接连”。成都、德阳等地汉墓画像砖，常见桑园图，成为后世了解当时蜀地繁盛丝绸生产的“浮世绘”。2012~2013年成都天回镇老官山西汉墓葬出土了4部蜀锦提花机模型（冥器），是我国迄今发现的唯一有出土单位、完整的西汉织机的完整模型，是已知当时全国最先进的织机，代表了西汉丝织手工业的最高水平，对研究蜀锦纺织技术的起源和发展意义重大。③ 正是因为蚕桑资源的丰富，蜀地“女工之业，覆衣天下”④，推动了蜀锦的产生。

（三）植物种属：蜀锦染料来源

蜀锦是彩色丝织而成的提花织物，以植物染料染色为主，练染是其必不

---

① 王德奎等：《盐亭县发现唐代〈嫘祖圣地〉碑志》，《四川文物》1992年第6期。

② （晋）常璩撰《华阳国志校注》，刘琳校注，巴蜀书社，1984，第175页。

③ 王军等：《成都天回镇老官山汉墓发掘简报》，《南方民族考古》2016年第1期。

④ 编委会编《四川省志·文物志》，四川人民出版社，1999年，上册，第267页。

可少的工序，“织采为文曰锦，织素为文曰绮”[①]。蜀地沃野千里，植物种类繁多，种植和应用染料植物自成体系，常用有茜草、苏木、红花、青杠碗、栀子、紫草等。

蜀锦又称“绯红天下重”“蜀红锦”，以染红地的蜀锦最著名，茜草、红花、苏木为蜀地常用的红色植物染料。茜草在蜀地种植历史悠久，是蜀锦最初使用的红色染料。四川历来盛产红花、苏木染料，如简阳、金堂等地都是红花产植区，苏木染色使用亦广泛。

四川青杠碗染黑是蜀锦常用的练染材料。晚清卫杰所著《蚕桑萃编》是中国古代以来记载篇幅最大的蚕书，该书明确记载，“青杠碗海云高木，四川山多产此木，其果实类板栗，其碗煎熬水染青色不退”。栀子亦是常用的蜀锦染料。《史记·货殖列传》记载“巴蜀亦沃野，地饶栀”；《四川志》记载“地宜栀子家至万株、望如积雪”，可见蜀地当时栀子种植之盛。[②]

可见，蜀锦从诞生之时起就是色彩搭配的艺术品，图案与配色成为蜀锦文化的载体，有着丰富的价值和内涵。正是秀丽的自然山川，赋予蜀地丝绸诞生的摇篮；蜀地丰富的植物染料，赋予蜀锦壮丽的纹样色彩。

二　蜀锦的发展历史

先秦时期，蜀地就产出蜀锦，到了汉代，中央政府在蜀地中心成都设立了“锦官”，成都由此得到了“锦城”“锦官城”的美誉。濯锦之江，源远流长。成都为岷江所环绕，蜀锦完成生产需要在江边洗涤、晾晒，再交付市场销售，因此，每到濯锦时节，岷江的成都段，户户锦绣，处处灿烂，溢彩流光，岷江由此得到了“锦江”的美誉。

作为成都、西蜀的标志性技艺，蜀锦植根于悠久深厚的巴蜀文化，发展起源早，区域特色浓郁。蜀锦的发展随时代变迁呈现明显的阶段性，基于对

① 王庄穆主编《中国丝绸辞典》，中国科学技术出版社，1996，第603页。

② 王君平、王斌：《蜀锦传统工艺染色——天然植物色素染色》，《四川纺织科技》2001年第2期。

蜀锦各个时期的生产规模、织造技艺、纹样演变等方面的综合分析和归纳对比，可分为六个阶段：发展期——战国时期、成熟期——秦汉时期、转折期——魏晋南北朝时期、繁荣期——唐宋时期、衰落期——元明清民国时期、恢复发展——新时期。蜀锦虽以“蜀”命名，但早就蜚声海内外，对中国的经济发展、民族团结、世界文明的交流与互鉴发挥了巨大作用。

（一）发展期——战国时期

蜀锦织造历史悠久，早期的产生可追溯到先秦时期。在战国时代，蜀地农业、蚕桑丝织业发达，形成了较为成熟的刺绣和织锦技艺。秦国的惠文王年间的公元前 316 年，秦并巴蜀，其后张仪、张若建成都城，建织锦工场，“于夷里桥南立锦官”[①]，这是最早记载蜀锦的文献，距今已经 2340 年了。而三星堆考古的丝绸遗迹的新发现，更可将蜀地的织造历史上溯到三星堆时期。[②]

秦并巴蜀“移秦民万家”以实蜀地，秦统一六国后迁徙各国豪强至蜀，将先进的生产技术传入蜀地，推动了蜀地社会经济的发展，包括织锦业在内的手工业迅速繁荣，蜀地成为全国重要的手工业中心，蜀地织锦生产得到进一步发展。这一时期，蜀锦已经开始向巴蜀地区以外广泛传播，如湖北江陵马山一号楚墓、湖南长沙左家塘战国楚墓等墓葬中，都曾出土了大量花纹清晰的战国织锦，主要为蜀地所产。

战国蜀锦主要为经锦，是多彩的经线起花的平纹重经组织，纬线只用色，通过经线组织和色彩上的变化，呈现多彩的纹样形式。随着织造工艺的提高，分区换色法和三色经锦的出现，使蜀锦形式更为多样。这一时期，蜀锦装饰艺术得以发展，蜀锦纹样在保留商周丝绸纹样中简洁古朴小型几何纹形式的基础上，发展形成了大型多变的几何纹样。提花织机的进步使蜀锦纹样题材扩大，单一几何纹局面被打破，出现了龙凤等禽兽类纹样。

---

① （明）曹学佺：《蜀中名胜记》（卷 1），载王云五主编《丛书集成初编》（第 3191 卷），商务印书馆，1936，第 4 页。

② 黄剑华：《探寻古蜀国：从三星堆看中华文明》，研究出版社，2022，第 237 页。

当然，受制于织造技艺，这一时期虽然在织造手法中加入打散、重构、变异等新的方式，但蜀锦纹样的形式相较于刺绣图案来说，仍然较为规整严谨。

（二）成熟期——秦汉时期

秦汉时期蜀锦生产规模宏大，闻名遐迩。近代中国营造学社社长朱启钤，则在其《丝绣笔记》一书盛赞道，“蜀锦勃兴，几欲夺襄邑之席，于是襄邑乃一变而营织成，遂使锦绫转为蜀有”①。西汉武帝时期，张骞凿通东西方贸易要道，开辟了丝绸之路。蜀锦作为主要的贸易品沿丝绸之路，远销到“大夏”（今阿富汗）等西域广大地区。蜀地丝织技术不断发展，锦缎品种花色增多，两汉之际的扬雄《蜀都赋》，对此高度褒奖，指出蜀锦产品已经逐渐超过了陈留、襄邑的丝织品；当时的蜀锦有“颂”“缪”“缘”等种类；蜀都“若挥锦布绣，望芒兮无幅。尔乃其人，自造奇锦，发文扬彩，转代无穷”②。从这些感性的文学语言描述背后，可以窥见当时织锦品种花色之繁多，生产规模之宏大，织锦技艺水平之高超。

秦汉时期繁荣的丝织业，推动蜀锦艺术进入成熟期，不仅广泛运输至内地各郡县，如湖南长沙马王堆等地墓葬均有大量蜀锦；而且通过丝绸之路上的商品交换，输出至西域各地乃至西亚、欧洲等地，如在今新疆丝绸之路沿线古墓中出土“五星出东方利中国”③ 等大量蜀锦。这一时期的蜀锦纹样较少出现大型的菱形纹，几何纹样多以小型图案为主。并随着多综多蹑织机的出现，蜀锦纹样图案不局限于规整的几何形，灵动多变的云气动物纹样也开始出现，逐渐丰富生动起来。

由于蜀锦生产量大，如前所述，两汉时期政府在我国丝绸主要产地成都专设了管理机构“锦官”，城市的江流因此简称“锦江”，即濯锦之江；成都遂成为誉满天下的“锦官城”，简称“锦城”，这是我国唯一以锦绣而命

---

① 朱启钤：《丝绣笔记》，浙江人民美术出版社，2019，第 4 页。

② 四川省地方志编纂委员会编《四川省志 · 丝绸志》，四川科学技术出版社，1998，第 163 页。

③ 沈睿文：《“五星出东方利中国”锦的动物图案》，《海岱考古》2023 年第 1 期。

名、闻名的大城市；蜀地丝绸等名品通过岷山道等销往西域，在《史记》被记载为“蜀布”，推动了包括蜀地在内的沿线地区经济社会的发展，促进了相关地区各民族交往交流交融。

（三）转折期——魏晋南北朝时期

魏晋南北朝时期中原长期战祸动乱，相对和平安定的成都平原则成为全国丝绸生产中心。

西晋文学家左思《蜀都赋》中，描写成都的蜀锦生产盛况是“百室离房，机杼相和。贝锦斐成，濯色江波”[①]。南北朝时期虽战乱频繁，但中原与西域丝路来往并未断绝。同时，这一时期动荡的社会造成多民族的迁徙，相对稳定的蜀地，吸引了大量人口流入。人口的频繁流动促进了各地区之间的交流，少数民族迁入中原地区，一些直接受西亚文化影响的少数民族将西方的纺织技术和具有写实风格的装饰图案带入中原，丰富了中国丝绸的纹样，推动了蜀锦的发展。

魏晋时期，是蜀锦生产、对外销售的又一个高峰时期。南朝刘宋人山谦之《丹阳记》一书，是目前所知最早的南京地方志，这一江南织绣文化发达地的文献如是记载蜀锦：“成都独称妙，故魏则市于蜀，吴亦资西蜀”[②]，看来，三国之中，蜀国所产的蜀锦最受欢迎，成为当时闻名于天下的最畅销商品之一。异域风格的图案伴随着丝绸之路和民族交融流入中原，使蜀锦装饰艺术进入转折期。这一时期蜀锦纹样在继承汉代纹样形式的同时，开始出现模仿西域风格的图案题材，蜀锦上出现了西域骆驼、狮、象等动物纹样和生命树等植物纹样。蜀锦图案的构图也和两汉时期典型的构图有所区别，多采用骨架式的构图方式，如菱形或方形的规矩骨架、两圆相套的套环骨架等。[③]

---

① （晋）左思：《蜀都赋》，载潘殊闲、罗健勇总主编《都江堰文献集成 历史文献卷（文学卷）》，巴蜀书社，2018，第 509 页。

② 本书编写组编《蜀锦史话》，四川人民出版社，1979，第 15 页。

③ 薛雁、吴薇薇编绘《中国丝绸图案集》，上海书店出版社，1999，第 41 页。

（四）繁荣期——唐宋时期

隋唐时期，蜀锦的花色品种不断发展，织造技艺达到新的高度。《隋书》谓蜀郡“人多工巧，绫锦雕镂之妙，殆侔于上国”①，正是对蜀锦精巧的织造技艺的描述。唐刘禹锡“濯锦江边两岸花，春风吹浪正淘沙，女郎剪下鸳鸯锦，将向中流匹晚霞”② 诗句，表现了蜀锦的生产规模与繁荣景象。当时，最重要的成就是从西方纺织中学习而来的斜纹纬锦技术。纬锦的产生，打破了经锦在纹样大小和色彩上的限制，使得唐代的蜀锦纹样更加丰富多彩。

巴蜀生产的蜀锦，通过丝绸之路交换到了沿线的国内及境外各地，现今新疆维吾尔自治区博物馆、吐鲁番博物馆、甘肃省敦煌博物馆等保存、展示的大量汉晋南北朝至唐代丝织品，就以蜀锦为主，故古丝绸研究学者指出，丝绸之路上发现的汉唐织锦基本上都是蜀锦，唐代更是非蜀产莫属。③

两宋时期，政府在蜀锦之乡成都，设有转运司锦院、茶马司锦院等机构，监制各式花锦。宋代，束综提花机逐渐完善和定型，多综多蹑织机的结合得到推广，纬线显花已完全取代了经线显花，蜀锦的织造技艺逐渐成熟。宋代蜀锦风格的变化，花色名目日益增多。据元费著《蜀锦谱》记载，成都官锦坊及茶马司锦院的产品名目，北宋时有四十多种，到了南宋时期演变形成百余种。④

唐宋蜀锦织造技艺盛极一时，在与异域文化交流中不断吸收融合，推陈出新，在这期间联珠纹样不断本土化，形成了极具特色的“陵阳公样”。同时，写实生动的花鸟图案逐渐成熟，植物纹样开始成为蜀锦的主要题材，开启了蜀锦艺术绚烂而生动的时代新格局。蜀锦纹样类型更为丰富，包括八晕

---

① （唐）魏征等撰《隋书》卷二九《地理志》，中华书局，1973，第830页。

② 丁国成、迟乃义主编《中华诗歌精萃》，吉林大学出版社，1994年，上册，第845页。

③ 武敏：《吐鲁番出土蜀锦的研究》，《文物》1984年第6期，第72~82页。

④ （元）费著撰《蜀锦谱》；载李勇先主编《宋元地理史料汇编》6，四川大学出版社，2007，第257~263页。

锦、四答晕锦、盘球锦、天下乐锦、浣花锦等，古籍记载丰富。可以说，从秦汉到唐宋时期，蜀锦均是中国丝织技艺的最高代表。

（五）衰落期——元明清民国时期

宋元时期，随着茶马古道所承载的茶马互市的兴起[①]，内地产品的需求更加多元化，丝绸作为经济和战略产品的地位有所下降，蜀地丝绸之路的作用亦受到影响。特别是元代大一统王朝的建立，疆域的空前扩大，陆上驿道、海上通道的大规模开拓，尤其是随着“海上丝绸之路”水路运输的繁盛，西蜀作为早期丝绸之路如“南方丝绸之路”的产品源头、丝织工艺研发中心、商品外销重要大本营的地位，被削弱。元以后，中国丝织工艺重心逐渐向江南地区转移，蜀锦生产规模大不如前。明末清初蜀地的织锦作坊，大多毁于战火，蜀锦丰富多彩的花样荡然无存。清初康熙年间，随着战争的平息及“湖广填四川”的推动，清初外逃或被掳的织锦工人、各省移民中的织造者回到或者来到成都，重操旧业，开始了蜀锦的缓慢恢复。

元代以后，蜀锦生产规模开始下降，纹样却依然丰富多样。元代戚辅之《佩楚轩客谈》一书，所载了“孟氏在蜀”，制有“长安竹、天下乐、雕团、狮团、象眼、宜男、宝界地、方胜、八达晕、铁梗襄荷”等样式，多用于服装，号称“十样锦”[②]，可见蜀锦样式之丰富。明清时期，蜀锦在继承唐宋纹样外，还出现了多款名锦，如落花流水锦和蕴含吉祥意味的“天下乐锦”（又称灯笼纹锦）。百子锦、落花流水锦、“天下乐锦”虽然最初出现于宋代著作之中，但到了明代才见到实物资料。

晚清时期，蜀锦通过缎纹地起纬花的工艺，采用多彩看晕的织造技术，生产光泽艳丽的“月华锦”“雨丝锦”“方方锦”，并称“晚清三绝”[③]。到了民国时期，四川军阀割据，后来全川抗战，社会不安定，影响了蜀锦的生产。

---

① 王川：《“茶马古道”旅游品牌打造的思考》，《西南民族学院学报》（哲学社会科学版）2003 年第 2 期，第 29 页。

② 路甬祥总主编《中国古代纺织印染工程技术史》，山西教育出版社，2019，第 258 页。

③ 钟秉章等：《蜀锦织造技艺》，浙江人民出版社，2014，第 158 页。

（六）恢复发展——新时期

新中国成立后，随着社会主义制度的建立与完善，传统的织锦作坊、私人机房户积极合并，成立了合作联社，并在1956年宣布成立了成都蜀锦厂，完成了对传统蜀锦等手工业的社会主义改造。同时，对生产蜀锦的传统工具如木质花镂织机等进行的技术改造，也在按部就班地推行。到了60年代初期，通过成都蜀锦厂工艺传承人、工程技术人员的联合攻关，在保持蜀锦传统核心织造技艺的前提下，该厂将挑花、打瓤子、结本等程序优化为10多个工种和若干道工序[①]，完成了技术改造后，不仅生产出原汁原味的四方连续织锦等蜀锦产品，而且能够生产宽幅和大花图样的织物，产量亦大为提升，满足了人民群众日益丰富的生活需要。

改革开放后，蜀锦发展迎来了新的历史契机。蜀锦制造工艺在继承传统的基础上，不断推陈出新，首创了一系列的名品——巴缎、贡缎、芙蓉缎、民族缎、通海缎、珍珠缎、浣花锦、团花锦，以及月华、雨丝、百子图、百鸟朝凤、方方锦、八宝云龙被面，这些产品具有深厚的文化内涵、灵动的生活气息和浓郁的区域色彩。在这一时期，蜀锦的花色品种量、产量、质量、安全生产水平等都大幅度提高，在国内、国际获得了高度评价与肯定。

在国内，2006年5月20日，蜀锦织造技艺作为四川省、成都市的地方传统技艺，被国务院批准列入第一批国家级非物质文化遗产名录，并于2010年9月3日正式获批地理标志产品。2019年11月，蜀锦织造技艺依托的入选单位列入国家级非物质文化遗产代表性项目保护单位名单。

在国际上，蜀锦作为中国传统桑蚕丝织技艺的重要组成部分，2009年9月30日列入联合国教科文组织人类非物质文化遗产名录。新中国成立以来的七十余年间，一批蜀锦代表性品种产生。工业和信息化部等六部委2020年联合印发了《蚕桑丝绸产业高质量发展行动计划（2021—2025年）》，要求利用纺织非物质文化遗产大会等平台，推动蜀锦、宋锦、云锦、缂丝、

---

① 胡光俊、谭丹：《浅谈蜀锦及其传统织造技艺》，《现代丝绸科学与技术》2013年第2期。

杭罗、香云纱等非物质文化遗产传承与创新，提升丝绸文化博物馆建设水平，保护开发丝绸文物。[①] 古老的蜀锦，正迎来了新的发展机遇。

三　蜀锦的特点及影响

蜀锦在两千余年的历史中，一直是中国织锦品的代表，深受社会喜爱。“锦衣玉食”“衣锦还乡”，锦衣代表着地位和权力。蜀锦形成了自身鲜明的特点，体现在纹饰特点、设计内涵、色彩特征等方面。

（一）纹饰特点

在2340年的蜀锦发展史上，不同时期的蜀锦纹样设计，体现出不同的时代特征，这在蜀锦纹饰、内涵上可以明显看出。蜀锦图案的设计，既是时代的体现，亦是技术的产物；既有传统的继承，又有技术的革新。这一设计理念，是蜀锦两千多年来长盛不衰的重要原因之一。

战国时期的蜀锦，多为简约的几何纹样，体现了蜀地的图腾崇拜、神灵崇拜等思想观念。秦汉以后，蜀地融入中原文化的发展序列中，蜀锦样式在保持区域特征的同时，亦表现出源自中原的女娲、伏羲等文化因素的影响。隋唐时期，由蜀道、丝绸之路等带来的频繁对外交流，以及织造技术的不断发展，蜀锦在纹样、元素、色彩、素材等的体现上更突破了中原文化的局限，体现出磅礴大气、富丽生动、多元丰富。宋元时期，蜀锦有了新的发展，体现在纹样表达上更为写意，色彩运用上更加素雅，手法技术表现上更加高超。由此可以说，蜀锦的纹饰特征，在保持基本内涵稳定的同时，记录了蜀锦发展史上不同时期的社会现象，体现了不同历史时期的时代特征与文化内涵。

在构图上，从三星堆出土的文物可以看出[②]，三星堆文化中的青铜大立

---

① 工业和信息化部等：《蚕桑丝绸产业高质量发展行动计划（2021—2025年）》，2020年9月18日，https：//www. gov. cn/zhengce/zhengceku/2020-09/26/content_ 5547331. htm。

② 黄剑华：《探寻古蜀国：从三星堆看中华文明》，研究出版社，2022，第234页。

人铜像的衣饰，大多采用简洁的图案、多方连续的构图设计，古朴、大方又不失庄重，体现了当时的社会等级与审美认知。可以说，这是当时蜀地丝织物的构图设计理念，传承到此后的蜀锦，则纹样设计亦然。

这一设计理念并未随着织造技艺的提高而被摒弃，反而是蜀锦工艺从“经锦到纬锦到经纬结合”① 的新发展，推动蜀锦设计手法发挥到了极致。从1995年在新疆出土的汉代“五星出东方利中国”蜀锦，连绵发展到明清时期的“雨丝锦”，其间蜀锦的设计不断变化与发展，在纹样设计上不断从域外文化元素中汲取有益成份，创造性不断体现，艺术性更加丰富。

（二）设计内涵

蜀锦在设计内涵上，立足本来，汲取外来，不断推陈出新，与时俱进，形成了蜀锦独特的纹样风格。

三星堆遗址出土的明显具有中原文化特征的众多文物，透露出当时蜀地与中原文化的密切联系；金沙遗址出土的众多文物，体现出这一联系更加密切，如一件墨绿色的玉琮，便与浙江良渚文化出土者一模一样，二地之间的文化交流，不可谓不频繁。至于蜀道、“南方丝绸之路”、川藏茶马古道沟通的古蜀地区与“身毒”（今印度）、“大夏”（今阿富汗）等域外国家和地区的经济文化交流，是蜀锦在古代世界作为中华最为重要的对外商品之一的见证。

蜀锦图案的设计，最早的灵感来自古蜀文化。蒙文通先生指出，“从来四川的文化有它的特殊性”，② 从古老的《山海经》的记载，到蜀地多民族的神仙信仰、神话传说，到秦汉时期的花鸟禽兽、吉祥铭文，再到此后的山水人物、历史故事、域外元素等，来源极为广泛，形成了复杂多样的设计纹样。

在两千多年的发展历程中，蜀锦具有代表性的寓合纹、龙凤纹、团花

---

① 王永礼等：《经锦、纬锦与中外文化交流》，《哈尔滨工业大学学报》（社会科学版）2006年第4期。

② 蒙文通：《巴蜀古史论述》，四川人民出版社，2019，第105页。

纹、花鸟纹、卷草纹、几何纹、对禽对兽纹等传统纹样不断发展，至今仍广受社会各界的喜爱与欢迎。[①] 其中，寓合纹可谓代表性纹样之一。

寓合纹样，作为设计图案的特征之一，在蜀锦上得到了广泛的应用，充分体现了蜀锦“凡锦样必有寓意”的艺术特点。蜀锦巧妙选用动物、植物、器物、人物、自然景物以及各种祥禽瑞兽作为题材，用其形，择其义，取其音，组合成含有一定寓意或象征意义的纹样图案，这种组合的纹样被统称为寓合纹，蕴含着吉祥、如意、长寿、多福、富贵、昌盛、顺利、喜庆或者颂祝等类美好愿景与祝福。如选取金、玉谐音，与盛开的海棠花，组合成“金玉满堂”“海棠金玉”图案，寓意富贵美满；选取蝙蝠，取其“蝠”“福”同音，组成呈古钱形寿字纹，象征长寿多福；等等。蜀锦的寓合纹样设计，在民间手工艺中应用广泛，对中国传统锦类设计影响深远，成为我国传统锦缎图案的特有风格与重要特征，亦是我国民族传统工艺美术的宝贵文化遗产。[②] 千百年来，寓合纹样不断发展，具有高度的艺术水平与广泛的民族心理接受基础。

“落花流水锦”的纹样，则是传统蜀锦的另一种著名设计图案。这一设计图案，源自唐诗、宋词“桃花流水杳然去”“桃花流水鳜鱼肥”“花落水流红”等优美的诗句意境，经过蜀锦工匠的艺术化提升而创作出的一款图案样式。[③] 在图案设计上，以花朵飘落于水的流水波纹，呈现一种别具风韵的艺术意境。在两宋时期的织锦、装潢画册、镜纹等装饰艺术上，均广受欢迎，得到了广泛的采用。到了元明时期，盛行于全国各地，推陈出新衍变生成的花样达一百余种，画面极为唯美，充分发挥了想象力，既体现了浓郁的生活意趣，又蕴含了乐观向上的艺术品味，成为蜀锦及传统艺术设计的重要选择图案。

由于气候潮湿等原因，蜀锦等古代丝织品难以保存，在蜀地的考古发掘

① 王君平、王斌：《蜀锦图案风格及其发展沿革》，《四川纺织科技》2002 年第 4 期，第 49 页；艾莲编著《四川文化读本》，四川大学出版社，2020，第 89 页。

② 李国平等主编《中国民俗文化与民间艺术》，河北人民出版社，2016，第 269 页。

③ 钟秉章等：《蜀锦织造技艺》，浙江人民出版社，2014，第 120 页。

中难以被发现，直到 1979 年成都市西郊明代墓葬出土了“紫红地落花流水锦”——这是蜀地首次出土的完整蜀锦文物，[①] 锦面构图优美，朵朵五瓣的桃花散落，随水波而飘动，线条简明流畅，体现出“落花有意随流水”的内涵，体现了蜀锦图案在艺术上的杰出成就，[②] 堪称精品，分外珍贵。

（三）色彩特征

蜀锦色彩对比性强，以五方正色“赤、黄、青、白、黑”为主色，以红、绿、蓝、紫为间色；又应用了“晕裥炫色”的技艺，似“晕”似“云”，变化多端，巧妙地将精湛的织造技艺、丰富多彩的艺术表现手法相结合，最终形成了蜀锦特有的风格。[③] 蜀锦用色明快鲜艳，在五方正色的基础上，至少选用两种配色，主色、配色之间，用色大胆，对比强烈，搭配合理，形成大气典雅、神秘古老的蜀地独有的艺术风格，成为古蜀锦受人喜爱的原因之一。

蜀锦尤其重视搭配使用各种色彩，以营造出斑斓多彩、雍容华贵、层次感强烈的色彩氛围。蜀锦这方面的代表性工艺品，当属“八答晕加金锦”。这一蜀锦，以十余种不同的色彩组合，呈现“色光叠晕”的视觉效果。在发展历程中，蜀锦除了单色之外，更是加入了多种复合色进行调和，使蜀锦呈现庄重雅致的风格特色。

在技艺传承上，蜀锦工艺大师还根据单独纹样的造型特征，充分运用强调、衬托、调和、对比等艺术手法进行创作与绘制，注重颜色搭配，提升了蜀锦的色彩艺术性。[④]

考古出土与传世文物亦体现出蜀锦绚丽多彩的特征。1968 年新疆吐鲁番阿斯塔拉出土的唐代蜀锦“云头宝相花纹锦鞋”，鞋面装饰“花鸟纹锦”，

---

① 王斌：《成都明墓出土的蜀锦——落花流水锦》，《四川纺织科技》2000 年第 1 期，第 53 页。

② 王君平、王斌：《蜀锦图案风格及其发展沿革（续）》，《四川纺织科技》2002 年第 5 期，第 46 页。

③ 胡光俊：《浅究蜀锦传统，品谈织造技艺》，《现代艺术》2019 年第 4 期。

④ 乔熠：《传统蜀锦色彩的特征分析》，《艺术科技》2014 年第 11 期。

衬里是一块“晕裥花鸟纹锦”。[①] 尤其是这一块多彩晕裥经锦，编织复杂，以黄色锦作底，颜色多样，有茶棕、宝蓝、浅绿、浅黄、桔红、朱红、湘绿、月白等13种，呈现“彩虹万道”“绚丽缤纷”的色彩特征，充分体现了蜀锦在图案设计、排花牵经、织造提花、色彩搭配等方面的复杂工艺发达程度，成为中国丝绸染织工艺史上极为罕见的珍品。

蜀锦，从产品设计、原材料选用，到染色、上机织造，包括几十道工序，融入了匠人心血，饱含工匠精神，在国内外展评中屡获殊荣。1907年、1909年分别荣获南洋博览会“国际特等奖”、南洋劝业会展览“特等奖”，1908年荣获巴拿马博览会“金奖”，1937年荣获美国纽约万国博览会“东方美人奖”，1980年丹凤牌蜀锦月华锦、雨丝锦荣获国家纺织部“名牌产品奖”，1984年浣花牌蜀锦民族缎荣获中国丝绸总公司“优质名牌奖”，各种荣誉举不胜举，可谓名扬天下。[②]

蜀锦的灿烂发展史，是蜀地悠久历史文化的重要内容，体现了中华优秀传统文化的丰富内涵，是悠久巴蜀文化的代表性成就之一。蜀锦的兴起繁荣与四川的开放紧密相联，蜀锦的发展进程亦体现了成都城市文明的开放与包容，与成都开放之都、创新之都相呼应。在信息化快速发展的当代，蜀锦正在不断被注入新的内涵与价值，被赋予新的经济发展、文化交流方面的使命与意义，不断焕发出新的生机与活力[③]，必将助力成都的“三城三都”与世界文化名城建设，并助推四川经济社会的高质量发展。

---

① 《唐代变体宝相花纹锦云头锦鞋》，《人民政协报》2023年7月6日，第12版。

② 胡光俊：《繁华锦城的千年蜀锦——浅谈蜀锦传统织造技艺》，《现代艺术》2023年第5期。

③ 谭继和、刘平中：《天府之国丝绸起源与发展的文化解读》，《中华文化论坛》2017年第5期。

B.9

数字技术赋能成都蜀绣产业高质量发展研究*

眭海霞　孙佳媛　万　玲**

摘　要：　成都蜀绣产业在数字化浪潮中迎来转型关键期，作为非遗文化瑰宝，其借助政策东风与技术革新，实现了设计与生产水平的高效提升，市场边界不断拓展。然而，蜀绣产业仍面临品牌影响力不足、市场占有率低、企业实力弱、产品同质化及人才匮乏等挑战。数字技术为蜀绣带来设计创新、生产自动化与营销多元化的机遇，同时也对技术更新、市场竞争与人才培养提出更高要求。为此，应以传承创新为核心，加强数字化保护与档案建设，强化教育普及与文化认知，深化技术创新驱动，构建多层次人才培养体系，拓展国际视野，并依托政策扶持，优化营商环境，强化知识产权保护。通过这一系列路径探索，旨在促进蜀绣产业的高质量发展，不仅保留其传统精髓，更促进其在现代社会焕发新的生命力，实现文化传承与产业升级的双赢，让成都蜀绣成为全球舞台上更加璀璨的明珠。

关键词：　数字技术　蜀绣产业　高质量发展　成都

在数字化浪潮的推动下，成都蜀绣产业正站在转型升级的十字路口。作

* 本报告受四川省社会科学重点研究基地四川动漫研究中心资助项目（编号：DM2024017）、成都大学天府文化数字化创新四川省文化和旅游厅重点实验室开放课题（编号：TFWH-2024-33）资助。

** 眭海霞，成都大学旅游与文化产业学院教授，主要研究方向为文化遗产、文化经济等；孙佳媛，成都大学旅游与文化产业学院讲师，主要研究方向为文化产业等；万玲，四川博物院文旅融合产业发展部主任、副研究员，主要研究方向为文化旅游、文化遗产等。

为中国四大名绣之一，蜀绣不仅承载着丰富的文化传统和历史记忆，更是成都乃至四川省文化创新和产业发展的重要载体。随着国家对非物质文化遗产保护和数字化转型的高度重视，一系列政策相继出台，2021 年 8 月发布的《关于进一步加强非物质文化遗产保护工作的意见》中提出，社会各界要加强非物质文化遗产的数字化建设，利用现代化、科学化技术巩固和加强对非遗的保护工作。党的二十大报告提出要实施国家文化数字化战略。这些政策文件不仅为蜀绣产业的数字化转型提供了政策支持和方向指引，也为蜀绣产业的高质量发展奠定了坚实基础。在此背景下，成都蜀绣产业抓住了前所未有的发展机遇，不仅显著提升了设计与生产效率，还极大地拓宽了市场边界与受众群体，让这一古老手工艺在现代社会焕发新生。尽管数字技术为成都蜀绣产业的发展带来了诸多利好，在实际应用过程中也暴露一些问题。如何更好地推动数字技术赋能成都蜀绣产业，推动其高质量发展，成为值得深入探讨的课题。

一　成都蜀绣产业发展现状分析

（一）多措并举，产业规模不断扩大，市场活力不断增强

1. 政策扶持与优化

近年来，由于政府的关注和重视，蜀绣产业作为推动经济转型、弘扬民族文化、促进社会就业的重要产业，发展取得了一定的成绩。成都市根据中共中央办公厅和国务院办公厅发布的《关于进一步加强非物质文化遗产保护工作的意见》，制定了《成都市蜀绣产业振兴规划纲要》，且将蜀绣产业纳入了《四川省工艺美术千亿产业发展规划》，提供了政策层面的大力支持，而且还成功地将蜀绣申报为国家地理标志保护产品，使其被列入非物质文化遗产保护名录。这些措施极大地提升了蜀绣的品牌价值和市场认可度，为蜀绣产业的健康发展奠定了坚实的基础。实际操作层面，成都市成立了多个专门机构，包括蜀都绣娘刺绣专业合作社、成都市蜀绣产业商会、成都市蜀绣工程技

术研究中心和成都市蜀绣产品质量检测检验中心等，这些机构共同构成了一个全面的服务体系，为蜀绣产业提供必要的资源、技术支持和人才培养服务。

2. 产业规模成效初显

随着数字技术的赋能和政策的支持，蜀绣产业得到了快速发展，从业人数、产业规模以及产值都有了显著提升。目前，成都市已经聚集了 51 家行业内企业、15 家规模较大的绣庄，以及百余家个人绣坊，形成了强大的产业集聚效应，[①]，销售网点达上百个，生产企业主要分布在郫都区、青羊区、锦江区、金牛区、双流区等地。近年来，在政府的支持和帮助下，工作室在蜀绣技艺、人才培养方面做了大量工作并取得较好效果，如今已培养出吴玉英、吴光英、赖隆英、周玉娟、陈忠莉、郭定菊、赖德琼、陈晓丹、陈明会、姚利 10 位四川省级工艺美术大师，以及 2 位四川省非遗项目蜀绣传承人、1 位中国刺绣艺术大师、4 位成都市工艺美术大师、2 位成都市非遗传承人、9 位重庆市工艺美术大师。[②] 蜀绣的制作以软缎和彩丝为基本原料，凭借 100 余种精巧的针法绣技，展现其独有的艺术魅力和文化价值。

3. 市场活力持续增强

近年来，成都蜀绣在市场的需求和文化价值上均实现了显著增长。随着非遗文化普及的深入，蜀绣不仅赢得了市民的广泛认可，更作为四川休闲文化的代表，吸引了消费者的广泛关注，市场需求持续攀升。自蜀绣 2006 年被列为四川省首批非物质文化遗产以来，在郫都区安靖镇建立了非物质文化遗产生产基地，2007 年郫都区蜀绣行业协会的成立，进一步规范了行业标准，为蜀绣的文化研究与产业发展奠定了坚实基础。社会资本积极参与，如成都锦美蜀绣文化有限公司，通过创新设计，将蜀绣元素融入现代生活用品，开发出蜀绣服饰、家居装饰品等，满足现代市场需求，吸引年轻消费者，为蜀绣拓展新市场空间。

---

① 四川省文化和旅游厅：《关于省政协第十三届委员会第一次会议第 0633 号提案答复的函》（川文旅提复〔2023〕34 号）。

② 《“我绣了一辈子，还要想着蜀绣的‘下辈子’！”——记中国工艺美术大师、国家级非遗蜀绣代表传承人郝秀萍》，http：//www. xfrb. com. cn/article/exclusive/10523199155049. html。

（二）技术驱动，传统技艺与创新能力不断增强

1. 传统技艺的现代传承

在国家非物质文化遗产保护政策的推动下，蜀绣艺术得到了系统的维护与弘扬。通过建立蜀绣传习所和大师工作室，传统技艺得以规范化传授，同时，开展的蜀绣技艺培训班成功培育了新一代的工艺人才，确保了蜀绣精髓的延续。2009 年，李宇春作为“蜀绣大使”，用歌声传播蜀绣之美，使更多年轻人认识和喜爱这一传统艺术。2018 年热播剧《延禧攻略》中的蜀绣戏服，更是将蜀绣的精湛技艺展现给大众。在传承中，蜀绣也在不断创新其技艺传承模式。利用现代教育体系，蜀绣教学变得更加灵活多元。通过开设体验课程和工作坊，公众对蜀绣文化的兴趣日益浓厚，越来越多的年轻人被吸引，投身于蜀绣艺术的传承与创新之中。

2. 传统工艺与现代设计相互交融

蜀绣，古老而精湛的艺术，近年来通过与现代设计元素的融合焕发出新活力。设计师们通过创新思维，将蜀绣与现代时尚元素相结合，开发出一系列符合现代审美的产品。如时尚服饰、家居饰品等，它们在保持蜀绣传统特色的同时，也满足了现代消费者对美的追求和个性化需求。例如，在时尚服饰方面，设计师们巧妙地将蜀绣图案融入服装设计，使服装既具有传统艺术的韵味，又不失时尚感。家居饰品的设计同样体现了蜀绣与现代设计的完美结合，无论是壁挂、桌布还是装饰画，都能在现代家居环境中展现独特的艺术魅力。这种融合不仅丰富了蜀绣的应用场景，也拓宽了其市场空间，使得蜀绣能够走进更多人的生活。

3. 技术与文化的完美融合

在数字化时代，技术与文化的融合为传统艺术的传承与发展开辟了新天地。高清扫描和三维建模技术的应用，使蜀绣的精美图案和丰富文化元素得以高精度地保存于数字空间，不仅为蜀绣的长远保护提供了坚实基础，而且为全球范围内的展示和教学创造了无限可能。虚拟现实（VR）和增强现实（AR）技术让观众身临其境地体验蜀绣的制作过程，增强了文化体验的互

动性和教育性。人工智能（AI）技术的引入，为蜀绣的创新设计和智能生产提供了新思路，提升了设计效率，注入了创新活力。技术与文化的完美融合，让蜀绣这门古老艺术在现代社会焕发出新的生命力，不仅仅让传统艺术得以保存，更让其在全球文化交流中发挥更大的作用，成为连接过去与未来、东方与世界的文化桥梁。

（三）合力共振，教育和人文传承能力不断提升

1. 教育体系的建立与完善

在蜀绣人才培养方面，成都市政府的积极介入和支持起到了关键作用。郫都区安靖镇的九年制义务学校设立蜀绣兴趣班，为青少年提供接触蜀绣的机会。蜀绣学院请专职教师系统讲解蜀绣的历史文化、技艺和创作知识，并联合专家编制了《安靖蜀绣学院培训教材》《蜀绣赏析》等系列规范性教材。据统计，蜀绣培训基地和蜀绣学院先后开展蜀绣技能培训班 72 期，培训绣工 8000 余人，累计向蜀绣企业输送 1300 余名合格学员。其中，510 名绣工取得初级职业资格认证，244 名绣工取得中级职业资格认证；拥有省级工艺美术大师 15 名、市级工艺美术大师 12 人、市级非遗传承人 5 人、区级非遗传承人 9 人、郫都工匠 9 人。[①]

2. 行业协会与合作社发挥人才培养作用

成都蜀都绣娘刺绣专业合作社和成都市蜀绣产业商会等行业组织，在人才培养方面发挥了不可或缺的作用。这些组织通过举办定期或不定期的培训班，为广大绣娘提供了学习和提升的平台。培训内容通常覆盖初级到高级的蜀绣技能，通过系统的课程设计，确保学员能够逐步提升自己的技艺水平。许多参与培训的绣娘获得了职业技能资格证书，这不仅提高了她们的社会地位和经济收入，也为她们的职业发展打开了新的思路。同时，这些组织还建立人才库，为蜀绣产业的发展提供了稳定的人才支持。此外，行业组织还通

① 《安靖街道：弘扬传承优秀传统文化 非遗蜀绣赋彩新时代画卷》，https://baijiahao.baidu.com/s?id=1760972586164743843&wfr=spider&for=pc。

过开展各种文化交流和技艺展示活动，提高了社会对蜀绣的认知度，为绣娘提供了更多的展示和交流机会。

3. 政府与高校的合作培养模式

郫都区携手西南交大与成都纺织高专，开创蜀绣人才培养新范式，融合高校教育资源与地方产业优势。该模式集理论教学、创新研究、实践操作及市场对接于一体，培育出既精通技艺又谙熟市场的复合型人才。学生在校园内汲取蜀绣精髓，同时深入实践，参与制作与营销，实现知识与实践的无缝对接。此模式不仅深化了学生对蜀绣产业的理解，还激发了创新思维与实践能力，更促进了高校科研成果向蜀绣产品设计的有效转化，提升了产学研合作效率与成果应用价值。同时，建立蜀锦蜀绣技术人才职称评定标准，搭建特色传统手工艺产业技能人才评价机制，形成高、中、低各层级完备的绣工人才库。①

（四）跨界融合，消费业态与消费场景不断丰富

1. 创新蜀绣文化消费新业态

蜀绣以其创新姿态积极融入现代生活，构建全新的文化消费业态。通过与旗袍、绣鞋等时尚服饰的融合，蜀绣成为现代时尚的新宠，使传统工艺在当代焕发新活力。在婚庆、家居等场景，蜀绣的巧妙应用不仅丰富了文化消费市场，更让非物质文化遗产走进日常生活。政策扶持与企业创新双轮驱动，加速蜀绣市场化进程。跨界合作更是亮点，与体育、电竞、奶茶等现代元素碰撞，拓宽应用边界，吸引年轻群体，为蜀绣文化注入青春活力。文化体验活动丰富多彩，增强公众对蜀绣的认知与喜爱，培育传承力量。数字化时代，AI 技术赋能设计，实现个性化定制，让蜀绣成为每个人的创意舞台，共享创作乐趣。

2. 探索多元化消费新模式

积极利用电子商务平台，通过线上商城、社交媒体等网络渠道，拓宽销售范围，使蜀绣产品能够直达消费者，提高了销售效率。成都市通过创新的

---

① 四川省文化和旅游厅：《关于省政协第十三届委员会第一次会议第 0633 号提案答复的函》（川文旅提复〔2023〕34 号）。

线上线下多元化销售公共服务平台，成功打造了蜀绣产业的多元化消费新模式。线上公共销售平台，主要是在京东、淘宝、有赞、抖音等线上平台，建立安靖蜀绣之乡的产品旗舰店；线下销售平台，主要是创新打造以绣茶坊、绣咖啡、绣之茶为代表的混搭销售空间，探索沉浸式销售的新模式。

3. 打造沉浸式消费新场景

文旅融合趋势下，蜀锦蜀绣文化焕发新活力。精心策划的沉浸式消费场景，巧妙融合技艺源地、产业集群与生态资源，为游客带来独特文化体验。安靖蜀绣公园、新都锦门小镇等文化地标，风靡网络，成为探索蜀锦蜀绣文化的热门之地。游人在此，可饱览精美绣品，感受传统工艺魅力；技艺展示区展现绣娘精湛技艺，互动区则让游客亲身体验刺绣乐趣；餐饮休闲区的融入，让游人在品味地道美食中享受悠闲时光。绣咖啡、绣茶坊等特色消费场所，更让游客在品味间感受蜀锦蜀绣的文化韵味。文创产品的开发，则将蜀锦蜀绣的文化价值转化为经济动能，有力推动地方经济发展，彰显其多元价值。

（五）开拓进取，活动影响力和国际影响力不断扩大

1. 加强活动交流与推广

为了深化蜀锦蜀绣文化的交流与传播，成都积极策划并推广了一系列活动。与各大中小学紧密合作，通过开设兴趣班、选修课和工作室，将蜀锦蜀绣的魅力传递给青少年，培养他们对传统文化的兴趣与热爱。同时，积极组织蜀锦蜀绣企业参与国内外大型展会，如广交会、中国国际进口博览会等，充分展示蜀锦蜀绣的传统技艺和创新成果，提升其国际影响力。此外，还通过与“一带一路”国家的学术交流活动，以及与国际组织如联合国教科文组织、英国皇家刺绣学院的合作，推动蜀锦蜀绣文化走向世界。

2. 加强国际项目的合作

与国际设计师和品牌合作，已经成为推动蜀绣国际化发展的重要途径。这些合作不仅引入了国际视野和创新理念，还为蜀绣带来了新的设计理念和技术手段，使得蜀绣产品更加多元化和国际化。例如，安靖街道以推动蜀绣文化国际化为目标，与腾讯等平台以及国际商会跨界合作，开发蜀绣高端产品 300

余个；这些产品作为国际交流活动“国礼”，先后赠予英国、新西兰等10余名国际友人，2022年世乒赛在成都举行，安靖蜀绣熊猫作为礼物赠送给了国际乒联。蜀绣正在一步步走向国际，向世人展现中华优秀传统文化的魅力。[①]

3. 促进文化交流的深化

通过国际合作与交流，蜀绣的文化价值得到了更深入的挖掘和传播。蜀绣作为中国传统文化的重要组成部分，其蕴含着丰富的历史、哲学和艺术内涵。通过国际展览和文化交流活动，蜀绣的故事和文化内涵得以传播到世界各地，吸引了更多国际友人对中国文化的关注。这种文化交流不仅增进了不同文化之间的相互理解和尊重，还促进了文化多样性的保护和发展。通过与国际组织的合作，蜀绣得以参与更多的国际文化交流项目，进一步扩大了其国际影响力，为推动世界文化多样性和可持续发展做出了积极贡献。

近年来，虽然蜀绣产业在政府的大力扶持下取得一些成效，但在品牌影响力、市场占有率、人才培养和产业创新等方面还有待提升。一是品牌建设薄弱，市场占有率低。在四川刺绣市场中，蜀绣占销售总产值的80%，但在刺绣产业低端市场销售总产值中仅占20%，显示出低端市场竞争力不足，品牌影响力有限。[②] 由于蜀绣依赖人工制作，无法实现机械化量产，在机绣等现代绣品的竞争下，其产业规模和市场占有率不断缩小，目前市场占有率不足5%，远落后于苏绣、湘绣和粤绣。[③] 二是企业实力不强，缺乏龙头企业。目前从事蜀绣创作、生产及经营的企业较少，还不到60家，呈现散、乱、小的特征。蜀绣生产组织还有很多是零散式家庭绣坊，规模小、品种单一、管理粗放、产品投入时间长、原料昂贵，融资难度大，发展资金匮乏，很难形成品牌规模效应和集聚效应，难以适应竞争激烈的国内外市场。三是产业创新不够，产品同质化。蜀绣产业在产品创新方面存在不

① 《安靖街道：弘扬传承优秀传统文化 非遗蜀绣赋彩新时代画卷》，https：//baijiahao.baidu.com/s？id=1760972586164743843&wfr=spider&for=pc。

② 《［本一内参］第180期 — 浅谈蜀绣行业的发展》，https：//mp.weixin.qq.com/s/0thuPG-bVPDNWGWuJoeOHQ。

③ 《如何把蜀绣发扬光大？代表：完善产业链，促进蜀绣产业发展》，https：//baijiahao.baidu.com/s？id=1789967286272675665&wfr=spider&for=pc。

足，市场上的蜀绣产品种类单一，以传统艺术品和工艺品为主，实用产品较少。产品题材和图案缺乏创新，导致市场上的蜀绣产品同质化严重。蜀绣的制作材料、刺绣工艺、装裱展示方式仍主要采用传统形式，未能充分结合现代装裱材料、工艺和技术，难以满足新形势下的消费需求。四是蜀绣研究保护滞后，产业人才匮乏。蜀绣在学术研究和保护方面相对滞后，缺乏专门的科研机构和高等院校相关专业的支持。蜀绣技艺传承面临困难，目前蜀绣行业仅有国家级工艺大师 4 人、省市级工艺大师 40 余人、高中初级绣工 5 人，长期从事蜀绣产业相关工作的绣工共 1500 余人，老一辈蜀绣大师年事渐高，新鲜血液注入不足，蜀绣绣工还在不断流失，人才培养问题日益严峻。①

二　成都蜀绣产业高质量发展面临的机遇与挑战

（一）数字技术为蜀绣产业带来的机遇

1. 设计创新与效率提升

数字技术的应用使得蜀绣设计更加灵活、高效和个性化。设计师能够利用数字化设计工具快速转化传统图案、设计复杂图案，并通过模拟针法和色彩效果提前预览作品呈现，极大地提高了设计效率和成功率。这种创新的设计方式为蜀绣艺术的传承与发展注入了新的活力。

2. 生产自动化与质量保障

计算机辅助刺绣（CAD）系统的运用使蜀绣生产流程实现自动化和标准化，大幅提升了生产效率。同时，自动化的生产方式确保了产品质量的稳定性和一致性，满足了市场对个性化蜀绣产品的强烈需求。这种生产模式的转变使得蜀绣产业能够更加灵活地应对市场变化。

3. 营销创新与文化普及

通过电子商务网站和社交媒体平台，蜀绣能够直接触达更广泛的消费者

---

① 程思、乔洪：《蜀绣营销现状调研与发展对策分析》，《纺织科技进展》2022 年第 9 期。

群体，尤其是年轻一代。这种营销方式不仅拓宽了市场范围，还为蜀绣文化的传播提供了新的渠道。虚拟现实和增强现实技术的应用更是让消费者能够在家中体验到蜀绣的艺术魅力，促进了蜀绣文化的普及和传承。

（二）数字技术赋能蜀绣产业发展面临的挑战

1. 技术更新与传承保护

数字技术的快速发展对蜀绣产业提出了更高的技术要求。企业需要不断投入资金和人力来跟进最新技术，以应对市场变化和消费者需求。在提高生产效率的同时保护和传承蜀绣的传统工艺和文化精髓成为行业发展的关键。

2. 数字化营销的市场与竞争压力

数字化营销为蜀绣产品提供了更广阔的市场空间，同时也加剧了市场竞争。企业需要在众多竞争者中脱颖而出，不仅要求产品质量上乘，还要求品牌具有强大的影响力和吸引力。此外，网络营销和数据分析能力的培养也至关重要。

3. 人才培养与数据安全的重要性

数字技术的应用对人才提出了更高的要求，尤其是对既懂工艺又懂技术的复合型人才的需求日益增长。企业需要加强人才培养和引进，以满足数字化转型的需求。同时，数据安全与隐私保护问题也日益凸显，企业需要建立健全的数据安全管理制度，确保消费者的个人信息和企业的商业秘密得到有效保护。

三　数字技术赋能下成都蜀绣产业发展路径研究

（一）以传承创新为核心，推动蜀绣文化的创新发展

一是数字化保护与档案建设。建立蜀绣文化数字档案库，全面记录蜀绣的历史脉络、精湛技艺和文化内涵。数字化手段，不仅为研究者提供研究资料，也为公众提供易于接触和理解的方式，确保蜀绣文化的系统性和完整

性。二是教育普及与文化认知。将蜀绣文化纳入教育体系，开设相关课程，普及蜀绣知识，培养公众特别是青少年对蜀绣文化的兴趣。通过学校教育与社会实践相结合的方式，提高公众的文化素养，培养年轻一代对传统文化的热爱和传承意识。三是活动推广与文化自信。定期举办蜀绣文化节、展览和讲座等活动，通过多样化的形式展示蜀绣艺术的独特魅力，增进公众对蜀绣文化的认知，增强文化自信。这些活动不仅能够促进蜀绣文化的传播，还能够激发社会对传统文化的重视和支持。四是传承人的培养与创新发展。支持蜀绣传承人的培养和发展，通过政策扶持和资金支持，鼓励传承人进行创新和传承活动。为传承人提供良好的创作环境和发展平台，确保蜀绣技艺的连续性和活力，同时推动蜀绣艺术在新时代的创新发展。

（二）以技术创新为驱动，促进蜀绣产业的转型升级

一是启动数字化工艺传承计划。利用3D扫描和高清摄影技术，精确捕捉蜀绣的每一个细节，建立一个全面的数字化档案库。这个档案库不仅为工艺的保护和研究提供了坚实基础，也为设计师和研究者提供了丰富的创新资源。二是推动智能制造应用。在蜀绣生产中引入智能制造技术，通过自动化和智能化的生产线提高生产效率，确保每一道工序的精确度和产品质量。智能制造的应用将减少人为错误，缩短生产周期，同时降低成本，提升蜀绣的市场竞争力。三是开发虚拟现实（VR）体验平台。通过虚拟现实体验让消费者能够通过沉浸式体验了解蜀绣的制作过程和背后的文化故事。这种创新的文化体验方式不仅增强了消费者对蜀绣文化的认识，也提升了产品的吸引力和市场影响力。四是以大数据驱动精准营销。运用大数据技术对市场趋势和消费者行为进行深入分析，为产品设计和营销策略提供科学的指导。通过精准营销，蜀绣企业能够更好地满足市场需求，提升用户体验，实现产品的市场定位和品牌价值的提升。

（三）以人才培育为基石，激发蜀绣产业的创新活力

一是构建多层次人才培养体系。建立从基础教育到专业培训的全方位人

才培养体系，系统地培养蜀绣人才。在基础教育阶段，通过课程和活动普及蜀绣文化，激发学生的兴趣和潜能。在专业培训阶段，通过与艺术院校合作，设立蜀绣专业课程，提供实践平台，培养具有创新精神和专业技能的人才。二是强化实践与专业技能提升。通过项目实践、工作坊和实习等方式，让学生在实际操作中深入学习和掌握蜀绣技艺。鼓励学生探索蜀绣与现代设计的融合，推动蜀绣艺术的创新发展。三是促进国际交流与视野拓展。鼓励蜀绣人才参与国际交流，通过国际研讨会、展览和设计比赛等活动，提升蜀绣人才的国际视野和设计能力。引进国际先进的教育理念和设计方法，促进蜀绣艺术与国际艺术的交流与融合。四是建立激励与认可机制。建立完善的激励与认可机制，通过设立奖项、荣誉和资金支持等方式，鼓励人才创新，提升行业吸引力和人才留存。

（四）以市场拓展为引擎，激发蜀绣产业的全球活力

一是构建蜀绣电子商务平台。利用互联网技术拓展销售渠道，实现线上展示与线下体验的无缝对接。线上平台的便捷性与广泛覆盖，结合线下实体店的亲身体验，打造全方位的销售与服务网络，适应不同消费者的购买习惯。二是致力于蜀绣品牌的塑造与推广。通过讲述蜀绣的品牌故事和展现其深厚的文化底蕴，提升品牌认知度和影响力。利用多媒体和社交平台，传播蜀绣的文化价值，吸引更多关注，建立情感连接，使蜀绣品牌深入人心。三是探索跨界合作与产品创新。探索与时尚、家居、旅游等不同行业的跨界合作，开发蜀绣衍生产品，拓宽市场空间。结合现代设计理念和市场需求，创新蜀绣产品形态，满足消费者对个性化、多样化产品的追求。通过跨界合作，实现资源共享，创造新的市场增长点。四是国际市场开拓与文化交流。积极参与国际展览和文化交流活动，将蜀绣文化推向世界，吸引全球消费者的目光。通过国际平台展示蜀绣的独特魅力，开拓国际市场，同时促进文化的双向交流，提升蜀绣在全球范围内的知名度和影响力。

（五）以国际视野为引领，拓展蜀绣产业的品牌影响力

一是积极构建国际合作平台。通过构建国际合作平台，与全球文化机构和时尚产业建立伙伴关系。通过这些平台，组织国际展览和文化交流活动，不仅展示蜀绣的传统技艺，也展现其与现代设计理念的结合，从而提升蜀绣在全球范围内的认知度和影响力。二是推动蜀绣文化的全球传播。通过参与国际文化节、时装周和设计展览等活动，让世界各地的人们体验蜀绣的艺术魅力。利用多媒体和数字技术，如在线展览和虚拟体验，使蜀绣文化跨越地域限制，触及更广泛的国际受众。三是积极参与国际设计大赛。鼓励并支持蜀绣企业和设计师参与国际设计大赛和时尚周，这不仅为蜀绣艺术家提供了展示才华的舞台，也为蜀绣赢得了国际设计界的认可。四是注重国际品牌形象塑造。制定明确的国际市场拓展计划，通过市场调研了解不同国家和地区的消费偏好，定制符合当地市场的蜀绣产品。同时，注重国际品牌形象的塑造，通过故事讲述和品牌营销，建立蜀绣作为高端手工艺品的国际形象，吸引并留住国际消费者。

（六）以政策扶持为支撑，促进蜀绣产业的繁荣发展

一是政策扶持数字化转型。政府在推动蜀绣产业数字化转型方面扮演着关键角色。政府需构建全面扶持体系，含税收优惠、资金补贴、技术咨询等，并设立创新基金，推动产学研合作，加速技术转化。同时，举办展会、研讨会，促进业内交流，共推蜀绣数字化。二是优化营商环境聚人才。优化营商环境是吸引企业和人才的关键。政府应简化行政审批流程，提供一站式服务，提供透明的政策与公平的市场规则增强企业信心。实施人才引进计划，配套激励措施，并投资于教育，培养专业人才，提升行业素质。三是加强知识产权保护。知识产权保护是确保蜀绣产业创新和可持续发展的重要保障。政府需要加强法律法规的制定和执行，为蜀绣设计和工艺提供全面的法律保护，包括但不限于对版权、商标权、专利权等的保

护，确保创作者的智力成果得到尊重和保护。同时，政府应建立快速反应机制，及时查处侵权行为，维护市场秩序。此外，政府还可以通过公共宣传和教育，提高公众对知识产权重要性的认识，形成尊重创新、保护知识产权的良好社会氛围。

产 业 篇

B.10
成都市科幻产业发展报告*

中共成都市委宣传部　中国科幻研究中心　成都高质量发展研究院**

摘　要：　科幻是科技发展未来图景的现实映射，科幻产业是提升产业链现代化水平和创新链效能的重要抓手。本报告围绕成都市科幻产业发展现状，聚焦科幻文学、科幻影视、科幻游戏、科幻文旅、科幻衍生品、科幻支撑技术装备等六大科幻产业重点领域，认为成都科幻产业迈上了高质量发展新台阶；并从聚焦关键环节、紧抓核心赛道、关注重点领域三大方向，提出要深化“一中心四高地”建设，带动文化科技双链升级，夯实产业资源要素支撑锚，塑造成都科幻产业发展新动能，催生城市新发展势能。

关键词：　科幻产业　文化创意　科技创新　成都

---

* 若无特别说明，本文数据均来源于中国科幻研究中心、成都高质量发展研究院。

** 执笔人：张应，中共成都市委宣传部产业发展处一级主任科员；陈玲，中国科普研究所研究员，科普创作与传播研究室主任，中国科普作家协会秘书长；许艺琳，武汉大学出版发行学博士生，主要研究方向为数字出版、科幻产业；姚利芬，中国科普研究所副研究员，主要研究方向为科幻文学、科幻产业；王一晨，成都高质量发展研究院副院长，高级工程师；戴兰若，成都高质量发展研究院创新研究部副部长，助理研究员。

党的二十届三中全会召开，特别强调要探索文化和科技融合的有效机制，加快发展新型文化业态，科幻作为文化与科技强强融合的焦点领域，毫无疑问正处于腾飞的风口。2023 年，我国科幻产业正式从“百亿级”跨入“千亿级”，迎来黄金机遇期；成都以打造具有全球影响力的科幻中心城市为引领，牢牢把握世界科幻大会落地契机，积极推动科幻产业落地生态构建，助推科幻产业发展实现跨越式提升。

一　建设具有全球影响力的科幻中心城市开启新篇章

2023 年 10 月 18~22 日，第 81 届世界科幻大会于成都科学馆举行，作为国内首个承办世界科幻大会的城市，成都科幻的影响力、引领力、凝聚力迈上新的台阶，带动科幻产业实现持续高速增长。文化氛围日趋浓厚。在政府引导与行业促进双向作用下，科幻主题赛事、活动的举办成为成都的“新常态”。系统谋划“天问”华语科幻文学大赛，以鼓励新锐、青年作家为导向，形成发掘科幻人才、扶持科幻作品、促进科幻产业融合发展的有效路径。由成都市科学技术协会主办、四川科幻世界杂志社有限公司承办的“燃梦未来，共筑盛会—科幻季”系列活动于 2023 年 7 月至 10 月火热进行，在全市青少年中打造科幻文化氛围。创新动能蓄势待发。成都高度重视技术创新对于推动科幻产业发展、培育新质生产力的积极促进作用。截至目前，已聚集中国（成都）网络视听产业基地、中国（成都）超高清视频创新应用产业基地等 9 个科幻关联领域文创类国家级基地，以及国家高端航空装备技术创新中心、国家生物医学材料工程技术研究中心等 16 个国家级创新平台。优质作品产出提效。影视方面，《太空冬眠》《宇宙护卫队：百变流星》《来自阿尔法星的你》等科幻影视（动漫）作品已完成备案启动制作；游戏方面，《王者荣耀》全球范围内的总收入达到 14. 8 亿美元，列 2023 年度全球手游收入榜首位；文学方面，长篇科幻小说《造神年代》在 2023 天府书展上正式发布，《荒城》《计算者：格罗莫夫中篇小说集》等优质海外科幻文学作品通过在蓉出版机构引进出版。产业体系日益健全。2023 年全市文创产业增加值突破2500亿元，为科幻产业发展奠定良好基础；清水河高新技术产业走廊成都科幻中心加快建设，科创生态岛、成都科幻馆、创客公园、国盾融合创新中心、成都影视城等5个产业载体建成运营，预计供给优质空间70万平方米以上；推动设立全国首只城市级科幻产业专项基金，目标规模在30亿元以上；推进组建世界科幻大会作家工坊、天府文化IP共创联盟、星云探索联盟等产业协作发展平台，为凝聚科幻产业链上下游、左右岸合力奠定基础。政策环境逐步优化。2023年，以“借势而为，做强产业，做优品牌”为引领，成都市科幻产业落地生态逐步向好发展。市委宣传部、市科技局、市科协联合印发《关于加快打造科幻产业落地转化载体平台 推动科幻产业高质量发展的实施意见》；启动《成都市科幻产业发展规划（2023—2027年）》以及配套扶持政策制定工作。与此同时，面向影视、游戏等重点文化创意产业以及未来产业科技创新相关重点领域的政策扶持体系不断完善，为科幻产业发展提供有力支持。人才支撑逐步夯实。2023年，成都科幻人才培育体系逐步成形。青少年科幻教育逐步铺开，“星云研学季·科幻梦工厂”活动在成都科幻馆正式启动，邀请科幻大咖走进校园。高等院校培育渐成体系，2023年，电子科技大学科幻文学研究所推出成电首门科幻文学课程《科学、幻想与未来：经典科幻文学选读》，校内开展第二届科幻文化节，并与科幻世界联合主办首届“成电97文学奖”科幻小说创作营。行业组织培育蔚然成风，四川科普科幻青年之星千人培训计划持续举办，为把四川省打造成全国科普科幻创作高地奠定坚实的基础。赛事激励选拔机制日益成熟，第34届中国科幻银河奖颁奖典礼在成都举行，第81届世界科幻大会发起“天问”计划，对标国际一流科幻文学赛事开辟遴选优秀科幻人才的新通道。

2023年，成都科幻产业（不含科幻支撑技术装备制造）总营收为235.21亿元，较上年同期（200.18亿元）增加35.02亿元，同比增长17.49%，约占全国科幻产业总营收（1132.9亿元）的1/5，是支撑全国科幻产业发展的领军力量，在文学、游戏、影视、衍生品、文旅、装备制造六大重点领域表现仍旧抢眼。

二　六大重点领域迈上高质量发展新台阶

（一）科幻文学势如破竹，铸就华语科幻文化交流新高地

成都作为中国科幻文学产业发展风向标，在2023年持续发力，科幻阅读产业营收达到2.46亿元，同比增长272.73%（见图1），其中，以《三体》系列为代表的长销书是产业增长的核心动能，占总销量的份额近95%。根据开卷平台等相关数据，2023年成都出版机构参与出版的科幻图书总销量为419.1万册，同比增长近300%，码洋规模为2.16亿元，同比增长225%。“中国科幻银河奖”“华语科幻星云奖”等具有行业影响力的奖项的定期评选与颁发引聚大量科幻作家、学者和产业从业者相聚蓉城，2024年“天问”华语科幻文学大赛的落地也将为华语科幻文学连接世界开辟新通道，进一步吸引国内外优质科幻创作资源向成都集聚。

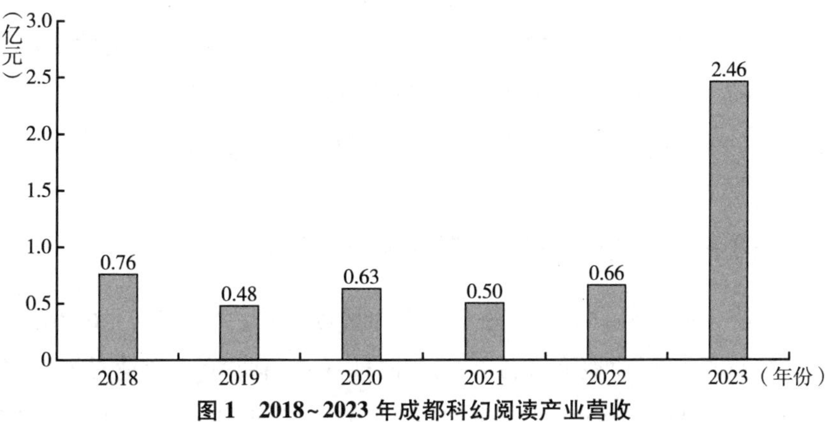

图1　2018~2023年成都科幻阅读产业营收

（二）科幻影视乘风破浪，激活文化科技融合发展新动能

2023年，成都科幻电影票房收入达到4.13亿元，同比增长100.49%（见图2），约占全国科幻电影票房收入的3.56%，成都地区影视制作公司参与的作品累计票房达40.49亿元，在2023年度科幻电影总票房中占比为32.38%，

占国产科幻院线电影总票房的 67.45%。科幻影视产业激活强劲动能，在内容创作与科技创新方面双向发力。一方面，影视作品产出进入加速期，在蓉影视企业积极参与制作的《流浪地球 2》《宇宙护卫队：风暴力量》等院线电影以及《来自未来的你》等科幻网络剧集顺利上线，《太空冬眠》等系列科幻影视作品亦启动制作；另一方面，影视科创能力建设有序推进，虚拟现实视听技术创新与应用国家广播电视总局实验室等国家级创新平台的落地为成都科幻影视高质量发展夯实根基。

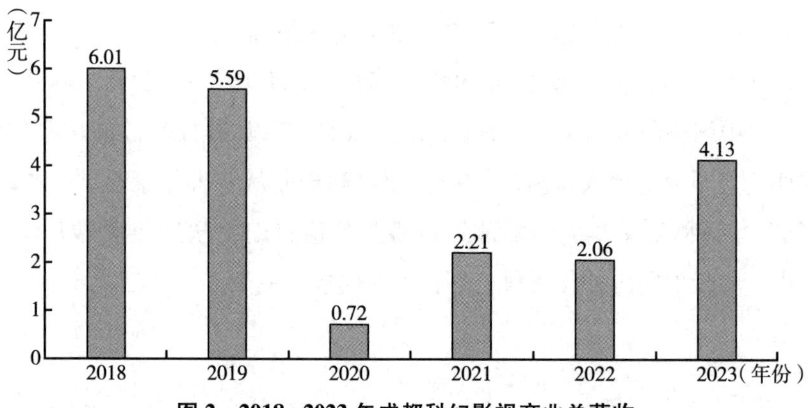

图 2　2018~2023 年成都科幻影视产业总营收

注：此处科幻影视产业总营收为科幻电影票房收入。

（三）科幻游戏持续领航，塑造区域数字文创核心竞争力

近年来，成都科幻游戏产业发展取得瞩目成效。2023 年，26 场电子竞技赛事及重量级行业盛会接连落地，助推成都科幻游戏产业总营收达到 206.50 亿元，同比增长 16.24%（见图 3），占成都科幻产业总营收的 87.9%，是带动全产业链增长的核心板块。市场主体的蓬勃发展是产业整体提能的基础，2023 年，尼毕鲁 Tap4Fun、星河互娱两家本地游戏企业进入中国手游发行商海外收入排行榜前 20。与此同时，成都科幻游戏研发与制作日益成熟，《苍翼：混沌效应》《尘白禁区》等优质科幻游戏作品在国际市场取得良好成绩。面向未来，人工智能、元宇宙等前沿技术在游戏领域的融合应用，也将进一步为成都科幻游戏产业发展带来新的动能。

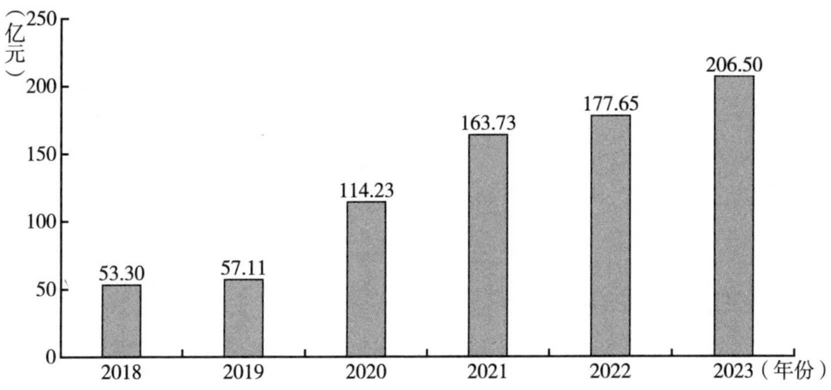

图3　2018~2023年成都科幻游戏产业总营收

（四）科幻文旅蓄势待发，新场景新业态构筑发展新引擎

2023年，成都科幻文旅产业围绕“科幻+文旅”细分领域开展多元化实践探索，成都欢乐谷引进日本超人气科幻IP奥特曼，打造中国第三座也是西南地区第一座以奥特曼为主题的娱乐体验场馆；郫都区建成成都科幻馆，举办第81届世界科幻大会，吸引全球35个国家和地区1200余名嘉宾、超2万名幻迷参会；科幻世界联动U Art Lab共同开发的“科幻世界·无限 宇宙之门”艺术展落地成都东郊记忆；成都双年展以“时间引力”为主题，深度探讨对技术与人的联系的思考。2023年成都科幻文旅产业总营收为13.62亿元，同比增长0.6%（见图4），相关新场景的塑造与新业态的尝试为后续产业向上突破积蓄强劲动能。

（五）科幻衍生品逆势增长，培育IP转化成熟生态链

成都科幻衍生品产业持续领跑，以科幻IP为核心的衍生品开发路径日益成熟，国内原创科幻衍生品设计与研发中心的发展定位持续稳固，2023年科幻衍生品产业总营收达到8.496亿元，同比增长35.29%（见图5）；赛凡科幻空间上线的《流浪地球2》模型周边成为淘宝最快破亿的IP衍生品，行业整体实现飞跃式发展。

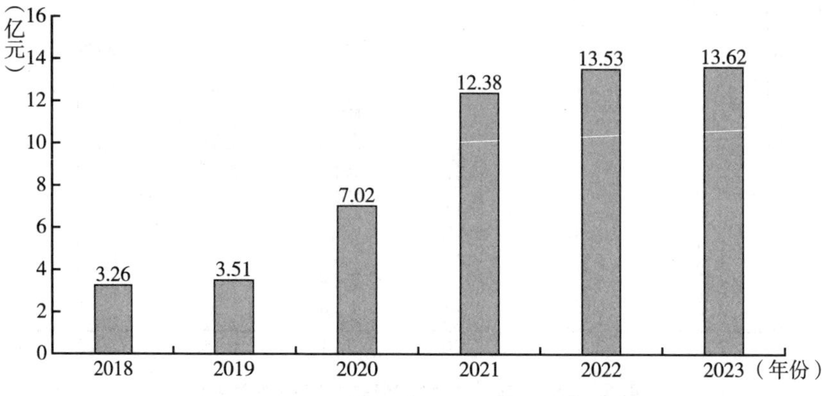

图4　2018~2023年成都科幻文旅产业总营收

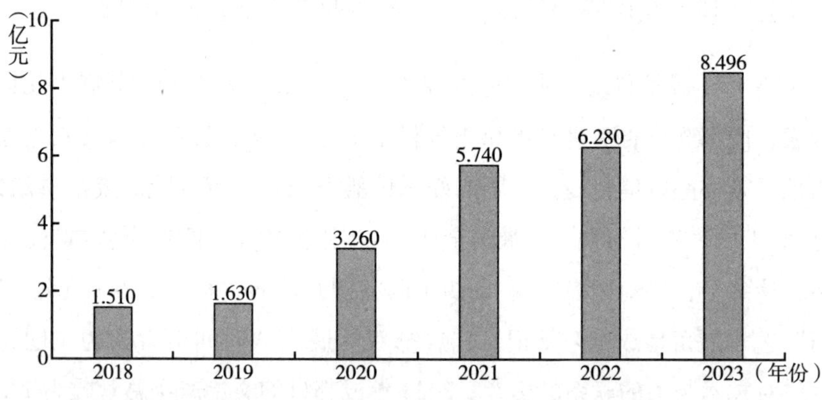

图5　2018~2023年成都科幻衍生品产业总营收

（六）核心技术蓬勃发展，新质生产力助力科幻行稳致远

科幻支撑技术装备是科幻产业增能提质、可持续发展的重要支点。2023年，在“制造强市、工业立市”的指引下，成都大数据、云计算、人工智能、区块链、5G、超高清显示等科幻核心技术领域上市企业营收达到254.21亿元，新质生产力培育按下“加速键”，为科幻产业发展蓄势积能。

三　锚点关键环节、核心赛道、重点领域塑造发展新动能

（一）聚焦关键环节，深化“一中心四高地”建设

一是加速“科幻+”场景布局，赋能科幻中心城市建设。支持科幻主题嵌入现有餐饮、文旅体育、购物等消费场景；积极探索科幻与教育深度融合，实施科幻教育融合实践；加速推动科幻元素融入科普场景。二是升华“成都科幻”品牌，打造科幻文化重要承载地。以大赛、大会、大展、大景塑造为抓手，全力构建品牌矩阵，不断提升成都科幻影响力和凝聚力，推动“成都科幻”品牌享誉全国、走向世界。三是优化内容创育生态，打造科幻IP创作运营示范地。加大以科幻IP运营转化为主线的产业链条整合能力，高效连接文学、影视、游戏、文娱等辐射领域行业资源以及专业IP运营转化力量。四是创新转化并驾齐驱，打造科幻产业科技创新策源地。以推动科技创新与科技成果转化同时发力为引领，着力提升科幻领域自主创新能力及成果转化能力，力争突破一批“杀手锏”核心技术，培育一批高价值核心专利和专利组合，推动成都科幻产业掐尖领跑。五是深化产业建圈强链，打造科幻产业高质量发展引领地。以科幻产业“1+2+N”承载地为重点区域，加速科幻产业链建设，聚焦科幻阅读、科幻影视、科幻文娱旅游等“科幻+”融合领域，实施“建链延链”工程，健全“IP流通链”；聚焦科幻概念未来产业技术研发与装备制造领域，实施“补链强链”工程，做强“技术支撑链”。

（二）紧抓核心赛道，带动文化科技双链升级

一是以科幻产业为抓手带动文化产业转型升级。以科幻产业为焦点，带动内容创作、影视传媒、动漫游戏、创意设计、文化演艺等文化产业重点领域开展前沿技术研发攻关及应用创新，加快推进文化内容、文化模式、文化

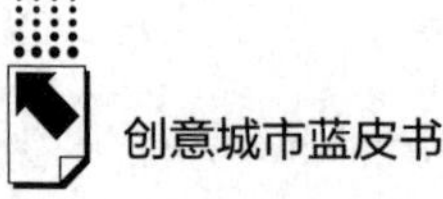

业态和文化场景等创新，塑造文化产业新业态新模式。二是以科幻文化为引领带动前沿技术创新发展。以科幻文化发展需求为指引，形成更多新的科技突破点。重点加速人形机器人核心技术攻关与全链布局，推动人工智能垂直大模型应用发展，助力元宇宙关键技术迭代升级，以类脑智能和神经工程为重点打造“成都脑”品牌，把握低空经济发展趋势布局未来交通赛道，着力打造卫星网络产业发展高地，发挥技术研发优势布局量子科技创新资源。

（三）关注重点领域，夯实产业资源要素支撑

一是完善政策扶持体系。切实发挥政策引领作用，完善“科幻+”政策支撑体系，丰富专项配套政策供给，赋能产业发展。二是健全资金支持体系。探索构建以政府产业基金为引导，金融和市场创投资本为主体，政府产业发展专项资金为补充的科幻产业投融资体系。三是健全知识产权保护机制。加快推进知识产权保护法治化进程，构建有利于科幻内容创作转化的知识产权保护工作机制，全面推动成都科幻产业有序有效有力发展。四是加强科幻人才队伍建设。坚持人才是第一资源，强化科幻产业发展各细分领域的人才队伍的建设培养，为科幻产业发展提供不竭动力。五是完善组织协调工作机制。建立科幻产业跨部门议事协调机制和定期会商制度，市级有关部门、科幻产业落地重点区域区（市）县政府加强协作，形成合力，大力推动各项任务部署落实落地。

B.11
成都市影视产业发展报告

中共成都市委宣传部*

摘　要： 影视产业具有高附加值、低能耗、低污染特点，已经成为全球重要支柱性产业，是国家软实力的主要标志之一，也是推动文旅融合高质量发展的重要力量，在国家经济发展和经济转型过程中起着关键的助推作用。成都市锚定打造西部“影视之都”目标，以培育影视新质生产力为牵引，以深化文化体制改革为抓手，借助成都深厚的历史底蕴、独特的文化气质和资源优势，吸引了越来越多的影视剧组来蓉拍摄影视作品。与国内先发城市相比，成都市影视产业发展仍面临一些问题及挑战。通过实地调研分析，本报告提出了未来发展规划及对策建议——充分发挥自身优势，补齐影视产业链，推动成都影视产业高质量发展。

关键词： 影视政策　影视强链　影视产业　成都

一　成都市电影产业发展优势

（一）区位优势

1.成渝地区双城经济圈的地理优势

成都作为西部大开发的中心城市、成渝地区双城经济圈的核心城市之一，拥有发展影视产业的先天优势和竞争力。成渝地区双城经济圈的协同发展，为

* 执笔人：马琳，中共成都市委宣传部影视发展处（电影处）工作人员；崔钰铃，中共成都市委宣传部影视发展处（电影处）工作人员。

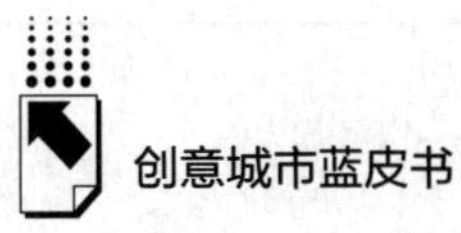

成都影视产业提供庞大的受众基础与多样化的文化语境，让影视产业的投资和融资环境得到进一步的改善，有利于打造更加科学完善的电影投融资体系。

2. 文化和自然拍摄资源丰厚

成都是一座拥有4500年文明史、2300年建城史的历史文化名城，其周边拥有多样的自然风光和独特的人文地理景观，世界文化遗产众多，旅游资源丰富，为影视项目提供了丰富的取景资源；成都文化的多样性与深入肌理的文化融合互鉴，为影视人才提供了丰富的创作源泉；宜人的气候也为影视制作提供了良好的拍摄条件。

（二）市场优势

1. 人口结构和市场需求潜力大

成都市人口众多，尤其是青年群体占比较大。《成都青年发展报告（2022）》数据显示，成都总人口的近一半为青年群体，青年人口规模持续增长，为本土影视市场提供了庞大的潜在观影群体。同时，据中国文联电影艺术中心电影产业研究处2021年的调查，在总体上，中国电影市场观众集中在20~35岁。

2. 娱乐消费力后劲足

2023年电影票房TOP10城市中，成都市全年票房达16.61亿元，排在全国第5位，仅次于上海、北京、深圳、广州四大一线城市（见表1）。2024年春节档，成都电影票房收入达1.53亿元[①]，居全国第四位，票房数据仅次于北京、上海、重庆，观影人次超330万。

表1　2023年我国电影票房TOP10城市

单位：亿元

位次	城市	票房
1	上海	28.65
2	北京	27.66

① 猫眼专业版数据。

续表

位次	城市	票房
3	深圳	17.90
4	广州	16.71
5	成都	16.61
6	重庆	12.96
7	杭州	12.70
8	武汉	11.74
9	西安	10.40
10	苏州	10.35

资料来源：猫眼专业版数据。

（三）人才优势

1. 影视教育资源丰富

成都市有数十所高等院校与高职院校设立了影视相关专业，在读影视专业学生达20余万人，培养了一大批编剧、导演、表演、摄影、剪辑等专业人才，为影视产业输送了大量的年轻力量。

2. 文化艺术氛围浓厚

开放包容、创新时尚的城市精神特质，不仅为影视创作提供了丰富的灵感来源，还吸引众多创意策划人才汇聚于此。他们往往在影视剧本创作、角色塑造、视觉设计等方面有着独到的见解和创新思维，为成都影视产业的创新发展提供强大支持。

3. 产业建设引导人才集聚

成都市目前注册影视机构超1300家，涵盖影视创作、投资、制作、发行、电影放映等，为影视人才提供就业创业机会；系列人才政策、可行措施为影视人才的创作生产提供了切实助力；建设影视产业园区，为影视制作提供一流硬件设施和服务；加强与国内外影视活动的合作与交流，为电影人才提供更多的学习和发展机会。

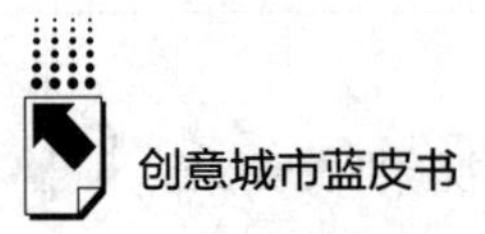

二　成都市电影产业发展面临的问题与挑战

（一）政策支持与营商环境有待加强和优化

政策支持仍需加强。成都市影视调研①相关信息显示，59.03%的调研对象认为成都影视产业面临的主要问题是“政策支持力度不够”，尽管出台了相关支持政策，但覆盖面、针对性与切实落地方面还需进一步优化，在吸引国内外更多影视头部企业和人才方面还需积极作为。

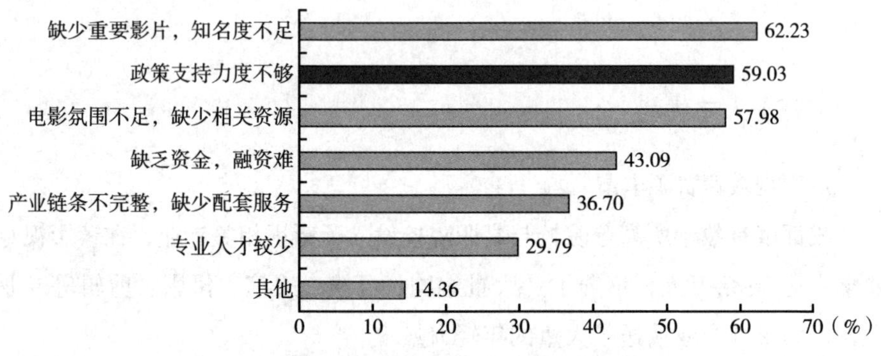

图 1　成都市影视产业面临的主要问题调研结果

资料来源：根据调研数据整理绘制。

营商环境有待改善。在调研过程中许多企业表示在项目申报等方面不是很顺畅，导致项目另投他地，亟须优化营商环境；同时，成都影视协拍服务领域需要加大力度整合。关于哪些扶持政策更有助于成都市影视发展的调研中，52.66%的调研对象表示需要“整体定位，长远规划”，此选项位居第一。

（二）对外合作与联动协同不足

合作实践较少。成都市影视产业在对外合作方面还有较大的提升空间，

① 此调研调研对象为成都市电影发展的政策、人才、企业等；调研时间为 2024 年 2~4 月。

合作项目相对较少，缺乏有效的合作机制和平台。在调研中，68.62%和60.64%的调研对象认为，成都应该借鉴北京、上海影视发展模式（见图2），强化交流合作意识，积极筹建影视产业合作平台。

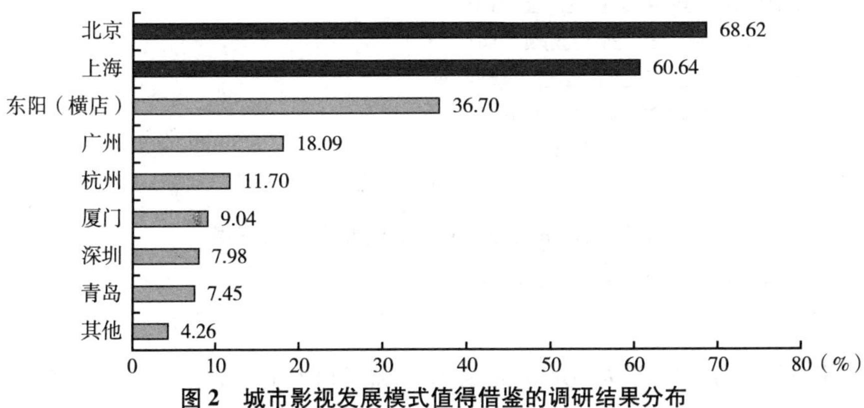

图2　城市影视发展模式值得借鉴的调研结果分布

资料来源：根据调研数据整理绘制。

核心电影城市联动力度不够。当前，国内主要电影制片公司与成熟的产业集群多分布在北京、上海等一线城市。成都作为新一线城市，需加强与北京、上海等电影产业核心城市的联动，借资源共享、项目合作等方式，提升成都影视产业的整体实力。

（三）大型优质电影节（展）平台缺乏

纵观北京、上海等电影发达的城市，都有大型的综合性电影节（展）为当地的影视发展注入资源和动力。成都作为拥有2000余万人口的大城市，目前仍缺乏大型优质影视节（展），难以有效聚拢头部企业、优质影视资源，影视产业的发展受到限制。

（四）影视产业链条不够完善

投融资与宣发参与度不足。成都市影视产业在投融资和电影发行、宣传、版权交易等方面尚存不足（见图3），缺乏相关渠道，限制了电影项目的规模和质量。

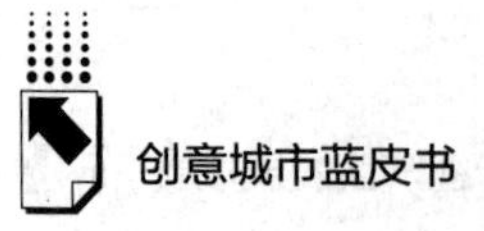

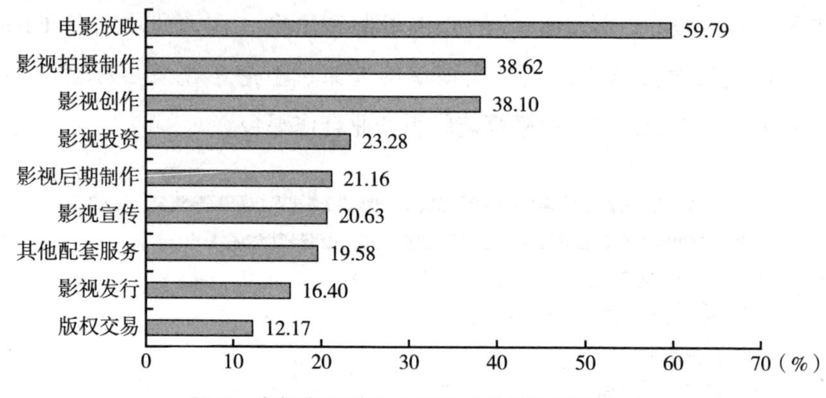

图 3 成都市影视企业主营业务调研结果分布

资料来源：根据调研数据整理绘制。

目前，“成都造”的影视作品在数量和影响力上都有所欠缺，成都在影视产业中尚未形成鲜明的品牌形象。

电影评论队伍有待提升。目前成都还未建立起一支强有力的影视创意策划和评论队伍；尚未形成有效的、策划先行的电影工业机制及对“成都出品”影视的有效评价体系。

三 成都市电影未来发展规划与对策建议

成都市要着眼长远，锚定 2035 年电影强国建设的总体目标，做好影视产业整体规划和顶层设计，找到方法论，打好组合拳，高质量建设“影视之都”，打造西部影视产业新高地。

（一）第一阶段：借机破局，政策先行

第一，利用“大众电影百花奖”率先破局，聚焦行业目光，吸引产业资源。以“第 37 届大众电影百花奖”在成都成功举办为契机，搭建百花奖与成都影视资源共融共通的平台，拓宽国际视野，集聚行业领军资源，吸引头部影视项目，培养优质影视人才，进一步提升成都影视产业的竞争力和影

响力。

第二，做好整体规划，强化影视产业政策支持和资金扶持。借鉴北京、上海等影视发展较好的城市的成功经验，拟定符合当地实情的影视配套扶持政策，加大对覆盖剧本创作、拍摄制作、发行放映等的产业全链条的政策扶持，以政策支持撬动影视产业资源、人才资源聚集，推动成都影视产业高质量发展。

（二）第二阶段：吸引优秀人才，完善产业链条

第一，吸引优秀影视人才关注成都、了解成都、入驻成都、扎根成都，通过多种举措、多方配合、多处聚力，为影视人才提供持续协助与扶持，以人才为核心，夯实成都影视繁荣发展的基石。

第二，健全成都影视产业链条，补齐做强投融资和宣发等产业链条短板。组建专业影视产业投资基金，充分调动民间投资的积极性，快速完善宣发环节，补齐成都影视产业链，促进成都影视产业快速发展。

（三）第三阶段：强化内容产出，打造头部企业，优化产业生态

第一，以内容产出为导向，鼓励成都出品，书写成都故事。结合成都影视产业现状特色及整体产业未来走向，重点发力科幻电影与 AIGC 领域，抢占市场先机，并深耕动画电影，打造成都特色影片。

第二，做强成都头部影视企业，培育成都影视主体力量。通过对现有成都电影集团等国有影视企业的强力整合、重点企业的大力扶持和影院消费场景的创新运营，营造蓬勃的发展势头，激活成都影视产业活力，带动成都影视产业的强力发展。

第三，持续优化成都影视生态，充分调动各城区积极性。创新机制，拓宽视野，聚拢资源，实行市、区两级协同政策，实现协同发展，将各区的旅游资源和影视资源充分联动，实现影视文旅的融合发展。

B.12
成都市游戏产业发展报告

中共成都市委宣传部*

摘　要：　游戏产业融合科技、文化创意等多种元素，是数字科技应用的重点场景，也是文创产业的重要组成部分。本报告从整体市场、游戏企业、游戏产品等多角度深入分析了成都游戏产业发展现状，呈现了成都游戏产业蓬勃发展的态势。然而与先发城市相比，成都市游戏企业相对偏小、电竞赛事举办数量少。在此基础上，本报告结合中国游戏产业发展状况，从提升游戏产业能级、加强游戏产品研发、引育电竞队伍等六大维度提出了成都游戏产业发展对策建议，旨在促进产业升级、加强跨界合作、优化生态环境，进一步巩固成都游戏产业竞争力。

关键词：　游戏产业　文化创意　成都

一　成都市游戏产业发展情况

（一）游戏产业收入状况

2023 年，成都全市网络游戏国内销售收入达 709.96 亿元，同比增长 12.1%（见图 1），稳居全国前五。①

其中，成都网络游戏企业自主研发收入占企业总收入的 92.3%（见图 2），占比连续多年超 90%。高自研占比的部分成因在于，成都本土游

* 执笔人：张应，成都市委宣传部产业发展处一级主任科员；文波，成都市委讲师团综合部主任；吕惠波，伽马数据高级分析师。

① 若无特别说明，本文数据均来源于伽马数据。

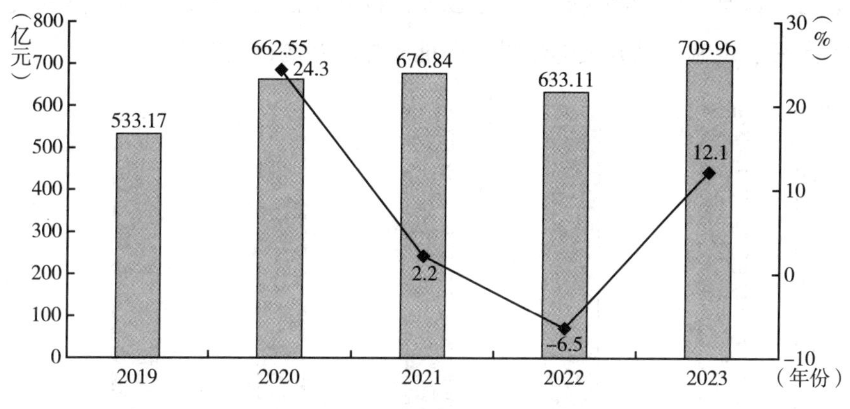

图 1　成都网络游戏国内销售收入

戏企业入行较早，积累了较为丰富的研发经验。同时，得益于人才集聚、企业运营成本相对较低等优势，本地游戏市场环境优越，形成了“自研能力强—吸引头部企业入驻、本地企业成立—强化自研能力”的正向循环。

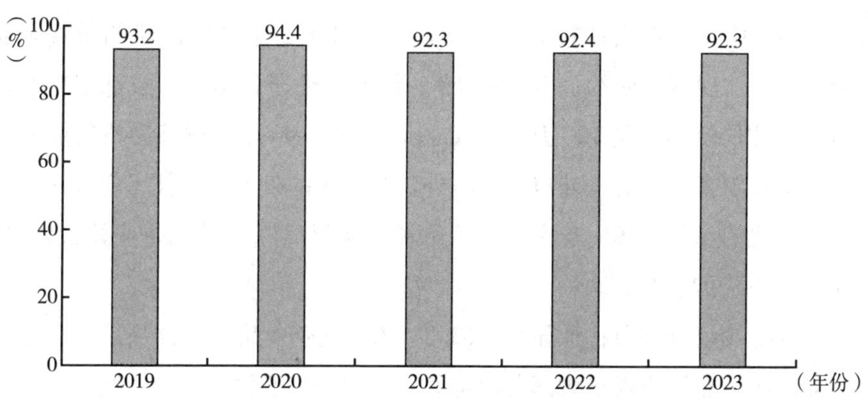

图 2　成都自主研发网络游戏收入占比

2023 年，成都移动游戏销售收入占成都网络游戏企业总收入的 93.78%，连续 5 年市场占有率超 90%（见图 3）。较高的移动游戏销售收入占比仍与研发关联较密，受强研发能力吸引，更多拥有头部发行资源的企业愿意与成都研发的产品合作，通过在成都设立子公司、收购本地团队、代理相关产品、定制产品开发等形式，助推成都游戏的市场表现。

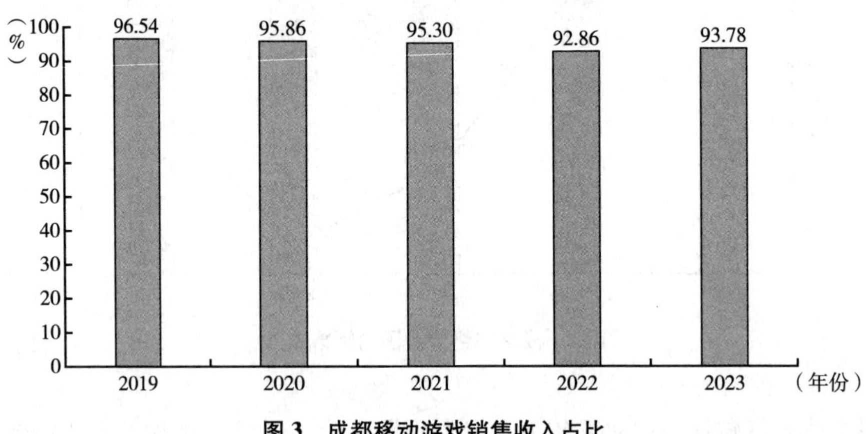

图 3　成都移动游戏销售收入占比

（二）游戏企业情况

成都游戏企业数量超过 7000 家，居全国第六位，整体呈现“游戏企业数量较多，中小企业占比较高”的特点。数量上，于成都注册的游戏企业居全国前列，现存企业约占全国 4.9%的份额；注册资本上，成都现存企业中 30.6%注册资本不足 100 万元（见图 4）。这一特点与成都游戏行业多外包企业关联较密，以美术外包、客服外包为代表的外包公司技术门槛相对较低，企业间的竞争更倾向于完全竞争市场，从而形成“游戏企业数量较多，但规模较小”的现状。

成都游戏企业分布特征显著，63.8%的游戏企业集中在高新区。高新区的产业园区是能够集聚绝大部分成都游戏企业的核心因素，位于高新区的游戏企业大多进驻成都天府软件园。产业园区通常具备配套设施完善、交通便利、资源集中、拥有优惠政策、配备专人跟进企业需求、连接附近高校资源等诸多优势，成为企业入驻的重点潜在对象。现阶段，天府软件园聚集了数字天空、tap4fun、天象互动、乐狗游戏、星合互娱等多家成都知名游戏企业。

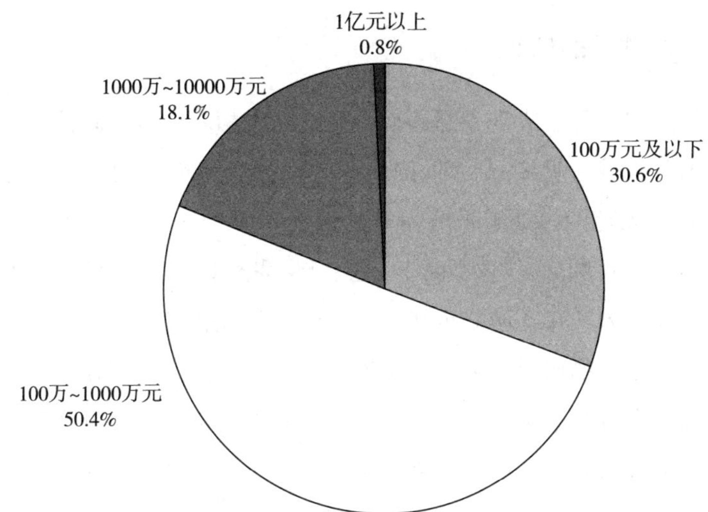

图4　成都现存网络游戏企业注册资本分布情况

注：仅包含已公布注册资本企业。

从成立时间分布情况来看，成都游戏企业主要成立于2010~2019年（见图5）。在2020年以后，移动游戏精品化竞争更为激烈，产品投入成本快速提升，资本市场对于中小型游戏企业的关注度持续下降，游戏市场由蓝海转向红海，加之新冠疫情，较多游戏的项目进度受到影响，企业生存压力加大，进入游戏市场的企业数量也随之下降。

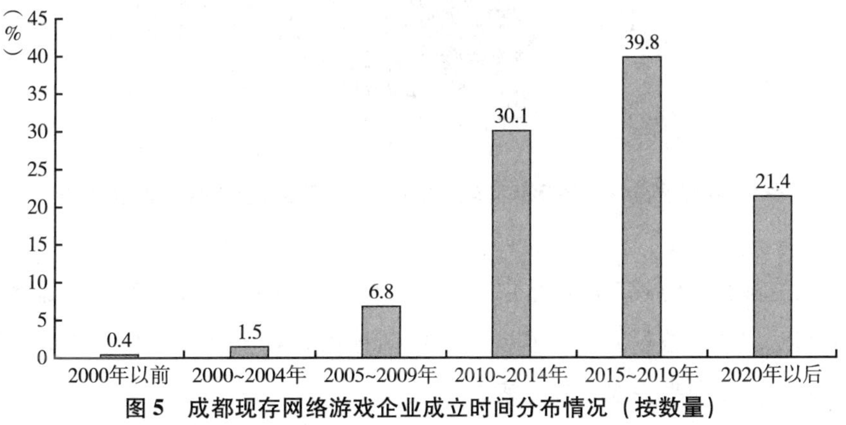

图5　成都现存网络游戏企业成立时间分布情况（按数量）

（三）游戏产品情况

从游戏品类来看，成都头部移动游戏的品类相对丰富，涵盖目前移动游戏大部分细分领域（见图6），但绝大部分细分领域创收能力并不突出，仅有MOBA在全国范围内处于强势品类，成都MOBA类移动游戏产品流水在全国排名第一（见图7），主要由于《王者荣耀》单款产品驱动显著。但同时也意味着成都未来移动游戏市场也具备较大的成长潜力，尤其成都在多个细分领域具备较好的研发基础，拥有在更多细分领域破局的能力，而SLG、角色扮演、射击等多个细分领域市场空间达到数百亿元，重点品类的显著突破将有望为成都游戏产业收入带来增量。

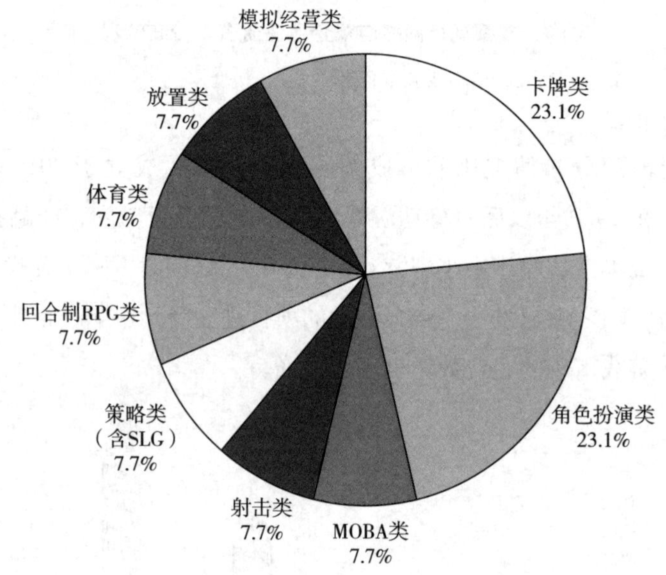

图6　2023年流水TOP300移动游戏中成都移动游戏产品类型数量分布

从成都移动游戏产品流水层级分布来看，成都移动游戏呈现随着流水层级升高对应产品数量减少的状况，与中国移动游戏流水层级分布趋势一致（见图8），即产品头部效应显著。

从上线时长分布状况来看，成都移动游戏生命周期普遍较长（见图9）。

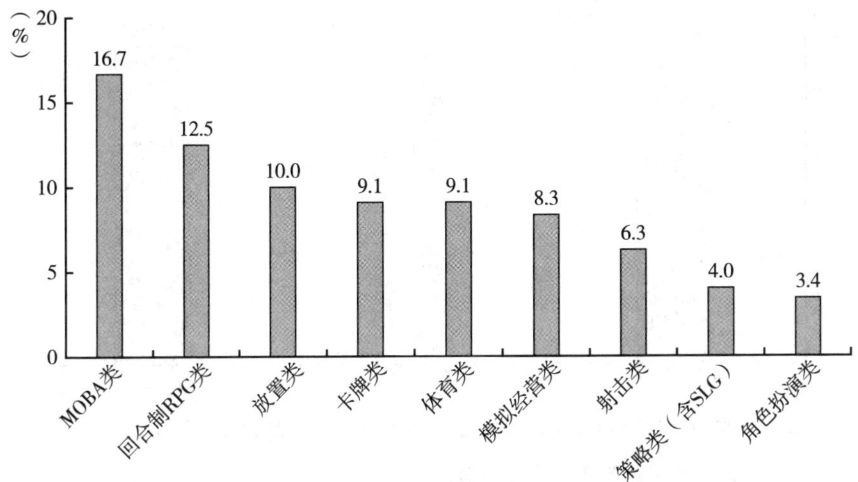

图 7　2023 年流水 TOP300 移动游戏中成都移动游戏产品类型占全国数量分布

其中，高流水层级（5 亿元以上）主要受精品化与长线运营影响，这部分产品通常在研发质量、运营质量等层面处于国内第一梯队，因而具备较为强劲的生命力。具体到产品层面，各流水层级的代表产品为：5 亿元以上代表产品为《王者荣耀》，1 亿~5 亿元的代表产品为《新剑侠情缘》，0.1 亿~1 亿元代表产品为《开间小店》。

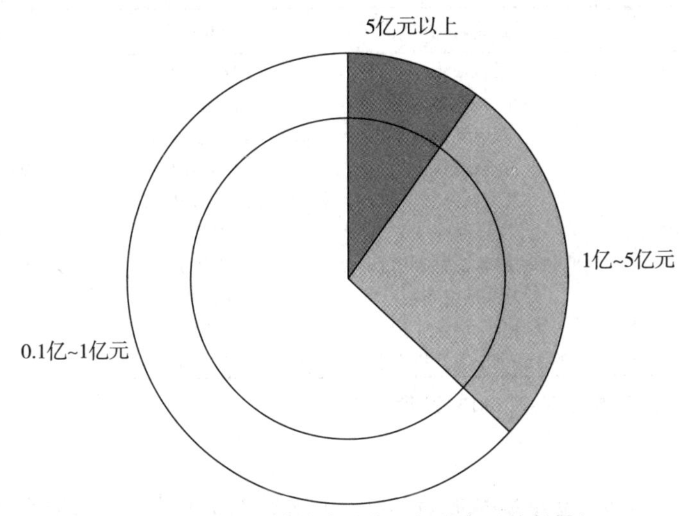

图 8　2023 年移动游戏流水层级分布（按数量）

注：内圈为成都比例，外圈为全国比例。

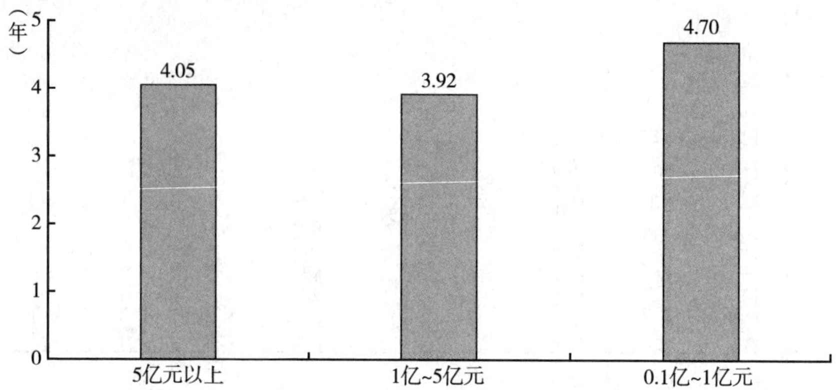

图9　2023年成都各流水层级移动游戏平均上线时长（年）

注：上线时长截至2023年12月31日。

2023年移动游戏流水TOP300涉及城市中，成都在全国排名第六、在新一线城市排名第三，IP产品是成都移动游戏的重要发展驱动力。2023年成都移动游戏流水TOP10中IP产品有8款（见表1），尤其新品层面受IP产品驱动显著。

表1　2023年成都移动游戏流水TOP10名单

排名	游戏名称	游戏类型	IP
1	王者荣耀	MOBA类	无
2	合金弹头:觉醒 new	横版射击	街机游戏
3	万国觉醒	策略类(SLG)	无
4	新剑侠情缘	MMORPG	单机游戏
5	梦幻新诛仙	回合制RPG类	小说
6	龙珠激斗	卡牌类	动漫
7	新仙剑奇侠传之挥剑问情 new	卡牌类	单机游戏
8	天龙八部荣耀版	MMORPG	小说
9	镇魂街:天生为王	ARPG	动漫
10	灌篮高手正版授权手游	体育类	动漫

注：以上判定以游戏产品推出时的IP状态为准。

2023年成都共获取游戏版号83款（见图10），其中，由成都担任出版单位的版号共50款，居全国第七位。整体而言，成都在版号获取方面有一定优势。从成都游戏版号审批构成来看（见图 11），总体以移动游戏版号为主，近年来客户端游戏版号审批数量均在 10 款及以内（见图 12），并且 2020~2023 年均无网页游戏版号审批。这一现状与全国趋势一致，其根本仍在于用户偏好向移动端倾斜。

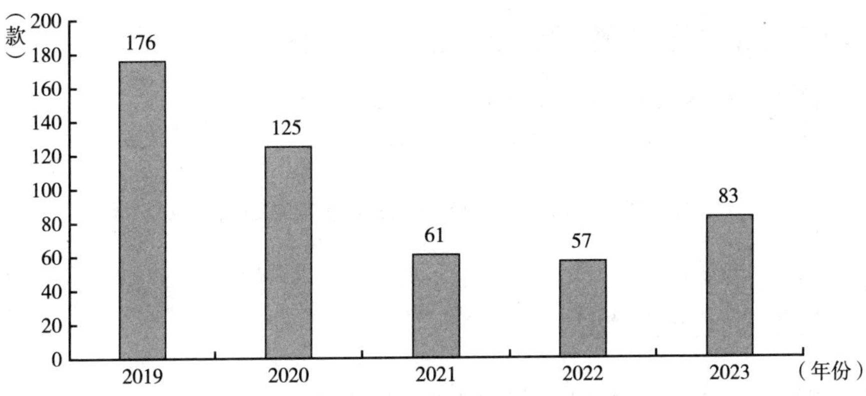

图 10　成都涉及版号数量状况

注：①由于部分审批版号申报类别涉及多个终端，因此各终端审批数量之和与审批总数不相等属正常现象；②成都涉及版号数量指，由成都相关企业作为出版单位或运营单位的版号。

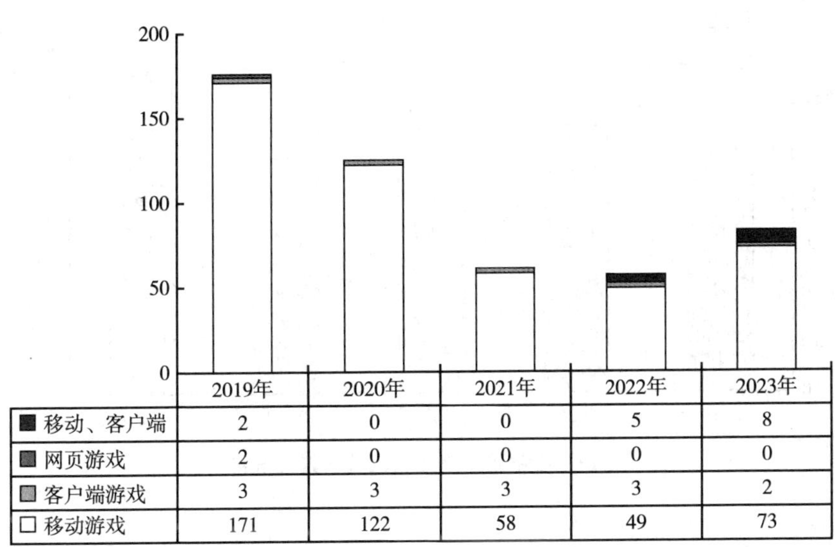

	2019年	2020年	2021年	2022年	2023年
移动、客户端	2	0	0	5	8
网页游戏	2	0	0	0	0
客户端游戏	3	3	3	3	2
移动游戏	171	122	58	49	73

图 11　2019~2023 年成都网络游戏版号审批终端分布

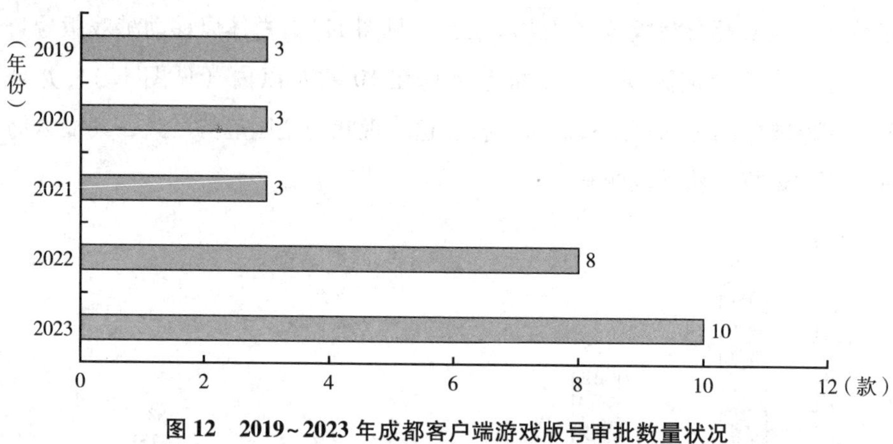

图 12　2019~2023 年成都客户端游戏版号审批数量状况

（四）游戏出海状况

2023 年，成都游戏产业出海收入达 62. 33 亿元，同比增长 15. 27%（见图 13），居全国第五，成都游戏出海业务呈回暖趋势。出海业务回暖的直接因素在于出海游戏产品运营情况较佳、部分游戏创新内容获得市场认可。

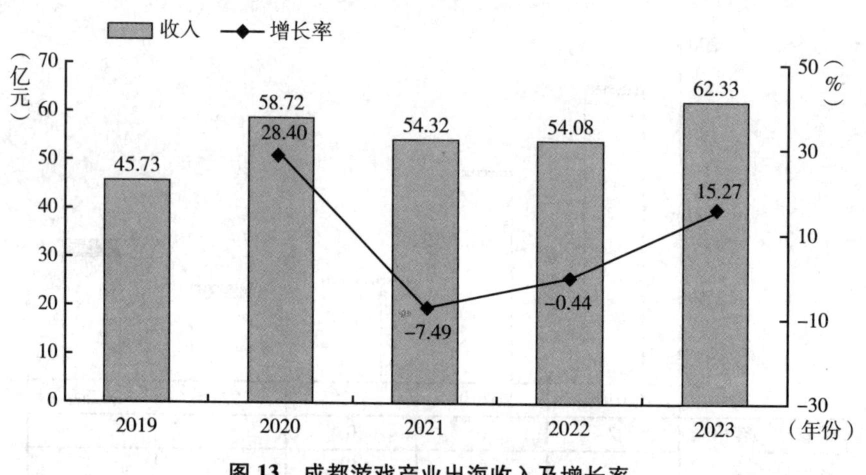

图 13　成都游戏产业出海收入及增长率

从具体产品来看（见图 14），2023 年成都出海移动游戏收入 TOP10 主要由中重度产品构成，其中 70. 0% 为策略类（含 SLG）产品，这与海外市场的重策略类（含 SLG）偏好有关，也是海外市场相对成熟的品类。

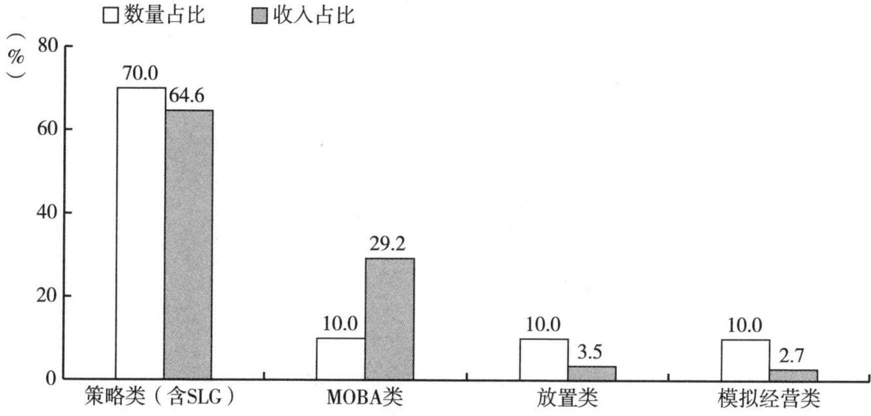

图 14　2023 年出海移动游戏成都研发产品 TOP10 数量及收入占比分布

（五）电竞产业情况

2023 年成都电子竞技（简称电竞）市场规模达 255.69 亿元，同比增长 14.0%（见图 15）。成都地区在电竞领域具备天然优势，一方面，国内顶级电竞游戏《王者荣耀》由成都企业研发，具备规模优势；另一方面，成都用户的电竞偏好相对较强，利于带动观赛、周边等商业行为。

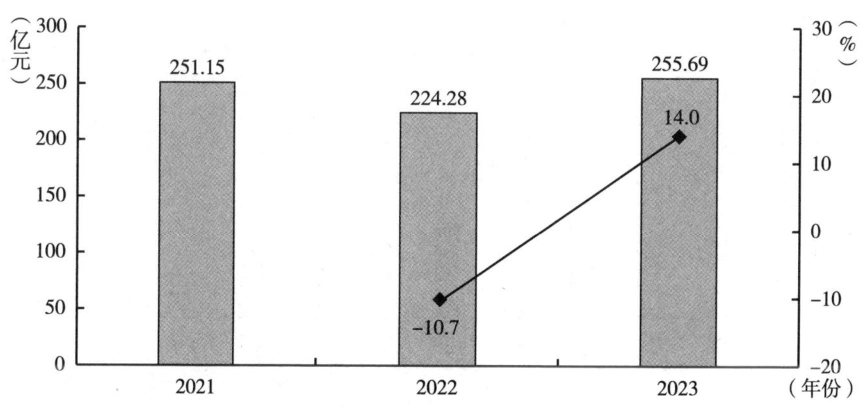

图 15　2021~2023 年成都电子竞技市场规模

其中，游戏收入是成都电竞市场的绝对收入来源（见图 16），2023 年成都电子竞技游戏收入居全国第二，占成都总电子竞技市场收入的 97.8%，而直播收入、赛事收入、俱乐部收入等占比均不足 1%。

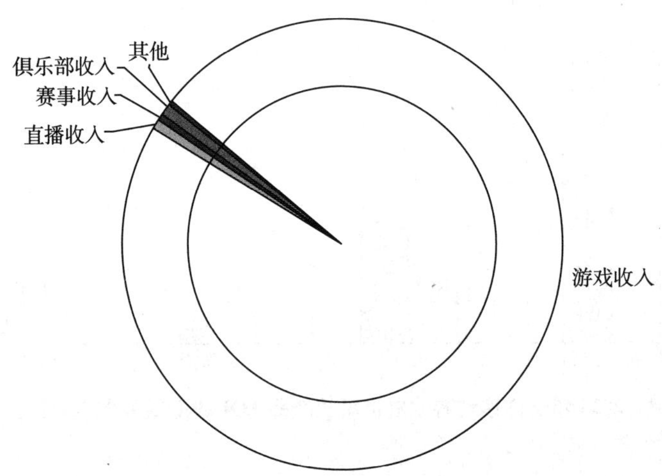

图 16　成都电子竞技市场收入构成

注：内圈为 2022 年，外圈为 2023 年。

成都市电子竞技相关企业主要集中在高新区、双流区（见图 17），两个市辖区总占比达到总量的 44.4%，其他区域分布则相对均衡。

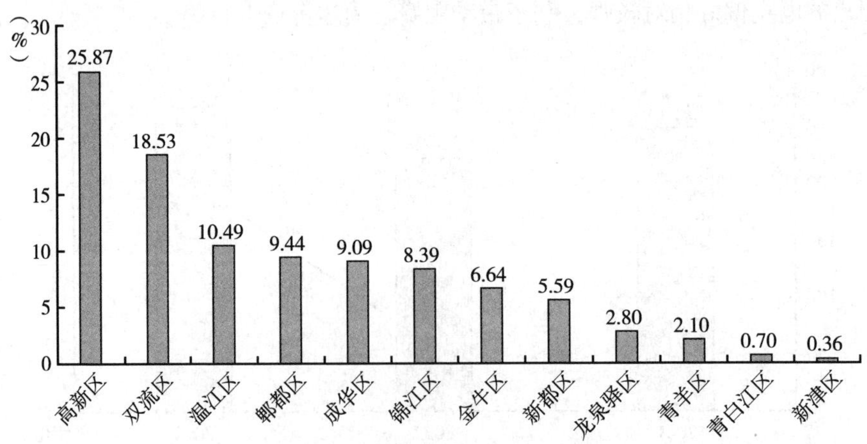

图 17　成都市辖区电子竞技相关企业分布状况

从电竞产业求职者居住地来看，全国相关人才主要集中于上海、广州、北京，成都求职者占比位于第四名。整体而言，电竞行业的发展程度、收入水平仍然是相关人才选择居住地的重要因素。相较于一线城市，成都的生活成本存在优势，成为人才流动的重要考量。

二　成都市游戏产业发展存在的问题

（一）成都游戏企业相对偏小

与北京、上海等先发城市相比，成都游戏企业“小而散”“小而弱”现象突出，现存游戏企业中 30.6%注册资本在 100 万元及以下（见图 18）。同时，成都游戏产业结构不合理，游戏企业中研发企业占比超 70%，研发与运营比例结构呈现研发重、运营轻的格局。

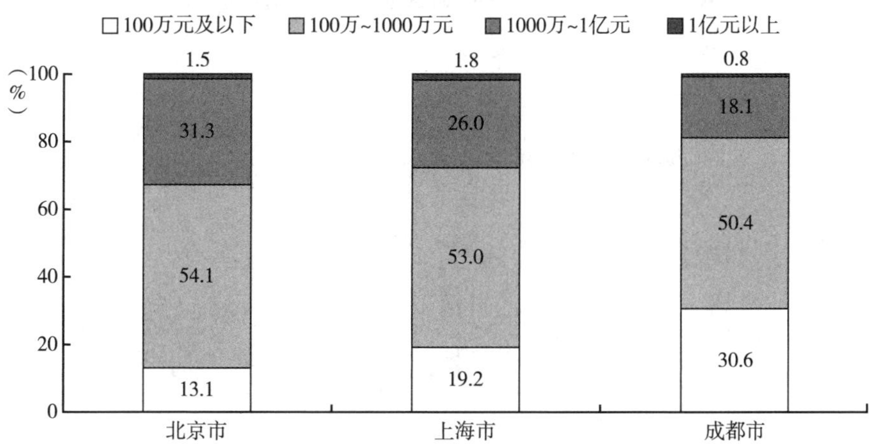

图 18　2023 年网络游戏企业注册资本层级分布

注：仅包含公布注册资本的企业。

（二）游戏产品流水占优但数量较少

与部分重要城市对比，成都呈现“高流水占比、低数量占比”的显著特征。

2023 年全国 TOP100 移动游戏流水中成都占 15.5%（见图 19），受单款产品的驱动显著。虽然流水占比较高，但数量上成都仍处于劣势，2023 年，成都流水超亿元游戏产品共 13 款，与北京（70 款）、上海（65 款）差距明显（见图 20）。

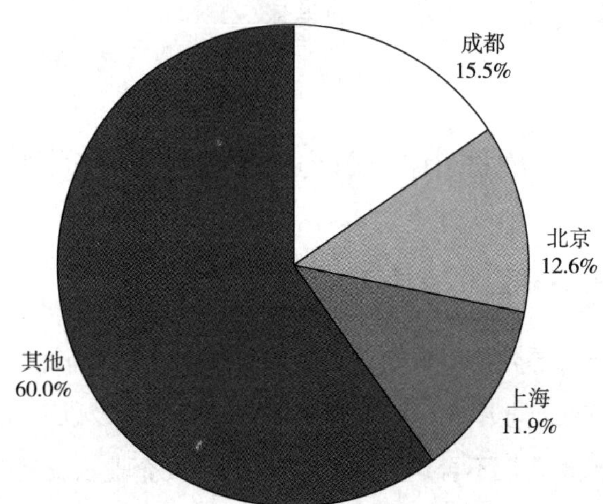

图 19　2023 年全国 TOP100 移动游戏各地区流水占比

注：按研发商所在地统计。

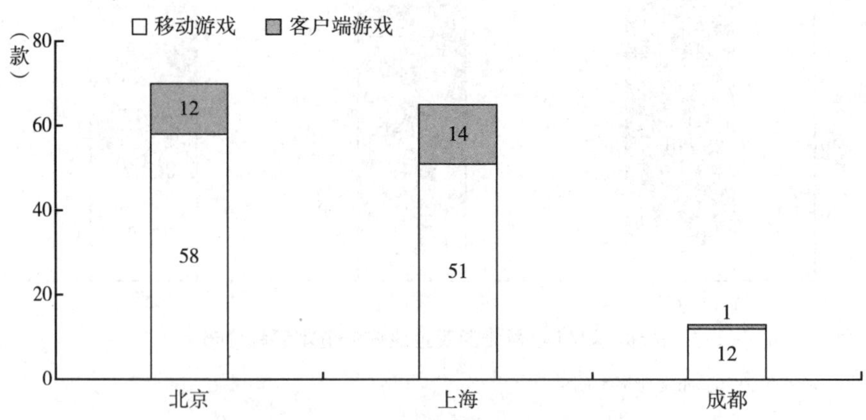

图 20　2023 年流水超亿元游戏产品数量

注：按研发商所在地统计。

（三）电竞赛事举办数量较少

2023 年，成都举办《王者荣耀》《和平精英》《穿越火线》等电竞赛事，占全国比重 6.8%（见图 21），与上海、北京相比，赛事举办数量较少。

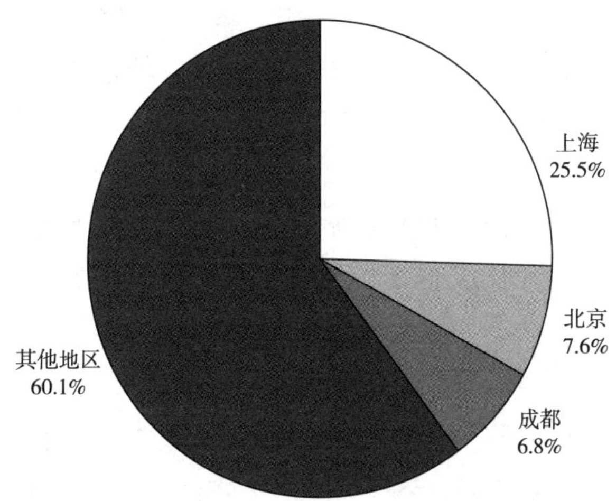

图 21　2023 年各地区电竞赛事数量占全国比重

三　成都游戏产业发展的对策建议

（一）加速提升游戏产业能级

从目前成都市场状况分析，1/3 的企业注册资本都在 100 万元及以下，以中小型企业为主，需要从产业政策上加强前瞻布局，研究制定推动成都动漫游戏产业高质量发展的若干政策，广泛争取国内外优秀游戏公司、研发机构、工作室等进驻成都，开展游戏产品研发制作、技术创新等工作，鼓励科技企业孵化器和众创空间孵化培育游戏研发、电竞俱乐部、经纪服务、战队等类型的企业或团队，支持全市电竞游戏产品开发、赛事运营、经纪管理、转播制作等产业链关键环节企业发展壮大，用好市级文产专项资金、“文创通”贷款产品，加大对相关游戏企业和游戏精品的支持力度，加快培育一批游戏领域的中大型企业和专精特新、“瞪羚”、“独角兽”等优质企业。

（二）加强原创游戏精品研发

成都游戏产业自主研发产品占比较高，这是优势所在，需要进一步把长板拉长，充分发挥成都历史文化底蕴深厚的优势，鼓励游戏企业将成都特色文化、特色场景、历史人物等融入游戏内容研发创作，提升网络游戏版号申报效率，充分融入人工智能、大数据、5G 等新技术提升游戏产品的科技含量和用户体验，加强内容和技术创新，提升游戏的艺术性和文化内涵，打造一批具有国际竞争力的精品游戏。

（三）擦亮电竞文化之都品牌

成都在电竞产品研发方面具有比较优势，研发实力国内领先，成功孵化了《王者荣耀》这一现象级手游，被誉为“手游之城”。一方面，要积极引进顶级品牌赛事，着力把世界电子竞技锦标赛亚洲区总决赛等国际赛事办出水平、办出质量，推动以赛创牌、以赛促产，形成电竞城市品牌效应，提高国际知名度。另一方面，要加快培育自主品牌赛事，持续提升腾讯旗下王者荣耀、穿越火线等品牌优秀赛事国际影响力、吸引力，支持专业化赛事运营机构和在蓉高校合作，结合校园歌手，动漫、电音爱好者等年轻群体兴趣点，打造大学生电竞校际联赛品牌，积极培育有特色、有影响力的自主品牌电竞赛事。

（四）鼓励游戏企业开拓海外市场

深圳的夏尔科技（SHEER）在日本、韩国、美国、德国、加拿大、意大利等国家拓展业务，与日方公司签署合作协议共同拓展全球市场，取得了良好的市场效应。成都游戏企业在海外市场的表现也很强劲，本土企业如星合互娱、tap4fun 在全球游戏厂商及应用出海收入排行榜中位列前 30 强。要鼓励游戏企业积极参与国际合作，协助企业解决国际市场准入问题，提供国际市场信息服务，组织国际游戏展会等活动为企业提供与国际同行交流合作的平台，支持企业开展国际市场营销活动，提升品牌国际知名度。

（五）带动游戏周边产业发展

充分利用成都在新一代信息技术产业、科研、人才等方面的优质资源，支持相关企业运用人工智能、虚拟现实、裸眼 3D 等新一代数字技术，提升电竞内容制作水平和传播能力，带动电竞直播、经纪、资讯、培训、装备等周边产业发展，延长电竞游戏产业消费链条。

B.13

成都市创意设计产业发展报告

成都市文化广电旅游局*

摘　要：　成都市作为中国西部的重要经济和文化中心，近年来致力于推动创意设计产业的发展。创意设计产业不仅是经济增长的新动力，而且提升了城市的文化软实力。本文详细分析了成都市创意设计产业的发展现状、优势与挑战，并提出了未来的发展策略。成都的创意设计产业发展态势良好，包括产业规模的扩张、行业结构的优化，以及区域集聚效应的显现。然而，该产业发展也面临人才短缺、产业融合不充分、市场开拓与品牌建设不足等挑战。未来，成都应继续强化政策支持、加强人才培养、促进产业融合、加强市场开拓，努力将自身打造成全球重要的创意设计中心。

关键词：　创意设计产业　产业集聚　产业融合　品牌建设　成都

一　成都市创意设计产业发展现状

（一）行业规模与结构

近年来，成都市创意设计产业规模稳步增长，行业结构日趋完善。2023年，成都创意设计产业实现营业收入1148.13亿元，同比增长14.8%，占全市文化及相关产业营业收入的32.8%，涵盖了建筑设计、工业设计、时尚设计、数字媒体设计等多个领域。

---

* 执笔人：邢啸，成都市文化广电旅游局文旅产业处一级主任科员。

成都市创意设计产业的从业人员数量逐年增加，截至 2023 年底，成都市集聚创意设计企业 5 万余家，关联从业人员超 100 万人。这些从业人员不仅包括设计师、艺术家，还有大量的技术人员、管理人员和市场推广人员。他们共同构成了一个庞大的创意设计产业生态系统，为成都市的经济发展注入了新的活力。

（二）行业集聚与区域分布

成都市创意设计产业的空间集聚效应显著。高新区、天府新区、青羊区等区域已经形成了较为成熟的创意设计产业集群。这些区域拥有完善的基础设施、优质的办公环境和浓厚的创意氛围，吸引了大量国内外知名设计公司入驻。

高新区作为成都市的科技创新高地，集聚了众多高科技企业和创意设计公司。在这里，科技与创意设计深度融合，推动了创意设计产业的快速发展。天府新区作为成都市的重要经济发展区，依托良好的区位优势和政策支持，吸引了大量创意设计企业入驻，形成了一个庞大的创意设计产业集群。青羊区则以丰富的历史文化资源和独特的艺术氛围，成为创意设计从业者的理想聚集地。此外，成都市还积极推动创意设计产业园区的建设，如东郊记忆、U37 创意仓库等，成为创意设计从业者的重要聚集地。这些园区不仅提供了优质的办公环境和配套设施，还定期举办各类创意活动，促进了产业内的交流与合作。

（三）政策支持与产业环境

成都市政府高度重视创意设计产业的发展，相继出台了一系列政策措施，提供财政支持、税收优惠和人才引进等方面的支持。成都市还设立了专门的创意设计产业发展基金，支持优秀创意设计项目的发展。通过这一基金，成都市吸引了大量优质创意设计项目落户，有力推动了创意设计产业的繁荣发展。此外，成都市政府还积极推动创意设计与其他产业的融合发展，如推动创意设计与科技、文化、旅游等产业的深度融合，形成更加完整的产业链。

成都市还举办了各类创意设计赛事和活动，如成都创意设计周、成都国际家居设计周等，强化和提升了城市的创意设计氛围和影响力。这些活动不仅为创意设计从业者提供了展示才华的平台，还促进了创意设计产业内的交流与合作，为成都市创意设计产业的发展注入了新的活力。

二　成都市发展创意设计产业的优势

（一）丰富的文化资源

成都市拥有丰富的历史文化资源，这为创意设计产业的发展提供了得天独厚的条件。作为古蜀文明的发源地和三国文化的重要承载地，成都的文化底蕴深厚，历史遗迹众多。这些独特的文化元素为创意设计提供了源源不断的灵感和素材，使成都的创意设计作品在市场上独具特色、备受青睐。成都市的文化资源不仅仅局限于历史遗迹，还包括丰富的非物质文化遗产。川剧、蜀绣、竹编等传统工艺在成都得到了很好的传承和发展。这些非物质文化遗产不仅为创意设计提供了丰富的素材，还为创意设计注入了独特的文化内涵，使创意设计作品更具艺术价值和文化魅力。

（二）强大的科技支撑

成都市拥有强大的科技实力，为创意设计产业的发展提供了有力的技术支持。成都市内高校林立，科研院所众多，形成了完善的科技创新体系。特别是在数字媒体和工业设计领域，成都市的科技实力在全国名列前茅。先进的科技手段和工具为创意设计提供了更多的可能性，使创意设计作品更具创新性和竞争力。

成都市的科技创新环境也非常优越。政府大力支持科技创新，出台了一系列鼓励科技创新的政策措施，吸引了大量高科技企业和创新人才落户成都。成都市的高新技术企业数量不断增加，科技创新能力不断提升，为创意设计产业的发展提供了强大的技术支撑。

（三）优越的地理位置

成都市位于中国西南地区，是连接中国中西部和东南亚的重要枢纽，地理位置优越。便捷的交通网络和发达的物流体系使成都市的创意设计产品能够迅速进入国内外市场。此外，成都市作为“一带一路”倡议的重要节点城市，吸引了大量国际资源和资本的涌入，为创意设计产业的发展提供了更多的机遇。成都市的交通网络四通八达，高速公路、铁路、航空等交通方式发达，物流体系完善。这使得成都市的创意设计产品能够快速运往全国各地，甚至出口到海外市场。成都市作为中国西部的重要枢纽城市，其优越的地理位置和便捷的交通条件为创意设计产业的发展提供了有力的支持。

三　成都市创意设计产业发展面临的挑战

（一）人才短缺与培养

尽管成都市在创意设计人才的引进和培养方面取得了一定成效，但高端创意设计人才依然短缺。创意设计产业的发展需要大量具有国际视野和创新能力的高端人才，而目前成都市在这方面的储备还不够充分。此外，本地高校和培训机构在创意设计专业教育方面还有待提升，难以完全满足产业发展的需求。

成都市应进一步加大对创意设计人才的培养力度，特别是高端人才的引进和培养。一方面，本地高校应加强创意设计专业教育，提高教学水平，培养更多具有创新能力和国际视野的创意设计人才。另一方面，政府应积极引进国内外高端创意设计人才，提供优越的工作和生活环境，吸引更多优秀人才落户成都，为产业发展提供强大的智力支持。

（二）产业融合与创新

成都市创意设计产业在产业融合与创新方面还有较大的提升空间。

虽然成都市的创意设计产业涉及多个领域，但各领域之间的融合度不高，尚未形成完整的产业链。此外，产业创新能力也有待加强，部分企业在设计理念和技术应用上还存在一定的滞后性，难以适应市场快速变化的需求。

成都市应积极促进创意设计与其他产业的融合发展，特别是与科技、文化、旅游等产业的融合。通过产业融合，形成完整的产业链，提升产业的整体竞争力。同时，鼓励企业加强创新能力建设，加大研发投入，推动设计理念和技术的创新应用，提升产业的整体竞争力。

（三）市场开拓与品牌建设

成都市创意设计产业的市场开拓和品牌建设也面临一定的挑战。虽然成都市在国内市场上已经具有一定的知名度，但在国际市场上的影响力还较为有限。部分企业在品牌建设和市场推广方面还存在短板，难以有效提升品牌知名度和市场竞争力。

成都市应加大创意设计产业的市场开拓力度，积极参与国内外各类创意设计展览和赛事，提升成都创意设计产业的国际知名度和影响力。同时，企业应加强品牌建设，注重产品质量和服务提升，打造具有国际竞争力的品牌形象，拓展更广阔的市场空间。

四 国内外其他城市的发展经验及借鉴

（一）国内经验

1. 深圳：从制造业到创意设计之都

深圳市作为中国改革开放的前沿城市，其创意设计产业的发展具有重要的示范意义。深圳从传统的制造业基地逐步转型为创意设计之都，依托其强大的制造能力和科技创新实力，吸引了大量创意设计企业和人才入驻。

深圳市政府在创意设计产业的发展中起到了重要的推动作用。通过出台一系列政策措施，如设立创意设计产业专项基金、打造创意设计产业园区、举办创意设计大赛等，深圳市逐步形成了以创意设计为核心的产业集群。如今，深圳的创意设计产业不仅在国内市场占据重要地位，还在国际市场上具有较高的知名度。

深圳的成功经验表明，创意设计产业的发展需要政府的积极引导和支持，同时也需要依托城市的制造业基础和科技创新能力。

2. 北京：多元文化的创意设计中心

北京作为中国的政治、文化中心，其创意设计产业的发展具有独特的优势。北京不仅拥有丰富的文化资源和艺术氛围，还聚集了大量的高等院校和科研机构，为创意设计产业的发展提供了强大的智力支持。

北京市政府在创意设计产业的发展中发挥了重要作用。通过设立创意设计产业园区、出台扶持政策、引进国际优秀人才等措施，北京逐步形成了以创意设计为核心的产业集群。北京的创意设计产业不仅在国内市场上具有较强的竞争力，还在国际市场上获得了广泛认可。

北京的成功经验表明，创意设计产业的发展需要丰富的文化资源和强大的智力支持，同时也需要政府的积极引导和支持。

3. 杭州：以电商为支撑的创意设计产业

杭州作为中国的互联网和电商之都，其创意设计产业的发展与互联网经济紧密结合。杭州拥有阿里巴巴等知名互联网企业，这些企业的兴起带动了杭州创意设计产业的快速发展。

杭州市政府在创意设计产业的发展中起到了积极的推动作用。通过出台一系列政策措施，如设立创意设计产业基金、打造创意设计产业园区、举办创意设计大赛等，杭州逐步形成了以创意设计为核心的产业集群。如今，杭州的创意设计产业不仅在国内市场占据重要地位，还在国际市场上具有较高的知名度。

杭州的成功经验表明，创意设计产业的发展需要与其他产业紧密结合，同时也需要政府的积极引导和支持。

（二）国际经验

1. 伦敦：创意经济的全球典范

伦敦作为创意经济的全球典范，其创意设计产业的发展经验值得借鉴。伦敦拥有丰富的文化资源、强大的科技实力和优越的地理位置，为创意设计产业的发展提供了良好的基础。伦敦市政府在创意设计产业的发展中起到了重要的推动作用。通过出台一系列政策措施，如设立创意产业基金、打造创意产业园区、举办国际创意设计展览等，伦敦逐步形成了以创意设计为核心的产业集群。如今，伦敦的创意设计产业在全球市场上具有重要影响力。

伦敦的成功经验表明，创意设计产业的发展需要丰富的文化资源和强大的科技支撑，同时也需要政府的积极引导和支持。

2. 纽约：文化多样性与创意设计

纽约作为全球的文化和经济中心，其创意设计产业的发展具有独特的优势。纽约不仅拥有丰富的文化资源和强烈的艺术氛围，还吸引了大量的国际创意人才，为创意设计产业的发展提供了强大的智力支持。纽约市政府在创意设计产业的发展中发挥了重要作用。通过设立创意设计产业园区、出台扶持政策、引进国际优秀人才等措施，纽约逐步形成了以创意设计为核心的产业集群。纽约的创意设计产业不仅在美国市场上具有较强的竞争力，还在国际市场上获得了广泛认可。

纽约的成功经验表明，创意设计产业的发展需要丰富的文化资源和强大的智力支持，同时也需要政府的积极引导和支持。

3. 东京：传统与现代融合的创意设计

东京作为亚洲的创意设计中心，其创意设计产业的发展具有独特的优势。东京不仅拥有丰富的文化资源和先进的科技实力，还注重将传统文化与现代设计相结合，为创意设计产业的发展提供了丰富的灵感和素材。东京都政府在创意设计产业的发展中起到了重要的推动作用。通过出台一系列政策措施，如设立创意设计产业基金、打造创意设计产业园区、举办国际创意设计展览等，东京逐步形成了以创意设计为核心的产业集群。如今，东京的创意设计产业在全球市场上具有重要影响力。

东京的成功经验表明，创意设计产业的发展需要将传统文化与现代设计相结合，同时也需要政府的积极引导和支持。

五　成都市创意设计产业未来发展策略

（一）强化政策支持与引导

推动创意设计产业建圈强链，进一步强化对创意设计产业的政策支持与引导。完善现有政策体系，出台更多针对创意设计产业的专项扶持政策，特别是在财政支持、税收优惠、人才引进等方面给予更多的优惠措施。同时，政府应积极引导产业集聚发展，推动创意设计产业园区和产业集群的建设，形成更为完善的产业生态体系。

（二）加强人才培养与引进

进一步加大创意设计人才的培养与引进力度。一方面，本地高校和职业培训机构应加强创意设计专业教育，提升教学水平，培养更多具备创新能力和实践经验的创意设计人才。另一方面，政府应积极引进国内外高端创意设计人才，提供优越的工作和生活环境，吸引更多优秀人才落户成都，为产业发展提供强大的智力支持。

（三）促进产业融合与创新

积极促进创意设计产业的融合与创新。推动创意设计与科技、文化、旅游等产业的深度融合，形成更加完整的产业链。同时，鼓励企业加强创新能力建设，加大研发投入，推动设计理念和技术的创新应用，提升产业的整体竞争力。

（四）加强市场开拓与品牌建设

进一步加大创意设计产业的市场开拓与品牌建设力度。政府和企业应共同努力，积极参与国内外各类创意设计展览和赛事，提升成都创意设计产业的国际知名度和影响力。同时，企业应加强品牌建设，注重产品质量和服务提升，打造具有国际竞争力的品牌形象，拓展更广阔的市场空间。

结　语

成都市创意设计产业的发展前景广阔，既面临着巨大的机遇，也面临着诸多挑战。通过政策支持、人才培养、产业融合和市场开拓等多方面的努力，成都市有望在未来几年内成为中国乃至全球重要的创意设计中心。本文所提出的发展策略旨在为成都市创意设计产业的发展提供一些参考，希望能够为相关部门和企业提供有价值的建议，共同推动成都市创意设计产业的繁荣发展。

成都市的创意设计产业不仅仅是城市经济发展的新引擎，更是提升城市文化软实力的重要途径。在全球化和信息化的背景下，成都市的创意设计产业要不断创新，提升自身竞争力，才能在激烈的市场竞争中立于不败之地。未来，成都市将继续发挥自身优势，迎接挑战，推动创意设计产业实现新的跨越。

B.14

成都市音乐产业发展报告

成都市文化广电旅游局*

摘　要：　本报告围绕产业企业引培、品牌活动策划、演出市场引导、人才作品孵化等方面，总结分析2023年成都音乐产业发展情况。随着全国疫情防控平稳转段，成都音乐产业发展实现强劲复苏，2023年音乐产业产值突破560亿元，同比增长超10%，音乐演出市场发展居全国前列。成都音乐产业在国际影响力、产业链发展等方面仍存在不足，全市音乐相关企业总量与质量与国内头部城市仍存在较大差距，品牌音乐活动国际影响力仍有待提升，复合型音乐人才培育和人才驻留能力有待加强等。结合成都发展实际，本报告提出了产业发展相关对策建议：进一步通过招引推介、重点培育、差异引导加强市场主体外引内培，持续抓好城市音乐产业数据监测与研究工作；以中国音乐金钟奖、蓉城之秋音乐季等品牌为抓手，提升音乐品牌的影响力，推出更加多元的城市音乐名片；加强音乐人才、团队引育，扶持音乐精品力作；从扶持措施、优化审批、引导资源共享等方面优化音乐创演及营商环境；持续发挥音乐文化的溢出效应，实现融合发展，丰富内容供给。

关键词：　音乐产业　建圈强链　产业链　成都

一　2023年成都市音乐产业发展情况

2023年，成都音乐产业实现强劲复苏，音乐产业产值达568.53亿元

* 执笔人：赵欣，成都市文化广电旅游局音乐影视产业处二级主任科员。

（2022 年为 502.53 亿元），同比增长 13.13%；举办各类音乐演出活动 4500 余场（2022 年为 1800 场），同比增长超 150%，音乐演出票房收入突破 12 亿元，音乐演出市场发展居全国前列，全市音乐产业高质量发展，国际音乐之都建设再上台阶。[①]

（一）音乐产业市场主体持续壮大

一是音乐企业项目落地生根。联合区（市）县和重点音乐园区企业，在蓉、赴京开展成都音乐产业专题招商推介，布局北上广深及港澳、曼谷重点城市投放户外大屏及院线映前视频近 1.5 万次。全市新增 156 家音乐企业，在蓉注册音乐企业突破 3500 家，其中，有咪咕音乐、中国唱片（成都）有限公司、昌禾文化等重点音乐企业 150 余家。吸引波克城市西南总部、视觉中国音视频业务总部基地、音创伟业智慧娱乐平台等多个投资超亿元项目落地成都。

二是本土音乐企业快速成长。推动梵木创艺区获评国家级文化产业示范园区、白鹿音乐小镇赋能乡村振兴案例获评 2023 文化和旅游高质量发展典型。进一步发挥领军、链主企业的主导、整合作用，评选出咪咕音乐、城市音乐厅运营公司等 4 家链主企业，培育音乐产业领军人才 7 名，培育香颂文化、华星璀璨等规模以上音乐企业 44 家。咪咕音乐实现年度营收近 30 亿元，APP 全场景月活用户规模超过 1.8 亿，上榜 2023 成都服务业企业 100 强；嗨翻屋、潜在人工智能、睿廷文化等新势力企业持续深耕音乐版权分发、AI 音乐创作、音乐互动直播等热点赛道。

三是多措并举支持市场主体发展。开展国际音乐之都建设专项评估，建立成都市音乐产业评估指标体系，提升产业发展监测能力；走访座谈企业、园区 40 余家次，召开产业园区、小镇专题座谈会议，开展 9 次 12345 产业建圈强链“蓉易见”音乐产业政企座谈会，收集和协调解决企业相关诉求及建议近百条，会同相关部门出台人才、资金等要素保障针对性政策 10 余

① 如无特别说明，本报告数据均来自成都市文化广电旅游局。

条；高效做好省、市各级文化产业发展专项资金申报，累计支持22个重点音乐项目2796万元。

（二）第十四届中国音乐金钟奖圆满举办

一是赛事演出充分彰显国家级水平。第十四届中国音乐金钟奖于2023年10月15日至25日在蓉成功举办，吸引余隆、张国勇、迪里拜尔、廖昌永等全国知名艺术家评委、嘉宾、参赛选手等汇聚成都，中国爱乐乐团、成都交响乐团、广州交响乐团、贵阳交响乐团等名团齐聚蓉城，42场音乐赛事周密保障，展示国内顶级水平，评选出20名金钟奖获得者。中国文联党组书记、副主席李屹，中国文联党组成员、副主席俞峰及省市领导出席金钟奖开闭幕音乐会。

二是音乐盛会溢出效应得到充分放大。坚持“艺术的盛会，人民的节日”理念，营造“全城听音乐、全民共参与”的音乐文化氛围。组织策划了20余场“在城市街头走一走·遇见金钟”场景互动演出，邀请金钟奖评委、嘉宾以及选手走进社区、走进校园、走进企业、走进公园、深入成都大街小巷等10余个城市重点场景，辐射现场人流超过30万人次，所有演出及赛事均面向公众开放，吸引5万余人观众参加，推出多类型惠民票机制，活动受到公众充分肯定。

三是创新宣传，擦亮音乐之都名片。围绕金钟奖和成都城市音乐文化，在中央、省、市各级各类媒体多渠道宣传推广，取得线上线下齐互动、共参与、广关注的良好效果。吸引60余家行业媒体报道，布局20余个网络平台线上直播，实现多角度、4K高清直播，部分快闪音乐活动冲榜抖音同城最热事件，全平台网络直播观看突破5.2亿人次，金钟奖微信指数突破10亿，城市音乐文化影响力持续提升。

（三）本土音乐品牌全面多元发展

一是重点品牌进一步扩大影响。第29届蓉城之秋成都国际音乐季历时70余天，汇聚34个音乐精品项目、80余场音乐演出活动，1300余名音乐家登上成都舞台，国际艺术家专场演出占比、成都首演占比进一步提升，创新策划的城市音乐互动吸引全国数千万乐迷关注蓉城音乐现象；第七届成都金芙蓉音乐比赛业界知名度得到充分认可，吸引海内外知名音乐院校机构的近3000人报名参赛，评选出130余名获奖选手，影响力、权威度有力提升；成都街头艺术表演优选布局40个街头点位开展街头艺人演出2800余场，街头演艺深度助力大运城市侧文化展示交流，策划中秋国庆街头钢琴秀等活动，节日氛围浓厚，赋能文商旅消费。

二是各类音乐品牌呈现多元发展。全年举办品牌音乐节、展、会20余场，国内重要音乐行业会议——国民音乐教育大会首次落地成都，在蓉举办中国音数协音乐产业促进会行业年会、腾讯首届浪潮音乐大赏等行业重量级活动；2023成都国际友城青年音乐周吸引五大洲15个国家和地区的友城青年19支乐队共聚蓉城，第十一届白鹿中法古典音乐季联合中央歌剧院提升演艺品质，玉林路民谣音乐季拉动片区旅游人流250万人次，“带把吉他去平乐”充分展示邛音邛景。

（四）音乐演出市场繁荣发展

一是演出市场迎来强劲复苏。全市开展各类音乐演出活动4587场。其中，音乐会798场，音乐剧2083场，演唱会81场，音乐节77场，LiveHouse1282场、音乐活动266场，音乐演出票房收入突破12亿元。中国爱乐乐团、中央歌剧院交响乐团、维也纳童声合唱团等近10支国内外顶级名团来蓉奏响高品质音乐会；举办百老汇原版音乐剧《哈姆雷特》《音乐之声》，法语原版音乐剧《悲惨世界》，科幻歌剧《七日》等国际化音乐演出超30场；LiveHouse演出更为活跃，数量同比增长109.48%，占音乐类总演出数量的27.95%，孕育出了东区超级音乐现场、MAO、成都小酒馆、Alive壹现场等多个优秀品牌。

二是大型音乐演出规模位居全国前列。中演协会联合灯塔专业版发布的2023年大演报告显示，成都大型演唱会场次、票房居全国前五，成为中西部地区最大票仓城市。[①] 2023年，全市5000人以上的大型演艺活

① 数据来源于中演协会与灯塔专业版发布的《强劲复苏 在地共荣——2023年大型营业性演出市场趋势及特点分析》。

动共 119 场，实现票房超 8 亿元，跨省观众比例达 27.3%，累计带动酒店、餐饮、旅游等相关产业经济效益约 52 亿元，演出主要集中在金牛区、龙泉驿区、高新区。陈奕迅、张学友、五月天、华晨宇等顶流音乐明星在蓉演出一票难求；草莓音乐节、仙人掌音乐节、元气森林音乐节等近 10 个品牌音乐节点燃户外音乐浓厚氛围；单站多场演出成为演唱会举办新趋势，张学友在蓉连演 9 场，票房收入约 2.2 亿元，拉动综合收入超 4.3 亿元。

三是演出市场健康有序发展。按照文化和旅游部、省文化和旅游厅要求，推动演出市场在疫情防控转段后有序恢复，出台《成都市大型营业性演出联合监督管理机制》，制定严格审批、信息互通等 8 项联合机制，出动执法人员 12.7 万人次检查演出场所、经纪机构、演出团体 3.1 万次，现场监督营业性演出活动 5600 余场，营业性演出呈现健康有序发展。

（五）人才、团队、作品不断涌现

一是音乐人才孵化成果有力显现。川音选送李仓枭、金芙蓉获奖者林子豪获得中国音乐金钟奖。陈琪瀚、王梓源等 15 名川音选手获金芙蓉音乐比赛奖项。指导开展宝藏计划、音乐共声训练营等人才孵化平台，评选出杨柠豪、王维等 5 位优秀原创音乐人。海来阿木、孙麒麟、张宇等本土音乐人参与春晚、蓉城之秋等重要演出。

二是音乐团队综合实力全面提升。成都交响乐团赴北京、海口、重庆等 7 个城市开展 8 场全国巡演，正式实现“厅团合一”，乐团原创交响诗《我爱你，中国》得到中国文联、中国音协及业界的充分肯定，在国内市场影响力、行业话语权进一步提升；成都民族乐团、成都童声合唱团在大运会开幕、欢迎晚宴等主场外交活动中赢得国际宾客好评。声音玩具、白日密语、棱镜乐队等本土乐队在国内舞台影响力持续提升。

三是原创作品不断传播成都声音。以大运会为契机，征集大运原创歌曲 2700 余首，《城市的翅膀》《梦的色彩》等主题推广歌曲获热议和点赞。《种子》《星火》《苔花谣》3 首本土原创音乐获四川省“五个一工程”奖。原创音乐作品《藏、羌、彝》《光荣与梦想》入选 2023 年国家艺术基金项目。

二　成都市音乐产业发展的不足

（一）音乐企业能级仍有差距

全市音乐相关企业总量与北京、广州（超 7000 家）相比，仍存在较大差距，在音乐制作、演出经纪相关领域相对薄弱。缺乏像腾讯音乐、环球音乐、大麦网、华人文化等的细分领域龙头企业，暂无上市音乐企业。

（二）国际化程度仍待提升

相较于维也纳新年音乐会、柴可夫斯基国际音乐比赛等知名音乐品牌，本土音乐品牌活动国际影响力还不够，缺乏代表性的精品剧目、音乐团体、参赛选手以及创新性的活动策划；缺乏国际一流音乐团队、知名音乐家来蓉举办音乐活动，世界经典原版剧目、音乐会演出场次较少。

（三）演艺经济贡献度仍可提高

2023 年全市演艺行业票房收入的本土税收产出率仍有较大增长空间，高能级演出经纪机构仍较匮乏，本土演艺经纪机构缺乏顶级演艺明星资源，营销策划、舞台设计等主办能力还不强。

（四）音乐人才孵化培育不够

音乐人才方面，缺乏诸如既懂音乐又懂经营、既懂作曲又懂编程的复合型音乐人才；人才驻留能力较弱，如廖昌永、李宇春等知名音乐人出自成都，发展却不在成都；缺乏常驻成都发展的如沈黎晖、宋柯、杨奇虎等的国内顶级音乐人才。

三　成都市音乐产业发展对策建议

以习近平文化思想为指引，围绕成都市委市政府中心工作，通过成都音乐产业建圈强链和国际音乐之都建设两个抓手，推动音乐产业、事业迸发新活力。

（一）高质量抓好产业发展

紧紧把握音乐产业建圈强链契机，通过招引推介、重点培育、差异引导，推动音乐产业整体提质增量。一是围绕产业链上下游、左右岸，加强与腾讯音乐、海伦钢琴、华人文化等高能级企业的对接，招引外地具有艺人资源的大型营业性演出主办单位和演出经纪机构落户，以专题招商推介会、音乐基金领投、以商招商等形式，促进其在蓉投资项目；二是加强本土企业的培育，重点支持咪咕音乐、凡人歌等本土企业扩大数字音乐领跑优势、提升大型演出主办能力，促进音乐坊、梵木创艺区、东郊记忆等园区发挥聚集效应、发力文旅融合，提升城市音乐厅、高新中演大剧院运营服务能力，合力推进重点场馆配套建设；三是持续提升成都音乐产业数据研究、采集、监测、运营能力，完善音乐产业数据库，夯实建圈强链“5+N”产业生态本底；力争全年招引重要音乐项目 20 个以上，新增注册音乐相关企业 100 家以上，新孵化一批本土领军企业，全市音乐产业产值突破 600 亿元。

（二）高品质塑造城市音乐品牌

围绕国际音乐之都建设，进一步发扬天府文化，传播成都声音，打造城市音乐品牌、金牌音乐演出市场。一是积极推动下一周期中国音乐金钟奖再落地成都举办，推动国家级文艺大奖在蓉展现更大溢出效应。二是高标准策划第 30 届蓉城之秋成都国际音乐季，聚焦提升品牌影响力和号召力，争取引进国内外精品剧目 10 部以上，策划联动配套活动，激活文旅消费；对标金钟奖打造地方标杆音乐赛事，推动第八届金芙蓉音乐比赛提规格扩成效，

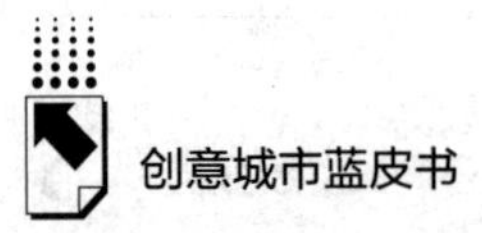

大力培育音乐“新星”和“新苗”。三是指导区市县差异化、特色化发展，打造白鹿中法古典音乐季、武侯民谣音乐季、“带把吉他去平乐”等区域重点音乐品牌。

（三）加大音乐人才作品培育力度

坚持彰显成都的休闲特质、宜居品质、音乐气质，把音乐之都打造成创作人才的高地和原创作品的热土。一是加强音乐人才的引育，做好音乐产业领军人才的选拔，发挥领军人才对音乐细分领域的带动效应；鼓励音乐人训练营、创新创业大赛等市场化人才孵化项目在蓉开展。二是重点培育5~8个成都品牌音乐表演团队，鼓励其“走出去”参展、参演、参赛，重点支持成都交响乐团、成都民族乐团与费城交响乐团、柴可夫斯基音乐学院等开展多种形式的创作交流和合作演出，推动音乐团体参加国际国内音乐赛事，提升院团竞争力与知名度；鼓励声音玩具、棱镜乐队等本土乐团提升影响力，在蓉开展大型演唱会。三是积极扶持、推广一批时代感强、成都味浓、国际范足的精品力作，争取国家和省、市政策评奖与扶持；支持成都电视台策划开展成都街头艺人选秀节目，推出一批“成都造、成都产”原创人才作品。

（四）优化音乐创演及营商环境

一是抓好当前演艺经济发展热点，围绕引培市场主体、优化营商环境、建立联动机制等方面出台支持演出市场繁荣发展相关措施，提升演艺经济贡献率。二是通过走访调研、定期召开“蓉易见”企业座谈会、打造金芙蓉演艺联盟等方式，协调解决行业发展困难、演出市场突出问题；联合省、市、区文旅、公安部门进一步优化演出审批流程、简化演出申报材料、适度放宽演出审批规模限制，实现整体审批流程高效、简单；力争全年举办大型演唱会音乐节80场以上，开展各类营业性音乐演出4000场次以上，音乐演出票房收入突破10亿元。三是推动音乐艺术共享空间发展，探索国有文化艺术单位面向社会企业、来蓉演艺团队开放排练厅、练习室，为人才、院团创造良好的创作、合练场地条件，鼓励剧场、音乐厅等市场主体开放空闲场地及空间。

（五）持续放大音乐文化溢出效应

一是结合春节、五一、国庆等重点节假日以及世界运动会、金钟奖等重大活动，联动更多在蓉艺术家、演艺团体、明星资源，开展常态化街头艺术表演、主题演出、音乐快闪等活动2800场次以上，持续营造浓厚的音乐氛围。二是加强音乐与商旅体展以及乡村振兴的融合发展，支持在玉林西路、音乐大道、兴隆湖等打造玉林民谣音乐季、音乐集市等音乐特色场景，在全市23个区（市）县举办“在希望的田野上”成都乡村音乐季系列活动。三是用好抖音、快手、小红书等新媒体传播平台，学习运用MCN（多频道网络）传播理念及运营模式，宣传展示更多成都音乐文化。四是联合文旅和教育相关部门，开展“百名艺术家进校园”，促进优质艺术资源走进校园，助推音乐文化普及。

区域动态篇

B.15
天府新区文化创意产业发展报告*

四川天府新区文创和会展局**

摘　要： 四川天府新区直管区始终坚持以公园城市先行区建设统揽经济社会发展全局，文化创意产业快速发展，2022~2023年，文创产业平均增速达26.47%。天府新区大力完善创新生态，以国际知名网络视听谷、"一带一路"创意设计高地、全国文博旅游新名片、全国体育运动新示范为目标，聚焦数字视听、数字消费、数字装备领域，坚持规划引领、品牌塑造、会展带动、产业主导，推动"生态、科技、文化"融合发展、打造文旅地标品牌、构建"国际会展之都"发展新模式、谋划"中国视听谷"产业发展新生态，成功打造以兴隆湖为代表的城市地标，以麓湖生态水城、官塘小镇为代表的文旅品牌项目，为文创产业发展提供公园城市发展新模式。

关键词： 公园城市　网络视听谷　会展之都　兴隆湖　麓湖生态水城

* 本文数据均由天府新区文创和会展局收集统计，时间截至2023年12月底。

** 执笔人：邓一虎，四川天府新区文创和会展局投资促进部负责人；杨荣懋，四川天府新区文创和会展局文旅事业部副部长；黄兴梅，四川天府新区文创和会展局投资促进部工作人员；关小凤，四川天府新区文创和会展局文旅事业部工作人员。

一　发展现状

四川天府新区直管区（以下简称天府新区）始终坚持以公园城市先行区建设统揽经济社会发展全局，文化创意产业快速发展，2022~2023 年，全年文创产业增加值分别实现 36.19 亿元、48.45 亿元，平均增速达 26.47%，占 GDP 比重分别是 5.4%、6.58%。[①]

天府新区大力完善创新生态，以国际知名网络视听谷、“一带一路”创意设计高地、全国文博旅游新名片、全国体育运动新示范为目标，聚焦数字视听、数字消费、数字装备领域，持续优化营商环境。截至 2023 年 12 月，累计招引德商数字创意基地、京东方艺云、中国唱片西南总部、A8 网文影视视听基地等重大项目 70 余个，协议投资额超 1000 亿元。文创规上企业从 2021 年的 64 家增长至 2023 年的 179 家，四川千行你我科技股份有限公司上榜“2022 成都市数字文创企业 30 强”，成都天府新区教育投资有限公司、成都京东惠加贸易有限公司上榜“2022 成都市数字文创企业 100 强”。[②] 四川千行你我科技股份有限公司、成都红星数字科技有限公司、四川八方腾泰科技有限公司成功挂牌天府文创板，并成为首批上板企业。成功承接了第十九届西博会、首届“金熊猫奖”、第九届中国国际版权博览会、2023 兴隆湖杯绿水青山中国休闲运动挑战赛等重大文体旅活动，兴隆湖成功入选全国首批、成都唯一“国家水上国民休闲运动中心”试点单位。

二　主要做法

（一）规划引领，推动“生态、科技、文化”融合发展

一是以天府数字文创城为核心驱动。规划打造 31 平方公里天府数字文

① 数据由四川天府新区文创和会展局收集统计。

② 数据由四川天府新区文创和会展局收集统计。

创城，依托中意文化创新产业园、中国（成都）网络视听产业基地、国家版权创新发展基地，搭建高质量平台，建设高能级项目，打造全国数字创意策源地、西部视听智造增长极、“一带一路”中欧文创新地标，积极开展招大引强、招优引专，高水平策划运营中意文化交流城市会客厅、天府数字文创城规划展示厅，高质量办好对外文化交流活动，培育文创产业发展增长极和动力源。截至2023年底，天府数字文创城已建成投运天府像素太文化产业园（一期）5.4万平方米，二期11.8万平方米预计2024年11月竣工。二是构建“生态+场景”产业发展带。构建秦皇湖时尚活动区、兴隆湖休闲运动区、龙泉山休闲旅游区协同发展格局。依托国际会议中心文创街区、环秦皇湖活动场景、西博城展会活动场景等打造集文博、艺术、潮流于一体的时尚娱乐活动消费区。西博城展会活动场景以及兴隆湖、鹿溪河生态带，融入户外运动、亲子休闲、夜间消费等元素，打造汇聚人气的活力潮玩区。依托龙泉山城市森林公园天府新区段自然资源和乡村民俗文化资源，加大对桃源归谷、高空栈道等项目的培育和支持力度，发展生态旅游、林盘度假、田园文创、乡村研学、高端民宿等业态，构建旅游休闲发展带。三是文博场馆多点支撑。依托广汇美术馆、A4美术馆、蓝顶美术馆、天府美术馆、天府微博村、同治龙窑、官塘等，发展艺术创作、艺术展览、艺术交流、非遗展示、乡村文创展示，打造艺术博览体验高地和传统文化体验集群。

（二）塑造品牌，探索公园城市文创产业发展新路径

一是聚焦兴隆湖，打造文旅地标品牌。2022年以来，天府新区大力培育以兴隆湖为核心的天府文旅体育品牌，创建省级旅游度假区工作完成省级现场评估验收。经过两年多的建设，兴隆湖入选全国首批、成都唯一“国家水上国民休闲运动中心”试点单位，获评成都市体育消费新场景，创建省级体育旅游示范基地工作通过省级现场评估验收；成功举办第二届中国（成都）生活体育大会、2023兴隆湖杯绿水青山中国休闲运动挑战赛、第三届中国绿道运动生活嘉年华等高能级赛事活动10余场，加快打造展示公园

城市活力和潮玩运动特质的兴隆湖城市名片。二是聚焦“高能级”，打造特色文化活动。高质量保障首届“金熊猫奖”评选活动顺利举办，填补了四川省国家级综合性文化大奖的空白。积极争取第九届中国国际版权博览会落户新区，切实推动版权产业提速增效。联合市场化主体策划开展“年年年味·天天添福”“公园城市艺术季”“天府正有戏”等品牌文化活动，培育街头音乐艺术表演点位3个，每年举办音乐演艺活动超50场，常态化举办春节、五一、端午、中秋国庆、除夕等节庆主题高能级活动，累计吸引280万人次参与，其中2023年除夕活动当天吸引超20万人参与，全网话题传播量超4亿，天府新区一夜成为除夕顶流，“天府之檐”火爆出圈。2023年，天府新区接待游客1305.72万人次，较2022年同期增长80%，实现旅游收入19.56亿元，同比增长110%。[①] 三是聚焦“新场景”，打造特色消费场景。2022年以来，已创建天府微博村等3个A级旅游景区，打造精品旅游线路1条，获评6个成都市体育消费示范场景，麓湖水城景区等6个场景入选成都市十大类百佳消费场景名单，培育成都市市级文创产业园区2个、成都市市级特色街区2个、成都市市级特色村（社区）2个，培育打造“秦皇湖·天工坊”文创街区。实施“非遗生长计划”，制定《非遗活态传承和产业化发展导则》，培育周家刀、同治龙窑省级非遗名录2项、省级非遗工坊1个。天府官塘、麓湖水城文商旅体融合发展经验入选新华社年度案例。A4美术馆入选2023年度全国美术馆优秀公共教育项目提名。[②]

（三）会展带动，构建“国际会展之都”发展新模式

一是聚焦重大展会，打造成都会展极核。围绕“国际会展之都”建设要求，依托西博城“展会一体”综合体，以重大展会项目为抓手，不断巩固天府新区作为成都会展极核的功能和作用。2022~2023年，先后引进举办第二十届中国国际玩具及教育设备展览会、第十九届中国国际农产品交易

---

① 数据由四川天府新区文创和会展局收集统计。

② 数据由四川天府新区文创和会展局提供。

会、第二十四届全国医院建设大会暨国际医院建设装备及管理展览会、第二十届中国畜牧业博览会等重大展览活动以及第十四届亚洲营养大会、第四届世界科技与发展论坛、2022/2023 世界显示产业大会、2022 全球智慧城市大会·成都等一批国际性会议，高质量保障全国糖酒商品交易会、中国西部国际博览会、成都国际汽车展览会等品牌展会举办。2023 年，天府新区举办各类展会活动 440 场，展出总面积达 356 万平方米，其中 10 万平方米以上大型展览 7 个、千人以上规模会议 32 场，UFI 认证展览 6 个，ICCA 认证会议 4 场，办展办会各项指标均创历史新高。[①] 二是聚焦“产业链”，打造会展产业集群。按照全市产业建圈强链行动部署要求，瞄准全球 30 强、国内 50 强会展企业，强化高能级会展链主企业招引，与英富曼、东浩兰生、首都会展等国内外知名组展企业签订战略合作协议，集聚全球优质会展资源。目前，天府新区已引进和合作全球会展 30 强企业 8 家，其中全球排名第一的国际展览公司英国英富曼、会议组织公司瑞士迈氏、会展综合运营公司法国智奥 3 家在天府新区设立分支机构，汉诺威、英富曼、慕尼黑等 5 家企业在新区策划培育成都国际工业博览会、世界美容抗衰老大会、中国环博会成都展等品牌展会。支持本地会展企业做强做大，推动四川天展集团向国际会展综合服务商转变，加快提升中展励德、汀兰会展等本土企业组展办会能力。充分发挥龙头企业带动作用，加快集聚组展策展、主场服务、广告设计、展台搭建、会展物流等会展业上下游企业，截至 2023 年底天府新区会展企业达 358 家。三是聚焦“带动性”，释放会展经济辐射效应。围绕体育、音乐、高端诊疗、大数据与人工智能、生态环保等重点产业链，引进中国国际体育用品博览会、国民音乐教育大会、全国医院建设大会等重大展会项目，策划举办天府数字经济峰会、天府碳中和论坛等自主品牌展会项目，为产业发展搭建资源对接和交流合作平台，助力全市重点产业创新升级发展。依托重大展会活动集聚人气商气，积极举办成都国际美食节、成都美好生活万千气象消费展、天府火锅节等消费类展会活动，推动文商旅体会融

① 数据由四川天府新区文创和会展局收集统计。

合，构建西博城消费新场景，带动城市消费增长。2023 年，参展参会人数超 300 万人次，实现会展业总收入 313 亿元。

（四）产业主导，谋划“中国视听谷”产业发展新生态

一是聚焦“链主”，推动数字视听产业集聚。天府新区网络视听基地以音频、视频为重点，着力构建“视听+城市”的网络视听产业生态圈，建成世界一流、全国领先的中国视听谷。累计签约引进中国唱片西南总部、A8 网文影视视听基地、虎牙直播西南中心、思美传媒等项目 112 个，协议投资额 1603.95 亿元。在网络视频领域，天府新区聚集四川观察、虎牙直播、大仓影视、明时影业等代表企业，初步形成视频内容制作产业集群。在网络音频领域，以中国唱片集团为“链主”，着力打造西南地区首个“黑胶音乐工坊”，布局黑胶唱片先进生产制造工艺及生产线，实现黑胶唱片工业化生产，同步布局数字化录音棚、全景声录制空间等设备设施与相关展览展示内容，实现都市工业生产线与消费体验场景的融合发展。正在加紧打造沿兴隆湖数字文创示范区，依托蓉港创智园、兴隆湖科技融合转化基地、中广云创中心招引游戏动漫、网络直播、智能穿戴等领域企业，加速聚集“上下游、左右岸”企业，夯实网络视听基地平台基础。二是聚焦“城市微度假”，构建泛网络视听消费新场景。依托麓湖水城、兴隆湖、官塘村、海昌极地公园等 A 级旅游景区和旅游度假区开发露营、亲子度假、非遗研学等近郊游产品，打造城南城市微度假品牌；以麓湖水上剧场、广汇美术馆、蓝顶美术馆、微博村等为点状支撑，引入演艺品牌、国际艺术大师作品展、当代艺术主题展、青年跨界潮流艺术等主题展览，大力发展数字化陈列、艺术创作体验、沉浸式观展、直播逛展等新业态。大力推进南新村、微博村、官塘村、泉岭新村、桃源归谷、天府童村等六大乡村消费场景营造，以“近处的远方”为主题，成功举办了籍田“丰收节”、万安“森林音乐节”、太平“养一朵云”等活动，形成天府新区公园特质的乡村文化消费场景。以“桃源 · 归谷”为 IP 推进乡村精品民宿产业集群建设，已形成“一心两带四片区”乡村民宿产业发展空间布局，4 个片区引入各类特色精品民宿项目 20

余个，桃源村先后获评省级乡村振兴示范村、市级文创特色村、“一村一品”示范村，释玥森林、四合山居等项目入选“最成都·生活美学新场景”心选好宿单位。以翠湖梨乡为基础，引入中唱黑胶音乐工坊、大师工作室、沉浸式体验馆等，打造泛网络视听艺术村落。三是聚焦“产业平台”，构建优良产业发展营商环境。天府新区依托国家版权创新发展基地，已建成投运版权综合服务大厅，落地国家新闻出版署科技与标准综合重点实验室区块链版权应用研究中心，发展“联通链”“新版链”“斑马链”等版权存证服务，为数字文创企业提供版权“一站式”综合服务平台。中意文化创新产业园已建成投运中意文化交流城市会客厅，成功获批加入中意文化合作机制，搭建米兰产业合作平台 1 个离岸招商中心，中国意大利商会成都中心、清华大学中意设计创新基地等 N 个国际合作平台，连续两年在国际（地区）合作园区综合发展水平评价中排名全省第二。人才扶持方面，出台《四川天府新区直管区人才支持政策》（川天委办发〔2023〕13 号）对网络视听优秀人才给予专项奖励支持。产业专项政策方面，出台《四川天府新区成都直管区关于加快版权产业创新发展的若干政策》（川天管办规〔2023〕2 号），对于 IP 打造、剧本改编、动漫产业、版权影视孵化等予以最高 600 万元支持。正在修订《四川天府新区直管区关于加快文化创意产业发展的若干政策》，将对优秀数字文创企业予以租房、装修、交通、住房等多项叠加补贴，进一步提升产业集聚速度。

三　典型案例与做法

（一）兴隆湖畔，城市地标

1. 基本情况

兴隆湖（兴隆湖湿地公园）在鹿溪河上筑坝而成。兴隆湖于 2013 年启动建设；于 2021 年 10 月完成提升工程再度开放。占地面积 30 万平方米，其中水面11.6万平方米，水域面积约4500亩，环湖绿道长8.8公里。兴隆湖日均游览群众已达2万人次，节假日高峰期达10万人次，水下书店、露营、成都看海等话题可在小红书、大众点评等头部自媒体查到推荐笔记上万篇。

2. 主要做法

一是实现生态价值转换。天府新区按照“拥绿亲水、组群发展、城乡融合”的营城思路，依托生态资源禀赋形成“城市组团—公园片区—公园社区—公园街区”四级空间架构，结合滨水空间、田园绿地等打造特色消费街区，建设生态价值转化示范项目，营造契合主流人群品质需求的公园城市场景。兴隆湖（水质总体Ⅲ类水、局部Ⅱ类水），是集防洪、生态、景观等多重功能于一体的“天府绿心”。兴隆湖是成都平原最大的水鸟越冬地之一，这里的水鸟单次统计最大数量为3500只以上。二是聚焦科技创新赋能。兴隆湖的建设，将创新文化、创新精神、创新氛围深深融入这座产业新区的城市血脉，打造了一批年轻、时尚、现代、热情、开放的科创文创空间和城市地标，周边集聚中国科学院成都分院生物所、山地所、光电所等多个科研单位及云从科技、商汤科技、华为鲲鹏等众多高新技术企业，以科技创新激发消费动力。生态、科学、文化组合消费一年高达数十亿元，彼此赋能率达到50%以上，新型消费供给创造出巨大消费市场。三是坚持人民需求导向。针对区域人群特征和市民生活需求，推进“15分钟生活圈”规划建设，适度超前布局重点公共服务配套以及图书馆、博物馆等文化设施，以理想街区模式打通公园城市建设的“最后一公里”，按照街区一体化理念实现公共空间与多元功能的无界融合；儿童艺术中心联动国际国内资源，以戏剧活动为载体，为青少年打造集文化、设计、艺术、音乐等多种艺术形式的体验场所。

（二）活力麓湖，在水一方

1. 基本情况

四川天府新区麓湖水城，国家4A级旅游景区，占地192万平方米，布局麓湖、麓客岛、艺展中心、云朵乐园、天府美食岛五大组团，因地制宜将国际化的生活方式与在地特色相结合，形成特色鲜明的都市微度假目的地，是由天府新区打造的首个文商旅体融合创新发展项目。2022~2023年，麓湖水城累计接待人数超670万，每年接待游学参访2万人次，成为当代湖泊型城市休闲旅游综合体的典范。承办了“马克·夏加尔”西南首展、首届Minute国际短片节、TED年度大会、安邸AD100 Young榜单发布、三联人文城市奖颁奖典礼等重量级人文时尚盛会，吸引了如《前任3》《风犬少年的天空》等综艺影视作品拍摄取景，成为城市文艺新地标。①

2. 主要做法

一是以公园式岛屿塑造品质地标。麓湖在规划之初根据天然的浅丘地貌，引都江堰之水，打造滨湖区，规划出以稀缺生态资源为基底的理想之城和国家4A级景区。以水营城理念，形成目前国内单体面积最大、由丘陵生态系统转变的人工湖。在起步区—湖心区—湖岛区规划打造了红石公园、麓客岛、云朵乐园等大小12个公园，构造建筑—公园—湖水—浮岛相融景观，为多元文旅空间开发提供了独一无二的生态基底。二是以美好生活引导项目开发。麓湖团队以“美好生活”为愿景，打造人文艺术、休闲社交、亲子研学、新兴体育多点复合体验场景。以先锋文化艺术为代表的“A4美术馆”，音乐实验戏剧为特色的“麓湖水上剧场”，跨学科体验的“麓小马夏令营”，都市野营的“知北营地”，现代美式农场“小岛动物农场”等赋予亲情互动新模式，为麓湖消费增添生活元素。举办春季“花岛生活节”、盛夏“龙舟节”、秋日“渔获节”、冬季“麓客之夜”等社区节日，保障全天候、全时段活力多元的内容供给，提高群众文化获得感。三是以商业化逻辑引聚优质资源。构建国际水城—岛屿IP—区域生活中心—社区商业四级商业空间，打造麓坊中心、迈夺运动公园、天府美食岛等独具时尚特色的消费场景17.15万平方米。打造岛集、小巨蛋游园会等爆款IP，周末节假日最

① 数据来源由麓湖生态水城提供，四川天府新区文创和会展局收集整理。

高客流突破2.5万人。同时，强化口碑宣传，建立新媒体宣传矩阵，精准连接重点企业和目标人群。

（三）天府官塘，心灵牧场

1. 基本情况

天府官塘项目在天府新区正兴街道官塘村，是宋代文豪陆游醉酒作诗、清代“三朝元老”卓秉恬求学发迹之地。项目总投资约3亿元，规划面积约500亩，其中建设用地约31亩、农田景观用地约470亩，总建筑面积约11500平方米，布局田园观光、非遗体验、展览会议、娱乐休闲、餐饮住宿等功能组团，于2021年9月19日主体建成投运，已成为远近闻名的“网红打卡地”和“原乡文化体验场”。

2. 主要做法

一是规划先导，统筹生态、空间、价值三大属性。聚力诠释公园城市的原创性，秉持全域旅游规划理念，依托丘陵稻田池塘生态本底，统筹生产、生活、生态空间，发掘原乡文化、活化历史建筑、集聚非遗产业，布局茅屋小筑、穿斗宅院、砖木集市三种风格三个组团，打造原乡韵味和农耕自然的生态保护区、非遗传承和休闲度假的深度耦合区、乡村文化振兴与乡村产业振兴的发展示范区，荣膺2021金熊猫天府创意设计奖“消费新场景设计特别奖”“空间创意设计银奖”。二是以文塑旅，非遗集群赋能天府官塘核心竞争力。聚力涵养公园城市的人文价值，天府官塘以“小村落·传世界”为打造理念，制定《四川天府新区非遗生长计划》，活化利用历史建筑和非遗项目打造非遗院落，将蜀锦、蜀绣、川剧、荥经砂器、成都漆器、竹编等非遗项目与古法川菜相融合，形成六大非遗美食院落。以荥经砂器非遗项目为例，打造“古窑夜宴”非遗美食院落，设置非遗产品展销、开窑仪式观赏、炭包理疗康养、非遗餐具体验、专属藏品馈赠等流程，实现场景代入、沉浸体验、产品推广销售的非遗活化发展。三是互利共生，优选配套增强天府官塘旺盛生命力。聚力打造公园城市的消费场景，错位导入精品会议、特色展览等优势产业，招引特色酒店、私享餐饮、休闲咖啡、清雅茶室等配套商业，与中国西部国际博览城实现客群互通、流量互补；定制天府官塘大型特色演出剧目《大地·非遗》，举办“5·19 中国旅游日”主题活动、“9·23 中国农民丰收节”系列节庆活动，引流聚人促销效果持续提升。

B.16
成都高新区文化创意产业发展报告*

成都高新区数字经济局**

摘　要： 成都高新区高度重视培育和发展新质生产力，依托 AI 等数字技术的重大突破，加快推进文化与科技融合。本报告重点着眼于高新区文化创意产业发展现状，展示了本区域培育发展文化创意产业的主要做法，同时从产业链、产品出海等方面梳理了目前存在的问题，并围绕游戏电竞、影像传媒、数字音乐、超高清视频等重点方向对未来发展提出相应的对策建议。未来，成都应加快建设国内领先的网络视听与数字文创产业高地和具有国际竞争力的数字产业集群，持续推动文旅事业产业高质量发展，全力建设世界旅游名城。

关键词： 新质生产力　数字文创　成都高新区

数字文创作为数字经济与文化产业融合创新的重要载体，是文化产业转型升级、实现高质量发展的重要推动力。成都高新区始终坚持以习近平新时代中国特色社会主义思想为指导，全面贯彻落实党中央、国务院、四川省委省政府、成都市委市政府相关决策部署要求，围绕游戏电竞、影视传媒、数字音乐、超高清视频等数字文创细分领域，加快推动文化与科技融合发展。产业基础扎实，基本形成覆盖技术支撑、内容创作、运营发行、衍生服务等

* 本报告未标明出处的数据中，产业数据来源于成都高新区数字经济局，文旅数据来源于成都高新区教育文体局。

** 执笔人：程玮，成都高新区数字经济局产业服务一处处长；苏月，成都高新区数字经济局产业服务一处一级主任科员。

环节的全产业链条，已成为全市文创产业发展的重要支撑，文创产业增加值稳步上升。2023 年，成都高新区文化创意产业增加值达 657. 49 亿元，占全市的 25. 53%（见图 1）。

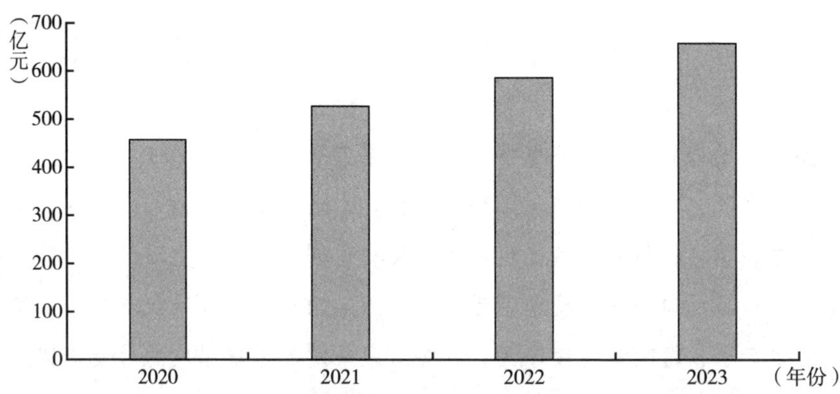

图 1　2020~2023 年成都高新区文化创意产业增加值

一　成都高新区文化创意产业发展概况

（一）加快建设国内领先的网络视听与数字文创产业高地和具有国际竞争力的数字产业集群

成都高新区重点发展游戏电竞、影视传媒、数字音乐、超高清视频等网络视听与数字文创产业细分领域，行业龙头加快集聚，爆品接连出现，创造土壤优渥。依托天府长岛、天府软件园等园区载体，已聚集腾讯、抖音、咪咕音乐、索贝数码等重点企业 600 余家，形成“平台生态型龙头—独角兽企业—瞪羚企业—雏鹰企业”企业梯队。涌现《王者荣耀》《哪吒之魔童降世》等现象级作品，落地腾讯未来中心、抖音创新业务中心等链主企业重大项目。平台型、渠道型企业与本土研发型企业将协同释放更深层次的集聚效应，推动高新区加快打造世界级数字文创产业集群。已获批国家级文化和科技融合示范基地、中国（成都）网络视听产业基地。

（二）持续推动文旅事业产业高质量发展，全力建设世界旅游名城

成都高新区聚焦市级重点工作任务，全力打造世界旅游名城、国际音乐之都。一是促进融合，强化合作。指导铁像寺水街成功创建3A级旅游景区；促成国内首家戴玉强声乐艺术中心落户成都高新中演大剧院；策划数字文旅体地图项目，落地执行6期“Hi我图”线下主题线路活动，引领CityWalk2.0时代。二是活化利用，赓续传承。切实做好文物保护利用工作，完成项目用地涉及文保事项行政审批300余件；加强非遗保护传承，开展“畅游高新体验非遗”主题展演、讲座等活动12场。三是惠民利民，提升服务。2023年全年开展“高新文化周末”等惠民活动超7500场次，参与人群达117万人次；开展公益培训800场，线上课堂100期；推出2023首届成都高新戏剧艺术节、“活力高新”2023国际舞蹈演出季，上演了《孔子》等剧目169场次，接待观众7.6万人次。

二　成都高新区培育发展文化创意产业的主要做法

（一）以专项研究强化顶层设计

聚焦产业建圈强链，开展数字文创、超高清视频、电子竞技等产业专题研究工作，形成产业研究报告、三年行动计划、专项政策等，进一步完善成都高新区网络视听与数字文创产业发展路径和措施。发布《成都高新技术产业开发区加快数字经济产业重点领域高质量发展若干政策》，聚焦游戏研发、影视动漫作品创作、游戏出海发行、电竞赛事举办、电竞场馆建设等重点环节，着力解决数字文创领域关键痛点。

（二）以引育链主企业提升行业整体实力

依托网易成都数字产业基地，加快网易核心业务与生态项目导入，网易雷火游戏成都团队已正式入驻天府长岛。对接爱奇艺，加快推进数字梦工厂

项目。此外，还积极对接引进一批“强链补链”重点项目，签约落地 AG 电竞全国总部、睿晟传媒西南总部、音创伟业智慧娱乐平台等项目，夯实内容制作基础，补齐内容分发、衍生服务等短板，提升产业链整体竞争力。

（三）以做优基地载体扩展产业集群

依托 4.6 平方公里天府长岛，打造文创、文商、文旅相融合的数字文创产业基地。目前天府长岛已入驻腾讯、网易、穿越火线电竞联盟、可可豆动画等企业近 60 家、从业人员 5000 人。铁像寺水街成为成都特色商业街区。同时协同天府软件园、菁蓉汇，规划建设天府智媒体城、新华东数创谷等产业载体，加快构建网络视听与数字文创产业空间新格局。

（四）以共性平台建设促进数实融合

超高清视频领域，落地行业唯一、四川首个国家制造业创新中心——国家超高清视频创新中心。游戏电竞领域，落地四川省游戏创新发展中心，开展属地游戏版号审核试点，推动版号获批周期从平均一年半缩短至最快 3 个月；支持腾讯打造开悟人工智能开放研究平台，围绕算力、验证场景、人才培育等提供行业支撑。数字音乐领域，咪咕音乐落地国内顶级专业录音棚，嗨翻屋打造行业第一的音乐商用版权交易平台。影视传媒领域，腾讯与韩国 Kakao 集团合作建设葡萄腾动漫平台，开展动漫发行运营。

（五）以承办大会促进行业展示及项目招引

成功举办第十一届中国网络视听大会。支持国家超高清视频创新中心举办中国 UHD+行业应用推进大会、2023 世界显示产业大会超高清主题论坛等行业活动，发布中心超高清技术和行业应用需求榜单，聚焦超高清视频技术产品、实践应用、商业机遇开展分享交流。协助举办首届全国元宇宙创新发展研究应用发布会。组织参加 2023 世界超高清视频产业发展大会、2023 中国（南京）文化和科技融合成果展览交易会，宣传成都超高清视频产业发展、国家科技和文化融合基地建设情况和企业招引政策。

（六）以数字技术赋能消费新场景打造

支持腾讯在金融城文化中心建设王者荣耀体验馆，打造游戏和文化、科技、教育、消费的互动场景。支持咪咕音乐举办全球首场5G+全场景沉浸式音乐盛典，打破虚拟和现实界限，打造音乐+元宇宙沉浸式交互体验新业态。举办2024交子大道元宇宙跨年活动，升级打造全市首个元宇宙街区。在蓉落地2023王者荣耀世界冠军杯、2023永劫无间世界冠军赛、2024英雄联盟季中冠军赛等一批全球知名电竞赛事。

（七）以AI推进文创技术创新

“AI+游戏”，培育潜在人工智能行者AI大模型，全面提升游戏内容、画面、玩法等方面体验。“AI+超高清视频”，支持国家超高清视频创新中心打造视频AI算力中心、索贝数码研发明眸大模型，提供视觉AI算力、超高清视频内容制作支撑。“AI+影视”，支持光厂创意打造视觉中国音视频业务中心，拓展AI视频搜索、AIGC音视频内容生成业务；鼓励潜在人工智能、墨境天合打造数字化影视制作引擎。

（八）以现代科技助力优秀传统文化IP创作

腾讯《王者荣耀》融合大熊猫、川剧、太阳神鸟等天府文化元素，开发胖达荣荣、金沙海月等IP形象。可可豆动画电影《哪吒之魔童降世》通过数字建模技术，具象化塑造三星堆青铜人结界兽、“川普方言版”太乙真人。东极六感开发国风手游《匠木》，数字化演绎中国第五大发明“榫卯”，获故宫与腾讯联合主办的游戏创意大赛金奖。引入《那年那兔》《三体》等知名IP，加快开发游戏、影视等数字内容产品。

三　成都高新区文化创意产业发展的主要短板

一是产业价值链高端占据不足。已落地数字文创头部企业多数尚未布局具备高端价值链属性的内容分发平台业务，已布局的研发环节在文创产业的收入分成中占比较低，价值链高端占据不足。

二是缺少世界一流本土文创链主企业。尽管涌现可可豆、索贝数码、尼毕鲁等一批本土优质企业，但规模普遍不大，行业影响力尚未完全释放，缺乏在全球范围内整合资源和塑造品牌的能力。

三是尚未形成具有全球影响力的天府文化 IP 集群。虽然诞生了《哪吒之魔童降世》《王者荣耀》等现象级 IP，但 IP 培养机制尚不健全，未形成系统化的天府文化 IP 集群。

四是数字文创产品出海任重道远。对比国内游戏“重镇”北、上、广、深，成都高新区尚未构建起从内容生产、渠道触达到商业变现的出海全产业链条，在出海贸易政策、知识产权保护方面未出台有力的顶层设计。

四　成都高新区高质量发展文化创意产业对策建议

成都高新区应综合市场空间、本地基础、错位竞争、溢出效应等方面因素，重点围绕游戏电竞、影视传媒、数字音乐、超高清视频，构建世界级数字文创产业赛道体系；同时促进融合，提升文旅产业能级，推进文旅产业高质量发展。

（一）针对游戏电竞产业，力争全球拓展的赛道前锋

游戏电竞作为成都高新区数字文创产业提能、品牌彰显的主力赛道，聚焦本土技术研发、游戏内容精品化、发行平台建设、电竞赛事打造四个重点发展，挤进全球游戏电竞产业第一梯队。技术研发方面，支持游戏厂商自主研发开发引擎、云游戏等核心工具，力争实现“卡脖子”替代。游戏内容精品化方面，引导产出具有天府文化底蕴的精品原创游戏，构建多类别游戏生态。发行平台建设方面，吸引一流游戏发行平台落户成都高新区，鼓励技术驱动游戏发行产业升级，培育新型游戏发行平台，优化游戏品牌出海渠道。电竞赛事打造方面，推进专业电竞场馆建设，打造本土品牌化赛事，强化电竞文化品牌引领。

（二）针对影视传媒产业，打造不断壮大的驱动引擎

影视传媒作为成都高新区数字文创产业快速增长、流量抢抓的爆发赛道，聚焦高价值技术开发、优质内容创作、内容分发平台建设三个重点发展，打造全国影视传媒产业赛道高峰。高价值技术开发方面，重点突破超高清视频、光学捕捉、AIGC、虚拟人等关键技术。优质内容创作方面，培育本土 MCN 企业集群，打造国际化网红 IP，锚定高水平影视动漫后期特效制作，培育具有本土文化特色的超级 IP。内容分发平台建设方面，布局头部平台内容分发业务，开拓短视频平台本地生活业务，着力长视频平台自制/定制剧本创作。

（三）针对数字音乐产业，建设生态优化的基础设施

数字音乐作为成都高新区数字文创产业品质提升、融合渗透的精品赛道，聚焦音乐平台、音乐制作、音乐版权三大环节重点突破，建设全国数字音乐产业新高地。音乐平台方面，以头部企业咪咕音乐为牵引，带动上游创作、制作、版权等环节生态化发展，强化技术创新。音乐制作方面，聚焦“数字音乐+”融合发展领域，完善涵盖人才、公共技术平台等要素的产业生态。音乐版权方面，聚焦推动商用版权交易发展，构建基于区块链技术的数字音乐版权服务体系。

（四）针对超高清视频产业，强化高质量发展的技术支撑和流量入口

超高清视频是成都高新区数字文创产业链条延伸、创新升级的潜力赛道。以国家超高清视频创新中心为牵引，围绕图像传感器、光学模组、4K/8K 摄像机、摄像头、制作软件等重点突破。加快建设技术研发中试孵化等平台，围绕影视娱乐、安防监控、智慧交通、工业制造等重点领域，引育索贝数码、长光辰芯、舜宇光学、广东博华等重点企业。设立产业基金，依托“岷山行动”计划，招引行业顶尖团队。

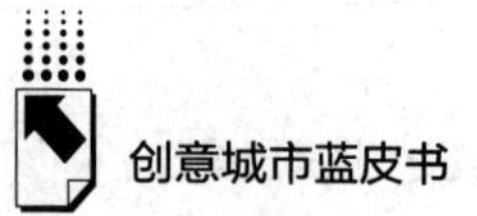

（五）针对文旅产业，大力招引链主企业和高能级品牌项目

完成“Hi 我图”数字文旅体地图项目线上小程序的开发和上线工作，争取通过专业化运营打响“Hi 我图”品牌影响力。推进“文博”项目，加快建设新川“博物馆+科技馆”功能策划、“畅游高新·体验非遗”展演及讲座活动，助力擦亮成都市“历史文化名城”名片。

B.17

青羊区文化创意产业发展报告

中共成都市青羊区委宣传部*

摘　要：　本报告以成都青羊区文化创意产业为核心，分析了其时代定位、现状、面临的挑战及未来展望。结果显示，文化创意产业是青羊区重要的经济增长点，标上和小微文创企业呈现强劲“复苏”态势，服务行业占据主导地位，且产业集聚化发展态势显著。然而在“人文青羊·航空新城”新目标下，青羊区文化创意产业仍面临产业要素配置逻辑处于总部经济阶段、发展空间需进一步拓展、链主企业带动效应需提升等挑战。通过对标学习北京、上海、杭州和西安等地文创产业先进经验，本报告从新发展理念统筹、塑造产业主体竞争新优势、持续推动产业融合等方面提出了青羊未来发展的思考建议，以期促进地区文创产业的繁荣发展。

关键词：　文化创意产业　建圈强链　产业融合　平台经济　青羊区

一　青羊区文化创意产业发展的时代定位

青羊区坚持以习近平新时代中国特色社会主义思想为指引，在建设“人文青羊·航空新城”进程中，注重优化生产力布局，引导先进制造业和现代服务业合理分布；作为现代服务业重要组成的文化创意产业（简称“文创产业”），发展前景看好。

---

* 执笔人：魏韵波，中共成都市青羊区委宣传部副部长；叶蜀伟，中共成都市青羊区委宣传部宣传文化科负责人；仲崇强，中共成都市青羊区委宣传部宣传文化科一级主任科员。

（一）文创产业开辟了文化遗产保护的有力途径

青羊区聚集了自古蜀，历经汉、唐、宋、元、明、清，直至近现代各个历史时期的文化遗产，这些文化遗产是中华优秀传统文化的重要载体，保护它们离不开传承，更离不开创造性转化和创新性发展。从金沙太阳神鸟项链到镇水石犀盲盒再到杜诗胸针等众多基于文化遗产开发的文创产品，让“保护”“传承”从冰冷的文字描述变成温暖的鲜活场景。文创产业以“文”（文化）为基、以“创”（创意设计）为核，用具象产品将抽象文化概念与现实生活连接，开辟了一条文化遗产保护的有力途径。

（二）文创产业成为产业融合发展的积极探索

青羊区坚决落实中央、省、市决策部署，持续壮大以航空为代表的先进制造业集群，已有超过 110 家重点航空企业落户，前瞻谋划卫星互联网与卫星应用、传感器与微波射频等新兴产业和未来产业。先进制造业的发展，带动新技术、新工艺、新装备、新材料等细分领域，对工业设计提出更高要求，促使其向高端综合设计服务转变；同时，围绕先进制造业布局的数字技术、互联网、软件等高新技术，为个性化文创产品乃至 NFT 数字藏品提供了开发利用的支撑。

（三）文创产业成为践行新发展理念的重要实践

新发展理念首重创新，理论和实践两个层面都已有众多案例证明创新对经济社会发展具有重要意义。作为超大城市中心城区之一的青羊区，载体空间受限、人口红利消退等制约因素愈发凸显，通过创新引领和驱动发展、不断解放社会生产力的要求愈发迫切。依托本区域丰富文博资源发展文创产业，引入优质资本、技术人才、研发培训体系等要素，为初级生产要素“升级”、为发展动能“充电”成为可行选择。

二　青羊区文化创意产业发展现状分析

（一）青羊区文化创意产业发展的现状特征

文化创意产业是青羊区重要的经济增长点。经相关统计部门审定，2023年青羊区文创产业实现增加值177.58亿元（见图1），总量、增速均列五城区第3位。2019年至2023年，青羊区文创产业占GDP的比重也逐年增大，自2020年以来，占全区GDP比重一直在10%以上。

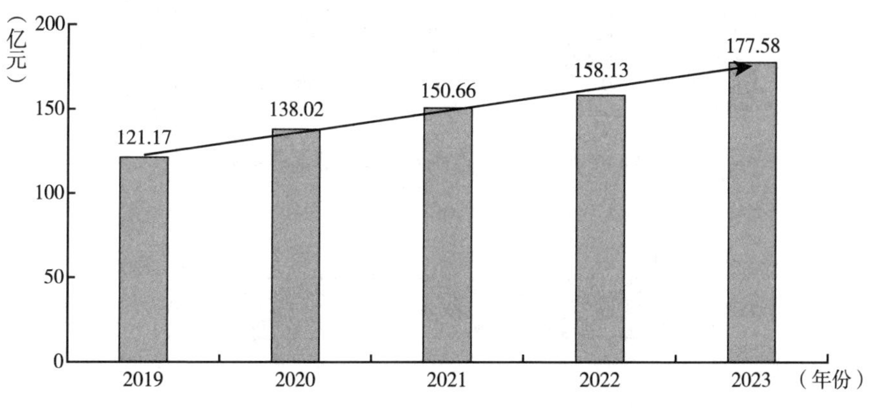

图1　2019~2023年青羊区文创产业增加值

重点文创企业是青羊区文创产业发展的“压舱石”。分行业类别看，2023年规上文创企业实现增加值100.79亿元，同比增长4.5%；其中，成都成飞会议服务有限公司、四川省煤炭产业集团有限责任公司、融通地产（四川）有限责任公司、四川东源恒泰电子有限公司、成都德仁堂药业有限公司、四川省中药材集团有限责任公司、成都屈臣氏个人用品商店有限公司、成都建工装饰装修有限公司等8家企业实现营收73.53亿元，重点文创企业“压舱石”作用凸显。

青羊区标上和小微文创企业发展“复苏”态势明显。青羊区2023年有标上文创企业356家，全年实现增加值41.06亿元，同比增长14.06%。无论是从2019年到2023年青羊区标上文创企业增加值（见图2），还是从2023年青羊区标上文创企业、小微文创企业增加值贡献来看（见图3），标上文创企业和小微文创企业强劲“复苏”态势明显。

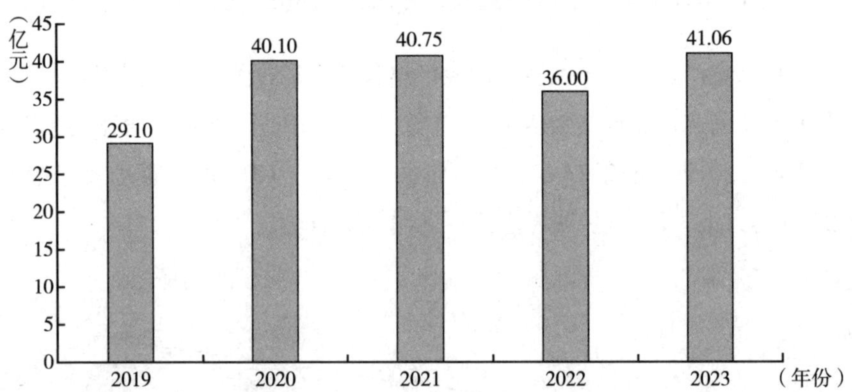

图2　2019~2023年青羊区标上文创企业增加值

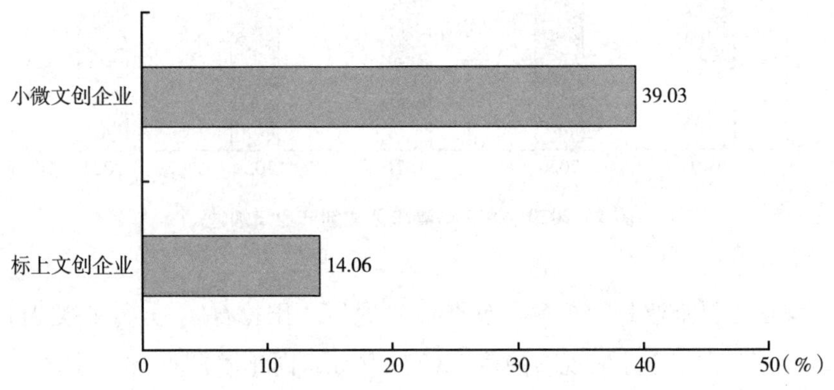

图3　2023年青羊区标上文创企业、小微文创企业增加值贡献

服务行业是青羊区文创产业发展的“第一梯队”。分产业类型看，2023年规上文创企业实现增加值最大的是服务业，占规上文创产业的比重一直保持在65%以上。另外，从规上文创产业单位数和从业人员数量看，截至2023年12月，服务业在“四上”专业中的规模也最大，分别是171个、

3.03 万人。

文化创意产业空间集聚化发展态势显著。分区域看，2023 年草堂、光华、西御河、草市街、少城 5 个街道和 1 座园区合计完成增加值 153.06 亿元，其他 7 个街道完成增加值 24.52 亿元。从拥有标上和规上文创企业单位数来看，截至 2023 年 12 月，文创产业单位数超过 50 个的有 5 个街道和 1 座园区，在 10 个至 50 个之间的有 5 个街道，其余 2 个街道都在 10 个以下（见图 4）。综合来看，青羊区文创企业集聚分布和产业集聚化发展态势显著，覆盖西御河、草市街、少城、草堂、府南、光华和金沙等 7 个街道的“源城”区域，以及位于“新城”区域的工业创新设计产业园资源高度集聚，为全区文创产业发展不断注入活力。

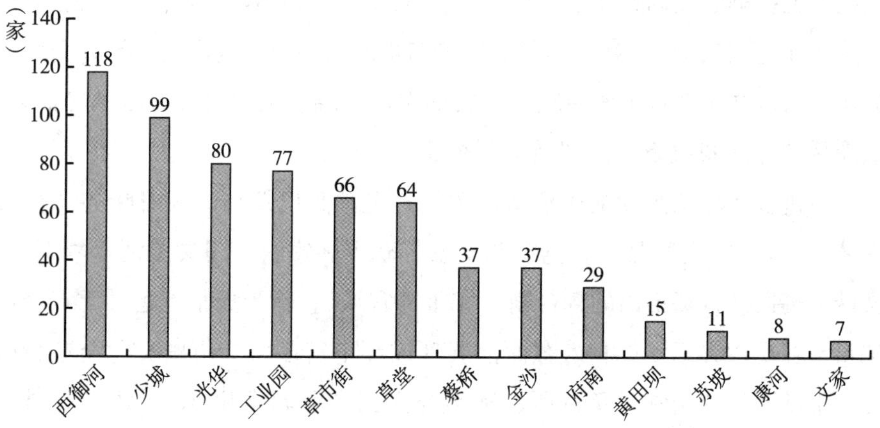

图 4　2023 年青羊区各街道和园区拥有标上文创企业、规上文创产业单位数

（二）青羊区文化创意产业发展的经验做法

主动纳入成都市战略布局进行前瞻谋划。青羊区把握新发展阶段、贯彻新发展理念、服务和融入新发展格局，围绕成都建设践行新发展理念的公园城市示范区，实施产业强基提能行动，做优城市发展空间；加快天府文化公园建设，项目集群总投资 518.83 亿元；修订完善《青羊区促进文旅产业高质量发展的若干政策》，促进政策服务精准普惠；围绕“天府文化会客厅”

定位，编制《青羊区文旅融合发展规划暨全域旅游发展规划》。

深耕“强链+补链”积蓄产业发展势能。建成市级文创产业园区5个、文创特色街区2个、区级文创产业园区4个，引进重点文创企业30余家；加强“链主”企业引育，培育链主企业3家；拓展“辅链”路径，加快布局演艺、影视等细分赛道；深化资源、要素、市场的合作与互补，带动上中下游同协作、大中小企业共成长，持续推动文旅企业“上规、上榜、上云、上市”。

提供精准化专员式企业服务。梳理技术创新、市场拓展、配套环节、金融产品、资源要素等企业需求，实施精准化专员式服务。大力推广“文创通”“蓉易贷”等文化金融产品，支持金融机构创新文化金融专门产品，一定程度上缓解了文创企业融资难、融资贵问题。分行业、分片区开展青羊区文旅产业建圈强链12345“蓉易见”交流座谈会暨政策宣讲会，举办全区文创产业园区文旅产业工作专题会、成都文创金融政策宣讲交流沙龙等活动，实现从“企业找政策”向“政策到企业”转变。

引进多元场景激发文旅消费活力。打造独具巴蜀情、天府味的“少城文艺”“少城时尚”品牌，宽窄巷子景区获评国家级夜间文旅消费集聚区。文殊坊街区妙剧场推出的舞台剧“花重锦官城”，作为成都大运会重点推广项目，在全世界运动员和游客面前展现成都丰富多彩的历史文化与独特魅力。推动西村、明堂、匠造所、峨影等文创产业园运用5G、AI等先进技术，发展数字化陈列、艺术创作体验、直播逛展等新业态。

三　青羊区文化创意产业发展面临的挑战

（一）产业要素配置逻辑仍处在总部经济阶段

青羊区在项目引进、营商环境、企业服务等方面采取措施，促进文化创意产业增长，壮大产业链条，以工业创新设计产业园、少城视井等为代表的空间载体初步呈现生态圈态势。这种以产业链条或生态圈为基础架构的文创产业，本质是一种总部经济模式，虽然其本身有着较强的经济韧性，但无法通过平台经济模式在全国乃至更大范围配置规模资源，进而形成规模经济，发挥规模效应。

（二）文创产业发展空间还需进一步拓展

高显示度产业载体和地标性文创产业园区不多，附加值高、税收贡献大的龙头企业和专精特新企业数量不多，1.5 万余家文创企业中规上标上规模的仅有 646 家，2023 年标上企业增加值仅增长 14.06%，小微文创企业仅增长 39.03%，产业发展能级与 70% 的城区文博资源占有率不相匹配。

（三）链主企业带动效应还需进一步提升

青羊区文创链主企业在设计、制造、营销和后续衍生品开发等全产业链环节，往往选择“自主掌握核心 IP+非核心环节外包”的方式，对区域内链属企业协同共赢发展的促进作用不明显，产业集聚发展的引领带动效应有待增强。同时，2023 年青羊区统计数据显示，全区七成规上文创产业单位增加值不足千万元，规模偏小；还存在着文创企业外迁至他区风险，带来产业增加值流失挑战。

四　青羊区文化创意产业发展的案例对标

他山之石，可以攻玉。近年来，北京、上海、西安、杭州等地文创产业加速发展，其先进做法经验值得借鉴学习。

（一）案例对标

典型经验一：平台经济模式高效配置资源，促进产业发展。北京市丰台区搭建企业服务平台和跨领域合作平台，建立“面对面”联系服务企业机制；同时整合文化、商业、旅游、体育等多领域资源，促进行业内企业互通有无、抱团取暖。成功举办“花开丰台”端午文化游园会、“北京国际花潮季”、中医药文化节等品牌活动，发布 24 条季节性都市生活旅游线路和“微度假”旅游产品，覆盖重点商圈和特色街区，拓展文旅商业等多元融合时尚消费链条。

典型经验二：充分发挥龙头企业引领带动作用。上海市徐汇区从自身资源优势出发，努力发展区域文化新经济，目前已培育出米哈游、湘芒果、上海深光、飞来飞去等代表性企业。2023 年徐汇区文化及相关产业规上企业总营收突破 3000 亿元，2023~2024 年度获评国家文化出口重点企业 5 家、重点项目 6 个。

典型经验三：发掘在地文化资源，拓展文创空间。杭州西湖区是浙江省之江文化产业带唯一核心区，打造了以西溪创意园和中国（浙江）影视产业国际合作区为核心的环西溪影视产业带和影视文化、创意设计产业集群，以及以艺创小镇为核心的环之江文化产业带和数字文化、创意设计、文旅演艺、艺术创作产业集群。集聚文化企业近 2 万家，华策、宋城、蓝天下等老牌企业扎根，小影科技、咪咕数媒等新生力量纷至沓来，蔡志忠、麦家、吴海燕等也以西湖区水土为创作灵感，持续推出佳篇名作，不断增强西湖区的文化“软实力”。西湖区培育出的“种地吧少年”、《长安三万里》等具有广泛传播力的作品 IP，落地中国视听创新大会、中国电视艺术创新峰会等活动品牌。

典型经验四：融合生活场景的文创更能与消费者共情。近年来，以曲江文旅为代表，西安各个博物馆和景区推出文物主题的文创食品多达数十种，涵盖了冰激凌、糕点、月饼、巧克力等各种样式，尤其是 2021 年曲江文旅与陕西历史博物馆合作推出“花舞大唐 · 月团”中秋饼礼，国宝级 IP 加持节庆礼品，为传统食品增加了更多的文化属性和话题效应。文创与美食结合，更易让普通人接受，以创意、情怀和中华文化的魅力击中了年轻人的兴趣点，激发了年轻人对历史的向往，让他们更有兴趣去探究文物背后的故事和意义，唤醒共同的历史记忆。

五　青羊区文化创意产业未来发展的思考与展望

为认真建设践行新发展理念的公园城市先行示范区，努力推进“人文青羊·航空新城”建设，借鉴北京、上海、杭州、西安等地经验，对青羊区文化创意产业未来发展的思考与展望如下。

（一）以新发展理念统筹文化创意产业发展

坚持创新、协调、绿色、开放、共享，引领青羊区文创产业从“劳动密集型、资源密集型”向“技术密集型、资本密集型”演进、向“智慧密集型”演化，促进“总部经济”模式向“平台经济和总部经济并重”模式转换，塑造增长新优势。通过创新和变革从技术、模式、方法等各个方面解决传统文创产业的“痛点”，扭转部分传统文创行业“规模报酬递减”的趋势，开启“规模报酬递增”新态势。实施“亩均论英雄”的文创产业要素再配置工程，制定资源产业要素差别化配置“游戏规则”，构建年度用地、用能等资源要素分配与“亩产效益”绩效挂钩的激励约束机制，扶持优质文创企业做大做强。

（二）“建圈强链”塑造产业主体竞争新优势

一是充分发挥链主聚链带动引领作用。支持新华出版发行集团、峨影集团、天府演艺集团和成都文旅宽窄公司等带动链条企业发展壮大，加快布局演艺、影视、音乐等细分赛道，促进各类强链补链项目落户，带动产业链向上下游、左右岸拓展升级。二是持续加强中小企业培育壮大。发挥政策和金融“两个工具箱”作用，优化“青易贷”“青享贷”等创新融资产品，扩大普惠信用贷款覆盖面，提升民营和中小微企业融资便利性、可得性，带动更多中小企业新增入库、上标上规。三是加快构建知识产权运营生态圈。充分发挥专利审查授权、专利执法保护等对技术创新的重要作用，注重挖掘在地特色文化资源、培育品牌，支持“花重锦官城”等特色 IP 做大做强，整合资源筹备搭建数据知识产权（数字版权）运营平台，把品牌保护的成果转化为文化创新创造的动力。

（三）打造文创产业高质量发展的强劲引擎

一是支持人文资源传承利用释放现代魅力。推动传承千年历史的城市有机更新，加快推进祠堂街、文殊坊文创区二期等项目建设。建成一批文化遗产保护传承国家典范工程，加快古蜀、金沙、太阳神鸟等特色文化资源数据关联解构，推出一批“青羊设计”“青羊文创”“青羊服务”“青羊时尚”文创品牌。择优打造一站式 IP 资源衍生服务链，促进 IP 资产授权和转化应用，形成“轮次经济”。支持金沙遗址—三星堆联合申遗。二是建立梯度企业全人才生命周期的培育机制。建立青羊区头部企业、腰部企业、草莽企业的梯度培育机制，形成文创产业梯次培育格局。联合金融、券商及其他财经机构共建青羊区头部文创企业上市培育梯队清单，建设专门数据库。由区级相关部门牵头，采取市场化运作评价方式，授权市场企业主体为青羊区文创企业人才提供创业、就业、经营、创新、扩张等不同生命周期阶段的培训服务和机会清单，建立梯度企业全人才生命周期的培育机制。

（四）持续推动产业融合，促进文创产业品质提升

一是以项目为抓手推动文化地标打造。加快天府文化公园后续建设，推动杜甫草堂历史文化片区 292 亩空间有机更新，推进金沙演艺综合体等项目竣工投产，依托原四川出版大厦建设四川文投数字文化产业园，加快文创产业园区、文创特色街区等产业载体扩容。二是加快数字应用场景建设。深入贯彻落实国家文化数字化战略，推动企业运用“算力券”实现“上云用数赋智”，鼓励企业通过 5G、AI 等先进技术发展数字化陈列、艺术创作体验、直播逛展等新业态。三是积极推动区域交流合作。联合郫都区和都江堰市创建古蜀文明传承创新文旅融合发展示范区，加强与重庆市渝中区历史文化街区、天府农创园管委会、都江堰李冰文化创意旅游产业功能区、崇州道明镇等开展园区互动。

（五）提升产业发展的服务环境治理效能水平

一是深入推进“放管服”改革。严格遵照执行有关法规，应该下放的审批坚决下放，坚决取消不必要的审批、办证规定，便利企业有效经营。探索创新监管方式，进行审慎有效的监管，积极防范风险。二是加快金融服务创新。依托成都文化金融服务中心（成都文创金融招商窗口），重点集成投资融资、项目促进、市场营销等服务功能，建立健全“债权融资+股权投资+路演孵化+上市培育”四大支撑的文创金融生态体系，为文化企业与金融机构对接提供平台支撑，不断释放文化金融融合发展效能。三是加大重大项目平台推进力度。发挥重大文化项目的产业带动作用，提升文化创意园区、楼宇、街区及集聚区的发展能级。加强公共服务平台建设，打造文化“众创空间”“创新工场”等新型创业服务平台，利用市场化机制，采取补助、创投引导、购买服务等方式，降低运营成本。

B.18
武侯区文化创意产业发展报告

中共成都市武侯区委宣传部*

摘　要：　近年来，成都武侯区聚焦“文创武侯”建设，大力发展创意设计、现代时尚、文博旅游、音乐艺术、数字文创、传媒影视等产业门类，着力打造三国创意园等文创特色产业片区，擦亮了成都音乐坊等文化品牌名片。本文分析了武侯区文化创意产业发展在顶层设计、产业发展、园区建设、政策配套等方面经验做法和成效，总结了在体制机制、资源转化、融合发展等方面的不足和短板，并聚焦推动武侯文化资源开发转化，提出了策划实施“名品塑造、名企引培、名场营建、名家荟萃”“四名”工程的对策建议，以及通过打造IP名片、举办优质节会、开展城市营销、引进链主企业、培育品牌企业、壮大小微企业、创建示范园区、打造特色街区、布局多样空间、吸引名家聚集、加强人才培育、发挥名人带动效应等多方面具体举措，着力打造武侯文创品牌新矩阵，积极助力成都市加快建设世界文化名城。

关键词：　文化创意产业　三国创意　武侯区

一　武侯区文化创意产业发展经验做法及成效

近年来，成都武侯区全面落实成都建设世界文化名城的工作要求，高质量推动文创产业发展，先后获评“国家夜间文旅消费集聚区”“国家文化出口基地”“天府旅游名县”“中国夜经济繁荣百佳县市”“中国最佳国际营

---

* 执笔人：王敏，成都市武侯区社科联学会学术科科长。

商环境城区”“国家体育产业示范基地”等，积蓄起高质高效、向上向好、创新创造的武侯文创新势能。

（一）强化顶层设计，重塑产业空间

坚持规划先行，编制《成都市武侯区文化创意产业发展“十四五”规划》，明确“十四五”时期武侯文化创意产业发展基础、主要目标、空间布局和发展重点。瞄准成都文创“极核辐射、一圈环构、两翼齐飞”发展新格局，以建设培育高品质科创空间为发展动力源，构建以三国创意设计片区为核心的三国创意核心承载区，她妆美谷、音乐坊、悦湖和华西医美健康城协同配合的四大特色发展片区（她妆美谷时尚产业片区、音乐艺术特色发展片区、悦湖科技创新产业片区和华西医美协同发展片区），以新型产业社区、高品质文创空间和城市美空间为重点支撑的空间极核区，形成“一核四片多极”产业发展格局，推动全区文创产业空间重塑。

（二）集中集群发力，提升产业实力

坚持以市场化发展为导向，通过集中集群发展，品牌内涵不断提升，优势企业不断涌现，产业竞争力和整体实力快速跃升。利用中体滑翔机厂等工业遗存开发梵木 Flying 国际文创公园等文创园区，并成功创建国家文化产业示范园区，推动天艺浓园艺术博览园成功创建四川省版权示范园区，国际城市设计产业中心、数字经济产业园等产业园区开园运营。建成成都音乐产业中心等市级文创园区 4 个，万里桥文旅创意产业园等区级文创园区 5 个。成功举办玉林路民谣音乐季、中日韩版权产业发展峰会、成都文创产业建圈强链项目招商推介暨产融对接会等产业活动 120 余场。截至 2023 年，全区有规模（限额）以上文创法人单位 300 家，标准以上规模以下文创法人单位 561 家，小微文创法人单位 7000 余家。2019 ~ 2023 年，武侯区文创产业增加值从 101. 56 亿元增长到 173. 21 亿元，占 GDP 比重从 8. 45%增长到 11. 9%。①

① 数据来源于成都市武侯区文产办。

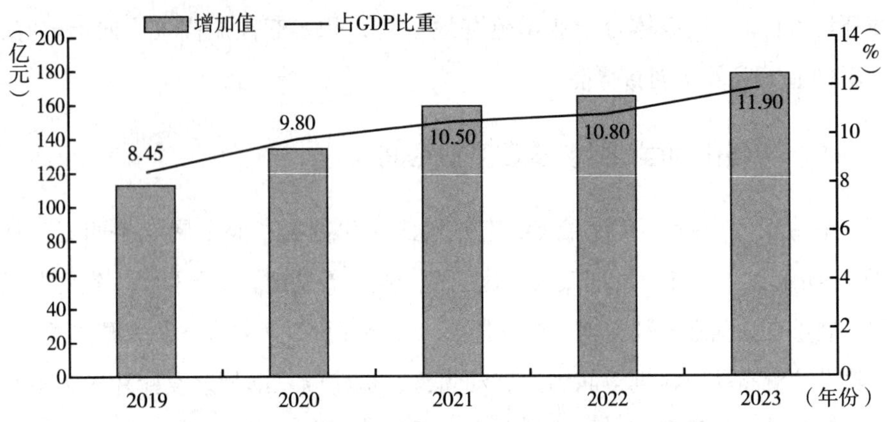

图 1　2019~2023 年武侯区文化创意产业增加值情况

资料来源：成都市武侯区文产办。

（三）聚焦重点行业，构建产业体系

结合成都市文化创意产业发展要求，顺应武侯产业发展趋势，大力发展六大产业。一是领先发展创意设计业。以“创意+”为引领，将新创意、新技术、新思维转化为现实生产力，突出价值引领、创新驱动、科技支撑，着力构筑创意设计产业新领域、新优势、新效益，高标准建设中国武侯创意设计之都。二是大力发展现代时尚业。把文化创意与现代时尚、流行趋势、前端消费紧密结合，让文化创意服务时尚、引领时尚、助力时尚，在武侯建设一个创意促时尚、时尚促消费的西部增长极。三是加快发展文博旅游业。坚持以文促旅、以旅彰文的发展思路，重点发展历史文博旅游、工业文化旅游、芙蓉生态旅游等，积极创建国家全域旅游示范区，将武侯建设成为国际知名的文博旅游目的地。四是集聚发展音乐艺术业。抓住区内四川音乐学院、四川大学、西南民族大学等高校艺术人才的创作优势，稳抓成都建设国际音乐之都的机遇，抓牢音乐产业从传统业态向数字音乐转型的机遇，努力打造全国领先的音乐产业高地。五是创新发展数字文创业。顺应数字产业化和产业数字化发展趋势，鼓励引导数字内容创作、文艺精品创作、创意设计创作与智慧化呈现，从数字到数智，打造现象级 IP，打响“数字武侯”品牌。六是积极发展传媒影视业。瞄准武侯深厚的文化资源，以三国文化为基础，以内容开发为核心，鼓励影视创作，扶持新兴传媒，做强传媒龙头企业，打造全国领先的影视传媒产业高地。

（四）优化产业配套，提升发展动能

为推动文创产业高质量发展，武侯相继颁布了《成都市武侯区关于聚焦产业建圈强链支持实体经济高质量发展的十条政策措施》等产业综合性政策，相继出台了《成都市武侯区文化产业发展专项资金管理办法》《成都市武侯区促进文化产业发展系列政策》《成都市武侯区关于促进数字创意产业发展若干扶持政策（试行）》等产业专项扶持政策。区财政先后投入9000余万元扶持文创项目250余个；协助300余个项目（企业）申请到省、市级各类专项资金近亿元，成功吸引和集聚了一批创新力带动力强的高层次文创人才和顶尖团队。[①]

二 武侯区文化创意产业发展存在的问题

（一）体制机制有待进一步优化

为加快文创产业发展，各地相继成立专门的发展机构，成都市及部分中心城区已成立文化产业发展促进中心，以牵头推进文创产业发展。而武侯工作力量较薄弱，已经不能适应新形势下加快文创产业发展工作的需要。此外，在推进各项工作落实的过程中，与其他相关部门的协同性、配合性、补位性还有待加强。

（二）资源优势有待进一步转化

武侯区内拥有三国文化、诗竹文化等重点文化资源30余类，但是未能

① 数据来源于成都市武侯区文产办。

转化为可视可感的精品力作和产业形态，比如以三国为主题的文创动漫、演艺剧目、研学、科技+文化体验等文创业态尚未出现，武侯区对三国文化的产业利用呈现人均消费低、文博旅游时间短、文化业态单薄、产业附加值不高等问题。

（三）融合发展有待进一步提升

武侯区内文化创意聚集区点面分布相对较散，产业协调、空间搭配、功能融合、服务配套方面还有待进步，产业园区在资源提质、产能增效、服务保障上还亟待优化。文化与科技、旅游、商务商贸、体育等融合发展不够，与音乐、影视传媒、创意设计等产业关联度不强，商业转化率低，开发维度小，文化 IP 还未形成。

三　武侯区文化创意产业发展的对策建议

（一）着眼提升城市文化传播力，实施名品塑造工程

重点打造一批具有武侯特色的文化 IP，举办一批具有国际国内影响力的品牌节会赛事，加强城市形象立体化宣传、文化品牌矩阵式营销。

一是打造 IP 名片。深入挖掘三国文化、诗竹文化、芙蓉文化等特色文化资源，凝练文化符号，策划推出一批沉浸式实景剧、特色文创产品和文艺精品力作，打造有故事、有形象、有温度的“现象级”IP。与国内外知名医美、鞋贸等品牌跨界合作，推出一批具有武侯特色文化元素的“潮货”“潮品”“潮牌”，开发一批“武侯设计”“武侯制造”的文创品牌，衍生特色产品、形成驰名商标，实现特色 IP 产业转化。

二是举办优质节会。着力提升成都大庙会、望江楼汉服文化节、天府芙蓉花节等文旅节会的品质，甄选引入具有国际影响的文化活动节会，持续培育“成都音乐坊街头艺术音乐节”“薛涛诗歌节”“诸葛创意大赛”等一批体现武侯特色的文化盛会，积极筹办文化创意、商务会展、健康医美等产业

峰会，做强武侯节会赛事活动品牌，打造“玉林书拾·全民阅读季”“玉林路民谣音乐季”等品牌节会活动5个以上。

三是开展城市营销。融入“一带一路”、成渝地区双城经济圈等文化交流，积极参与国际、国内城市群文化合作和省、市重点文化交流活动。与国内外高端媒体合作开展城市营销，利用网络直播、文创作品植入等营销传播手段，进一步塑造“三国圣地·文创武侯”文商旅体消费品牌，展现独具武侯魅力的城市文化品味。

（二）着眼提升文创产业竞争力，实施名企引培工程

着力招引一批具有知名度和影响力的头部文创企业，培育一批主业突出、市场竞争力强的文创品牌企业，壮大一批发展势头强劲的文创小微企业，推动文创市场主体规模持续扩大、发展效能不断提升。

一是引进链主企业。围绕产业建圈强链行动，坚持“链主举旗，武侯出政策、建载体、搭平台”的合作思路，聚焦创意设计、现代时尚、文博旅游、音乐艺术、数字文创、传媒影视等文创产业细分领域，加强对产业链主的分析研判，提前锁定一批链主企业、支撑性项目，制定有针对性的招商策略，积极招引环球唱片、哈工智能、慈文传媒集团等链主企业落地。依靠链主引进关联企业、领军人才和专业团队，带动上下游企业聚集，加快构建“主链拓辅链、链主聚链属”的良好态势。

二是培育品牌企业。综合运用政企合作、项目建设、政策扶持、金融支持等举措，加大培育优势龙头文创企业、标上文创企业力度，引导和扶持龙头文创企业聚焦于重点文创产业的发展，鼓励拥有核心竞争力、区域影响力的特色文创企业做大做强。力争到2025年，全区标准以上（含规模以上）文创企业超过1000家。

三是壮大小微企业。多渠道加大对企业的支持力度，大力培育专精特新企业。鼓励链主企业充分发挥产业主导优势，开放供应链体系，实施本地化配套，促进大中小微企业融通发展。大力实施“插柳工程”，通过政策辅导、项目孵化、机会清单等，为处于成长期的小微文创企业提供优质的政策

环境与综合服务，打造一批民营文化创意“小巨人”企业，推动企业竞相发展、百花齐放。

（三）着眼提升空间载体吸附力，实施名场营建工程

紧抓城市有机更新建设机遇，将文创空间布局与新时代文明实践站所打造相结合，坚持优质文化供给叠加文明生活场景，积极创建一批文创示范园区，打造一批文创特色街区，布局一批小微文创空间，全面构建武侯文创消费名场景。

一是创建示范园区。充分利用梵木 Flying 国际文创公园“国家级文化产业园区”、三国“国家文化出口基地”等品牌资源优势，吸引有价值、有潜力的企业和项目落户聚集，打造文创产业集群。大力支持浓园、成都音乐产业中心、万里桥文旅产业园等存量园区提档升级，鼓励对具有历史韵味、可供开发利用的老厂区、老楼盘、老院坝、老建筑进行创意开发和产业引导，持续认定一批区级文创产业园区，助力武侯文创产业园区健康繁荣发展。

二是打造特色街区。锲入城市生活动线，打造体现武侯文化特质，具有购物、餐饮、住宿、休闲、娱乐、健身、旅游等功能的街区消费场景。以武侯祠、锦里为核心，打造凸显历史文化特色的商业街区；以音乐坊、玉林片区为核心，打造以音乐为主题的特色商业街区；以大悦城、她妆美谷为核心，打造集“产商旅”于一体的潮里时尚休闲特色街区；以蜀水文化、丝路文化和休闲文化为特色，打造水韵芙蓉文化旅游街区；以 BY1906 创意工厂、梵木 Flying 国际文创公园为核心承载，打造工业文化风貌街区等。

三是布局多样空间。倡导产业消费和文化公益相融合的小微文创空间发展模式。在旅游景区、产业功能区、产业园区、特色街区、生活社区、交通枢纽等区域广布小型化、特色化、多样化的生活美学新场景。探索政府扶持鼓励、市场积极参与、创新创业推动的发展模式，在全区范围内广泛建设实体书店、书院、博物馆、小剧场、微影院、工作室、小游园、民俗、客栈等，大力发展品牌连锁机构，复制推广成功经验，全力构建“处处皆是打卡地、人人都有消费力”的文创产业空间格局。

（四）着眼提升文化人才感召力，实施名家荟萃工程

积极引进和培育全国文化创意领军人物、天府文化领军人才等优秀文创人才，构建德艺双馨的名流、名家、名人聚集地。

一是吸引文创名家聚集。优化武侯文创人才引进政策，吸引文创领军人物、产业运营人才、文创科技人才等在武侯创新创业。鼓励建设名人文创园、名人工作室等，吸引文创大师和高层次领军人物聚集武侯，力争到 2025 年，引进全球文化创意领域领军人才 10 名以上。

二是加强文创人才培育。鼓励链主企业、产业园区与高等院校及科研机构共同建立文化创意人才培养基地，重视对创意设计、技术开发等顶层专业人才的培养。加强文创人才孵化体系建设，建立一批文创实训基地和众创空间，定期组织专业技术人才培训。依托“武侯工匠”评选、“诸葛创意大赛”等活动，发现和培育文创人才，培养产业急需人才 1000 名以上。

三是发挥名人示范带动效应。建立武侯文化名人录，宣传一批具有行业影响力的文化艺术知识分子大家；以文化创意经营者为代表，推介一批具有产业引领力的文创企业家；以知名艺人、民间艺术工作者为代表，传播一批老百姓耳熟能详的带有武侯标签的正能量“网红”；以优秀创新创业者为代表，表彰一批武侯文创奋斗者。通过名企业家、名文艺家、名创业者的示范带动效应，激发武侯文创活力。

B.19
成华区文化创意产业发展报告

中共成都市成华区委宣传部*

摘　要：　成都市成华区深入贯彻习近平文化思想和习近平总书记对四川工作系列重要指示精神，认真落实四川建设文化强省旅游强省、成都建设“三城三都”的决策部署，以“文化赋能、产业提质”发展策略为引领，加快形成新质生产力，高水平推动文创产业建圈强链。本报告分析了成华区文创产业发展的现实基础和特色亮点——秉持“工业遗产+特色园区”发展理念，紧扣工业遗产活化利用，通过产业导入、创意引入和设计融入，进一步凸显工业遗产汇聚地的特色优势，推进发展“数字影音、时尚设计、电子竞技、直播电商、动漫产业”五大产业子链。结合面临的问题，从优化顶层设计、完善产业生态、增强版权意识、发展文创制造业、培育总部经济五个方面提出发展路径。

关键词：　文创产业　工业遗址　五大产业子链　成华区

成都市成华区文化创意产业（以下简称“文创产业”）发展迅速，秉持“工业遗产+特色园区”发展理念，以“文化赋能、产业提质”为引领，努力构建“5+N”产业生态体系，紧扣工业遗产活化利用，探索出老牌工业基地的特色发展之路，奋力壮大成华新质生产力。数字影音方面，东郊记忆园区重回音乐赛道C位，产业调整和业态品牌提升成效明显，音乐产业聚集区已形成。影视产业处于培育阶段。时尚设计以工业设计为主，目前处于

* 执笔人：周卫，中共成都市成华区委宣传部副部长，区文联党组书记、主席，区新闻出版局（区版权局）局长；邓敏，中共成都市成华区委宣传部文化发展科科长。

产业聚集阶段；以创意设计为辅，包括服饰设计、文创设计等，目前产业处于发展前期。电子竞技主要呈现在下游C端市场，以英雄体育VSPO为代表的中游处于崛起期，没有完整的产业体系。直播电商具有一定规模，但以中上游为主，且企业分散在各个园区，没有形成集聚效应。动漫产业处于崛起期，主要载体天府国际动漫城项目竣工开业后能够形成产业集聚。

成华区近年来文创产业发展迅猛，2018~2023年文创产业增加值从70.17亿元增长到157.32亿元，增长124.2%，年均增幅17.25%，占全区GDP的比重由7.39%提升至10.9%。2023年在深圳文博会上发布的“中国文化产业竞争力百强区”中，成华区排名第45位。文创产业发展潜力巨大，增长势头强劲，成为全区新兴支柱产业。

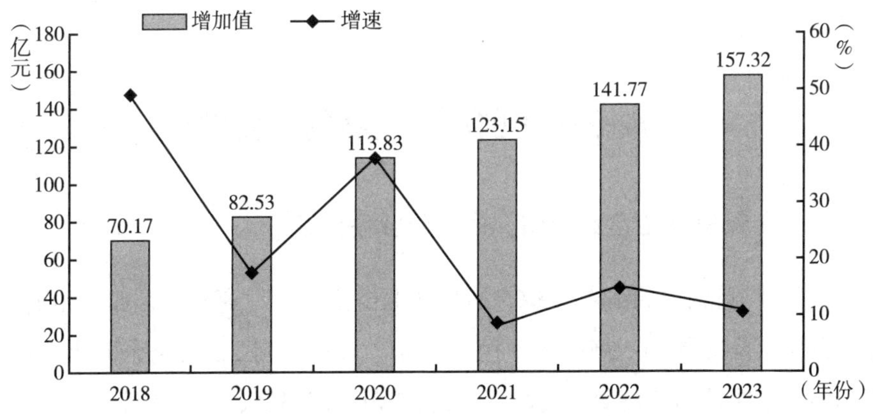

图1　2018~2023年成华区文创产业增加值及增速

资料来源：中共成都市委宣传部和成都市成华区统计局内部资料。

2018~2023年，成华区标准以上（含规上）文创企业总规模从617家增加至943家（见图2），增长152.84%。

据成都市版权局数据，2021年成华区版权登记量达7611件，转化率为20%；2022年达9015件，转化率为30%；2023年达7974件，转化率为25%，两项指标都位居成都市前列。

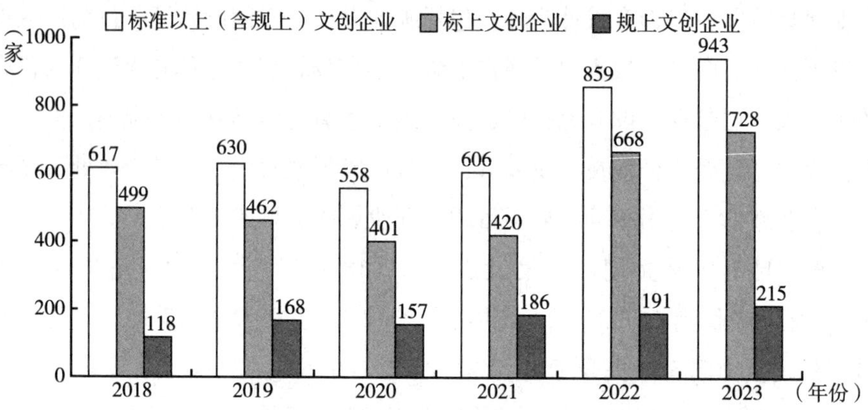

图 2　2018~2023 年成华区标准以上/标上/规上文创企业数量

资料来源：中共成都市委宣传部和成都市成华区统计局内部资料。

一　成华区文创产业发展的主要做法

（一）聚焦链主企业招引，构筑产业企业链

聚焦“延链补链强链”，综合运用产业链招商、以商招商、叩门招商等多种方式。瞄准 6 类 500 强、中国文化企业 30 强、国企央企、上市公司，相关领导带队外出招商 20 余次，深耕长三角、京津冀、珠三角等重点区域。已招引一批具有较强创新力和市场影响力的文创企业：数字影音关联企业 43 家、时尚设计关联企业 24 家、电子竞技关联企业 14 家、直播电商关联企业 19 家、动漫产业关联企业 24 家。①

（二）注重引才留才保才，搭建产业人才链

动态梳理人才链图谱，优化调整人才政策，出台实施办法，2023 年成都东方正火文化传媒有限公司董事熊锐等 5 名优秀管理者，入选成都市文创

① 成都市成华区统计局内部资料。

产业建圈强链领军人才。不断推进校院企地协同，率先在全市制定“校院企地人才协同发展12条措施”，培育千万级、百万级新职业头部主播52名。打好“双招双引”组合拳，新引进高能级产才融合项目16个。高规格举办人才交流类重大活动20余场次，吸引汇聚院士级顶尖人才6人、青年人才3000余人。构建“169N”人才服务网络，线上制作MG动画、一图看懂，线下开展系列宣讲活动近100次，有效推动新政落地落实。截至2023年12月，成华区文创产业引入国家B类人才2名、C类人才4名、D类人才数百名，文创主链已聚集2.37万以上文创专业人才。

（三）加强规划组织领导，保障产业链载体

设立东郊记忆艺术区、熊猫国际旅游度假区等六大产业功能区，紧抓前期规划和后期招商两大重点工作，发挥“工业遗址”和“大熊猫”的独特优势，坚持“文创+”“园区+”发展思路。东郊记忆艺术区作为成都市文创产业链的主要承载地，着力打造东郊记忆·国际时尚产业园、完美文创公园、萌想星球107文创园、CEC784·万谷智慧产业园、天府设计产业园（101红仓）等十大文创园区，逐步形成影视音乐原创生产地、版权交易地、直播电商基地、数字电竞开发高地、工业设计圈等核心产业集群。同时在建的量子界数字双创产业园、中车科技产业园、西部影视产业园（红仓·石油总机厂）等空间载体将梯次开园。2023年2月，熊猫国际旅游度假区举行全球投资发布会，发布了以“文旅消费”为主导、“科研科普”为特色、“商务会展和数字文创”为协同的“1+1+2”产业体系。在熊猫基地新区开设的诸多熊猫主题文创消费体验，尤其是熊猫剧院、熊猫咖啡、熊猫美术馆、熊猫嘟嘟文创店等，吸引了大量人流。

（四）挖掘中介机构赋能潜力，拓宽产业要素链

利用外部媒体和行业中介资源，输出和引入双向发力。与每日经济、36氪等11个平台签订合作协议，推荐有意向落户的国际国内知名企业36家；引入朗诗咨询管理、中晟人才服务等22家中介机构入驻成华；与中国文化

娱乐协会、亚洲经济发展协会、科幻联盟等 8 个协会密切合作，携手上海文旅在东郊记忆园区设立高力国际招商平台，推动数家千万元以上企业成功落地。同时，挖掘园区运营公司潜力，放大资源整合优势，成功推动东郊记忆、天府设计产业园、天府国际动漫城、量子界数字双创产业园等园区新引进讯飞音乐、洛可可设计、陕西绿树电竞、电竞国际巨头 VSPO 等 30 余家龙头企业。

（五）发挥产业资金引领作用，聚合产业价值链

帮助企业对接基金机构，通过带队拜访、召开融资对接会，坚持“点线面三维发力”，拓展多元化的投资模式，高效衔接资产端和资金端。鼓励金融机构为企业融资提供支持，推动企业通过上市、发债等方式筹融资，如禾创文创产业园项目获政府专项债券 4.2 亿元，四川蓉政文化传播有限公司等 30 余家企业获文创通贷款超 1.5 亿元，成都四美子服饰有限公司在天府文创板成功上市。此外，成华区参与设立天府文创基金、成都音乐基金、四川文化基金 3 只文化产业类基金，并完成返投成华项目 4.45 亿元，其中成都白兔有你文化传播有限公司已入选四川省文化企业上市培育库。①

（六）加强公共平台搭建，建设产业孵化链

充分发挥平台优势，不断夯实平台建设和服务。成华区文创产业的平台包含三种：载体型——企业、园区平台 12 个，内容型——“展”“会”“节”“赛”平台 24 个，服务型——功能性交易平台、服务型行业协会或机构 41 个。天府设计产业园引进国际知名工业设计奖项——“红点设计”；东郊记忆举办国际国内知名展演活动场次 3000 余场；英雄体育已举办 2023PEL 和平精英职业联赛春夏季赛、2022 年主播赛、全明星赛、TGA 夏

① 成华区相关部门内部资料，截至 2023 年 12 月。

季总决赛等重大电竞赛事超 150 场。[1] 设立成华区文化创意产业协会、东郊创艺 Labs · 产业驱动中心、数字文创商会为企业提供综合服务。通过“拍在四川”成功落地时代光影、上狮影业、CDHOME 等 8 家影视企业。

（七）融合创新商业模式，壮大产业消费链

将文化与商业创意融合，开发新的消费模式。东郊记忆注重中国传统文化与现代潮流元素的有机结合、世界其他优秀文化的交流互鉴，大力支持服饰潮牌创新产品扶持原创音乐新生力量，打响国潮原创，引领时尚消费潮流。四美子服饰布局线下门店，转换线上流量，拓展销售渠道、优化消费者体验以及增强品牌影响力。

二　成华区文创产业发展的主要短板

（一）技术路径融合较低

一是五大文创产业子链中的影视产业、时尚设计、电子竞技基础薄弱，没有全产业链综合发展的条件。二是文创产品在研发和生产过程中，有待与本地文化资源更好融合，尤其大熊猫和工业遗址的价值转化率不高。三是文化资源 IP 化和文创 IP 产业化不够，数字文创内容和形式薄弱，文创经济价值转化方式滞后。

（二）龙头企业招引较难

一是各地愈发重视文创产业，对链主龙头企业的抢夺较为激烈，企业的合作选项较多。成华区在链主企业招引上乏力，龙头企业缺乏，导致产业集聚力不强，产业链条不完善。二是目前落地的文创企业大多数能级不高，导致核心研发能力不强，市场综合竞争力较弱。

---

[1] 东郊记忆艺术区管委会内部资料。

（三）平台资源力量较小

一是园区运营机构变现能力和方式有限，部分机构运营吃力，招商成果不佳。二是落地的行业平台能级较低，行业影响力较弱。三是行业协会作用未显现，企业和人才的吸附能力不强，行业规模化进程慢。

（四）企业融资门槛较高

一是文创产业本身具有前期开发成本高、回报周期长、收益不确定的特征，导致文创企业虽然资金缺口大，但实际上融资难、融资贵、门槛高。二是我国产业基金起步较晚，模式和体系落后于发达国家，文创企业规模缺乏国际市场竞争力。三是目前针对文创的扶持政策大多高门槛，以中小微企业为主的文创企业基本得不到扶持。

（五）产业前期能级较低

一是成华区的文创产业以创意设计和文旅消费为主，缺乏制造业，对工业赋能不够，对经济的助力有待提高。二是产业子链大多处于发展前期，上游创新力、中游协同力、下游市场开拓力偏弱，发展重心不明。三是部分产业园区因生存问题招商业态以消费为主，文创企业规模小，产业聚集能级低。

三　成华区文创产业发展的对策建议

（一）明晰产业路径，优化顶层设计

结合成都市的整体规划及成华区现有环境，目前五大产业子链不适合全产业链发展。一是在现阶段明确子链的发展重心：影视产业定位在中游，音乐产业定位为全产业链发展，时尚设计定位为工业设计的中上游，电子竞技定位在中游，直播电商定位在中上游，动漫产业定位为全产业链发展。二是

根据发展重心制定主导产业、配套产业、新兴产业发展专项规划，明确产业发展的战略、目标和路径，以及文创产业建圈强链总体定位。三是制定相关保障措施和扶持政策，共同推进文创产业高质量发展。

（二）完善产业生态，推进建圈强链

一是强化成华特有 IP。充分挖掘文化资源，将“大熊猫”“工业遗址”打造成具有国际影响力的文创 IP。二是招引领军人才。制定更具吸引力的政策以汇聚人才、留住人才。三是招龙头扶持小微。大量招引链主型企业，大力扶持中小企业。四是优化平台资源，建立文创共享平台，加强行业交流。五是做好组织引领。组建五大子链的工作专班、专家顾问团队。六是创新消费场景。鼓励文化消费业态创新，推动文商旅深度融合。

（三）注重法治建设，增强版权意识

文化创意产业的核心是创意内容，因其非物质化的特征只能通过版权来保护。成华区在文化创意产业发展中，要培养并提高从业人员、机构、市场的版权保护意识，加强版权工作规划部署，推进版权强区建设。一是注重法治建设，加大法律法规的宣传和执行力度，保障企业的合法权益。二是建立健全版权保护机制，加大版权保护力度，严厉打击侵权行为维护企业的创新热情和合法权益。三是建立具有市场公信力、交易制度规范、服务专业高效的版权服务平台，打造保护原创开发的文创产业生态圈。

（四）聚焦科技创新，发展文创制造业

制造业是中国经济发展的重要基础，是立国之本、强国之基。成华区须响应国家工业化发展道路，发挥现代工业优势，发展文创制造业，加快形成新质生产力，推动文创产业高质量发展。一是改变目前文创产业以服务消费为主的属性，支持鼓励企业积极实施创意设计与传统制造业转型升级融合发展，促成文创企业与家居、服饰、鞋业、汽车等的制造在产品研发设计方面的合作。二是积极挖掘龙潭工业机器人产业功能区的人工智能、数字通信、

工业互联网企业在工业设计方面的需求，连接与文创设计的供给服务。三是依托天府设计产业园引领国际风向标的工业设计优势，维护并用好红点设计的行业影响力，汇聚全国工业设计资源，积极促成成华区创意设计企业与德阳、绵阳的知名制造企业的合作。

（五）提高成华竞争力，培育总部经济

结合成华区文创产业发展现状，发展总部经济，即将文创企业的总部、研发、生产、营销、管理等重要环节汇聚在成华区。通过吸引和培育具有较强创新能力、产业链引导作用和较高经济效益的总部企业，提高成华区文创产业的核心竞争力。一是从短板切入，补充与生产、贸易相关的总部企业；加强对中小企业的培育，使之成长为总部企业；支持现有的总部企业提升能级和拓展业务范畴。二是将基础设施、城市软服务、市场专业服务网络建设提升到国际先进水平。三是要强化对文创研发、产品生产、服务贸易型企业的招引，打破“文创产品打样、生产只能到沿海”的局限，充分利用成都东大门的物流、产业优势，完善纵向上下游供应链、横向生产型服务链。四是建立健全总部经济生态环境、经济政策体系，制定保障措施、合作交流机制。

B.20

郫都区文化创意产业发展报告*

中共成都市郫都区委宣传部**

摘　要： 成都市郫都区深入贯彻落实省市文化创意产业（简称文创）发展部署，以“三城三都”、成都影视城、科创高地、科幻产业发展等重点任务为抓手，全面推动文化创意产业高质量发展。本报告系统梳理了郫都区文化创意产业发展概况、取得的经验成效和客观存在的问题与短板等，并结合实际情况科学合理规划，提出未来发展建议：一是深入挖掘区域资源优势，招引培育重大文创项目；二是持续强化人才培养，构建科学系统的培育体系；三是不断推动融合创新发展，提升文创产业竞争优势；四是强化文创产业多元联动，打造区域协同发展格局。

关键词： 文创产业　科幻产业　影视文化　传统文化　郫都区

郫都区位于成都市西北部，管辖面积达395平方公里，辖10个街道（镇），常住人口140万，是古蜀文明发祥地、农家乐旅游发源地、全国首批双创示范基地，被称为豆瓣之乡、蜀绣之乡、盆景之乡。郫都区是全省首个万亿级电子信息产业集群重要承载地、全国唯一以地方菜系命名的产业园区所在地，聚集了华为、京东方、新希望、东方电气等一批行业领军和世界500强企业，初步形成了以电子信息、川菜产业、绿色氢能、影视文创等为代表的现代产业体系，成都现代工业港获评四川十大产业园区，中国川菜产业城入选全省第二批特色产业基地，成都影视城落户首个国家级超高清视频产业

* 本报告数据为成都市郫都区内部数据资料统计。

** 执笔人：罗杰文，中共成都市郫都区委宣传部宣传文化科工作人员。

基地，建成全球最大单体摄影棚，是全省“一核多极”现代高科技摄影棚的“一核”所在。并以科幻内容和场景为牵引，推进清水河高新技术产业走廊建设，打造成都科幻中心。近年来，郫都区始终围绕“科创高地，锦绣郫都”目标定位，努力探索走出一条文化创意产业高质量发展之路。

一 郫都区文创产业发展概况

截至 2023 年底，郫都区有规上文创企业 84 家、标上文创企业 258 家、小微文创企业 2751 家，其中，2023 年新增“规上”“标上”特色文创企业 32 家。2022 年全区实现文创产业增加值 76.61 亿元，2023 年全年实现文创产业增加值 90.42 亿元。郫都区成功创建国家级文化产业功能平台 2 个［中国（成都）超高清视频创新应用产业基地、虚拟现实视听技术创新与应用国家广播电视总局实验室］，四川省文化产业园区培育库入库园区 1 个（成都影视硅谷）、市级文创产业园区 1 个（成都影视城）、市级文创特色村 1 个（战旗村）、市级文创特色街区 1 个（郫筒街道双柏社区美好生活街区）。近年来累计获批省、市文产专项资金 3000 万元左右，主动协调成都银行等金融机构，为文创企业发放“文创通”融资贷款 6800 万元。大力发展数字文创，2023 年积极组织区内文创企业参与文创业（数字文创）建圈强链招商引智推介会，集中签约优质项目 12 个，签约金额达 48.7 亿元，全市排名第一。

二 郫都区文创产业发展经验与成效

（一）紧盯目标任务，全力推动产值提升

一是培育壮大市场主体。推动成都影视硅谷、立耀影业 2 家文化企业“上规”，省广电影城、黑锋文化、太平洋影业等 3 家文化企业提交入规材料。推动四川春田纪网络科技有限公司、成都金华川信息技术有限公司等

16家特色文创企业“上规”，世纪华纳、万合宸心、冰与墨白等14家优质文创企业纳入标上文创企业，不断壮大文创统计库。二是推动产值稳步提升。印发《郫都区文化创意产业统计区级部门职责》，加强统筹协调，有序完成文创统计相关工作。2023年，郫都区文创产业增加值为90.42亿元，排名全市第十，全年目标进度完成105.85%，排名全市第五。文创产业增加值占GDP比重稳步提升。

（二）聚焦建圈强链建设，加速产业升级

一是招商引资成效显著。积极组织区内文创企业参与第十九届中国（深圳）国际文化产业博览交易会、世界科幻大会首届产业发展峰会、成都市文创业（数字文创）建圈强链招商引智推介会（上海、深圳），立体呈现郫都文创发展成果与市场活力。二是重点项目加速推进。建设完成成都科学（科幻）馆、中铁文旅印象春台等重点文创项目，成都影视硅谷超高清科技创新园、春天花乐园二期春肆等项目加速推进。落地成渝数字影视产业园项目，与成都文交所、北京壹天文化合作共建西部国际影视产权交易中心。三是影视品牌持续擦亮。出台《成都市郫都区促进影视文创产业专项扶持政策》，发起成立影视文化产业发展基金，组建影视文化国有平台公司，持续完善产业生态。拍摄制作的《公诉》《八角笼中》《困兽》《故乡，别来无恙》等优秀影视作品上映，《了不起的我们》《亦舞之城》等影视剧完成拍摄，“郫都造”影视品牌逐步出圈。成功举办“我心中的人民”——经典人物形象荣誉盛典、新发展格局下中小成本电影繁荣发展研讨会等特色活动。四是科幻影视联动发展。抢抓2023世界科幻大会举办契机，布局科幻影视产业，推动成都影视城与郭帆影业、冷湖影业、成都文旅集团等企业达成战略合作，引进《太空冬眠》《超新星纪元》《太阳系公民》等科幻影视项目。

（三）建强文创阵地设施，落实政策激励支持

一是强化金融支持。推动文化企业集聚发展，成功推动成都影视硅谷进

入省级文化产业园区培育库，获批省级文产专项奖励资金50万元。加强文创项目策划包装，积极开展中央、省、市文产专项资金申报工作，申报中央文化产业发展专项资金2个、省级文产项目2个、市级文产项目8个，拨付市级文产专项资金146万元。主动协调成都银行等金融机构，为文创企业发放"文创通"融资贷款。二是吸引产业人才。成功举办"天府文创　携手同行"成都文创名企进名校招才引智活动，面向全市高校集中展示文创产业就业创业环境，吸引更多优秀人才投身文创产业，切实解决企业招人难、学校学生就业难、科研成果转化难问题，助力郫都文创产业高质量发展。推荐区内优秀文创企业申报2023年"天府青城计划"哲社文化领军人才、成都市产业建圈强链人才计划。

三　郫都区文创产业发展面临的短板与挑战

（一）龙头企业不足，总体规模偏小

郫都区现注册文化企业数量虽逐年增加，但仍缺乏大型龙头企业，存在"有山无峰""有项目无品牌"的现象。特别是现有文化骨干企业数量偏少，存在主体实力不足、集约化程度不高、品牌影响力不足等客观问题，导致整体缺乏集聚效应和辐射带动作用，对文化创意产业发展的刺激和拉动力不强。同时，现有文创企业规模总体偏小，对就业拉动也存在不足的情况。

（二）人才力量不足，培育体系不全

推动文化创意产业发展，人才是第一要素，需要具备创意、设计、营销等多方面的人才支持。郫都区虽有20余所大中专院校，但文化创意方面的优质人才不足，区域化人才培养体系框架还不完善，整体缺乏针对专业化、高素质的文化创意产业人才的科学培育体系，从而导致区域文化创意产业的整体创新力和竞争力不强。特别是高素质文化创意人才的培育和招引，整体还缺乏发力方向，从而导致高素质文化产业人才力量不足。

（三）支持激励不足，创新创造不强

产业高速发展离不开资金、政策等配套的支持，郫都区虽出台制定了一些激励措施和优惠政策，但整体落地效果仍有待改善。特别是在文化创意设计、文化产品研发、文化活动组织等方面还存在支持激励不强、措施不健全等问题。整体来看，全区文化创意产业的资金等方面投入相对较少，对推动产业高质量发展贡献不足，从而也导致文化创意产业创新创造能力不强，缺乏高质量高水准文化创意产品。

（四）产业连接不足，协同发展不够

郫都区依托成都影视城、科幻大会等资源优势，虽探索构建了系统的文化创意产业发展规划，但在打通全域文化创意产业链方面，还存在一定的局限。部分文化创意企业、园区存在缺乏协同和合作的问题，从而导致产业链不完整、链化程度不高，从而影响全区文化创意产业的整体竞争力。

四　郫都区文创产业发展对策建议

（一）深入挖掘区域资源优势，招引培育重大文创项目

郫都区拥有丰富的文化文创资源，拥有全国首批创新创业基地、世界科幻大会承办地、成都影视城等独特资源优势，要进一步深入挖掘用好在地资源，大力招引优质文创企业、重大项目。一方面，要全面深化落实省委党务工作目标和全市产业建圈强链工作要求，扎实做好“三城三都”建设系列工作，不断加大项目招引力度，重点聚焦影视头部企业和产业链关键环节，加强优质企业、优势项目、优秀人才的招引，积极组织企业参加全市文创业（数字文创）建圈强链招商引智推介会，向外推广推介“郫都造”产品、场景，重点连接一批具有行业带动力和影响力的头部企业。另一方面，要持续推进更多优质项目进入省文化产业发展项目库，持续加大力度推动超高清视

频创新应用产业基地、绣里蜀绣文化产业园等在库项目良好发展，推动成都广电影视产业基地、豆瓣庄园等“四个一批”重点文创项目建成投运。

（二）持续强化人才培养，构建科学系统的培育体系

人才是第一生产力。要用好用活郫都区内电子科大、西南交大、四川传媒等院校优势，不断加强文化创意人才队伍的培育和壮大，营造适合人才发展的良好环境。首先，要坚持培养和引进相结合，积极创造有利于培养、吸引、汇集国内外创意创新人才的政策环境和人文环境，大力支持辖区高等院校、文创园区、职业院校与文化企业等协同联动，推动建设区级文化创意产业人才培养基地和职业技能实训基地，加快培养各类文创产业人才。其次，大力推进人才交流，发挥属地高校、文创企业、政府部门等作用，策划组织开展形式多样的人才交流培训活动，推动建立郫都区文化创意产业人才信息库，不定期组织交流活动。最后，探索制定系列人才激励机制，建立健全人才使用、流动、评价体系，科学制定实施文化创意人才培育计划，不断提升全区文化创意人才层次和能力。

（三）不断推动融合创新发展，提升文创产业竞争优势

全面依托郫都区现有文创产业品牌优势，推动文创产业融合创新发展，积极探索具有郫都特色的差异化竞争优势，全面提升区域文创产业质效。一是探索构建“文创+科创”发展路径，构建文化与科技融合共生新局面，充分利用现代科技手段加持，不断提升区域文化创意产品的质效。例如，依托超高清视频创新应用产业基地，运用虚拟现实、增强现实等技术手段，打造沉浸式互动文创产品，不断增强区域文创产业竞争优势。二是要融入区域文旅资源。发挥郫都区古蜀文明发祥地、农家乐旅游发源地等优势，推动文化创意产业与乡村振兴融合发展，探索出一条特色化乡村文化创意产业发展之路。比如，深入推进“科创点亮乡村”行动，立足东林艺术村建设打造艺术家聚落、天府艺术季等，持续推动文化创意产业融合创新发展。三是实施重大项目带动战略，依托世界园艺博览会等重大活动，有机融入科幻、影

视、文创元素，打造影视公园、科幻乐园、国潮小镇等一批影视文旅融合新地标，加速建设具有郫都特色和比较竞争优势的文化产业集群。

（四）强化文创产业多元联动，打造区域协同发展格局

区域合作与交流是推动文化创意产业蓬勃发展的重要路径。要进一步疏通专业院校—文创企业—地方政府（校—企—地）联动合作渠道，推动建立起“强强联合”“内外交互”的阵地联盟体系，大力策划举办文化创意产业交流会、座谈会、培训会等，不断推动不同地区、行业领域的文化创意交流与合作。积极发挥政府组织引导作用，常态化开展“大调研、大走访”活动，积极为企业“送政策、送服务、解难题”，推动产融精准对接。全面用好各级文化产业发展专项资金、基金、“天府文产贷”“文创通”等金融工具，引导金融资源精准流向关键领域和薄弱环节。积极组织辖区文创企业参与成都市“天府文创大集市”“文创产品进书店”等系列活动，开展文创企业、文创产品推广营销工作，充分释放文化消费潜力。梳理整合多元力量，打造落地一批具有成都标志性的“节庆赛会奖”活动，构建集活动、交流于一体的文创联盟矩阵，着力推动区域文创协同高质量发展，助推成都建设具有全球影响力和美誉度的现代化国际大都市。

B.21
大邑县文化创意产业发展报告

中共成都市大邑县委宣传部*

摘　要：　习近平总书记指出，文化和科技融合，既催生了新的文化业态、延伸了产业链，又集聚了大量创新人才，是朝阳产业，大有前途。近年来，成都市大邑县深入贯彻落实中央和省委、市委关于文化产业发展的决策部署，以高质量发展为导向，以“四大领域”为重点，以“圈链融合”为支撑，依托中国博物馆小镇、西岭雪山文体装备功能区等载体平台，着力构建具有核心竞争力的现代文创产业体系，为建设雪山下的公园城市提供强劲的动力支撑。

关键词：　现代文博　文化装备　文创产业　大邑县

一　坚定践行习近平文化思想，精准把握发展文创产业重大意义

文化产业高质量发展契合人们追求美好生活需要，有利于激发文化创新创造活力，促进经济高质量发展，是推进文化强国建设的必然选择。文化产业承担着优化经济结构、满足人民多样化精神文化需求的重要功能，是实现社会和经济效益“双统一”的有效力量。党的十八大以来，习近平总书记站在建设文化强国的战略高度，系统谋划、亲自部署，推动文化产业高质量发展。2023年全国宣传思想文化工作会议正式提出并系统阐述了习近平文

---

* 执笔人：幸章跃，中共成都市大邑县委宣传部副部长、文联（社科联）主席；谢恬恬，中共成都市大邑县委宣传部产业发展科工作人员。

化思想，明确提出“七个着力”要求，要着力推动文化事业和文化产业繁荣发展，为推动新时代新征程文化产业的发展、担负起新的文化使命提供了强大思想武器和科学行动指南。

（一）发展文创产业是催生新质生产力的重要手段

习近平总书记指出，发展新质生产力是推动高质量发展的内在要求和重要着力点，必须继续做好创新这篇大文章，推动新质生产力加快发展。文创产业以其高附加值、高知识性、强融合性的特点已成为激活文化新质生产力的重要抓手。大邑县通过深入挖掘文创行业高质量发展的途径，改造提升传统文化业态，让优秀传统文化在新时代焕发生命力、彰显新魅力、展现新担当。这是大邑县充分激活、发展新质生产力，加快形成高质量、高效率、可持续发展的文化生产力格局的重要途径，也是大邑县推动文化产业高质量发展的有效措施。

（二）发展文创产业是实现县域经济发展的重要抓手

习近平总书记来川考察时强调，要完整、准确、全面贯彻新发展理念，主动服务和融入新发展格局。大邑县抓住高水平建设世界文创名城，大力实施文创产业建圈强链行动的机遇，贯彻新发展理念，通过强化文化引领、集群发展、跨界融合、品牌支撑等措施，推动县域经济发展，实现文创产业繁荣。这是大邑县抓住发展机遇，积极推动县域经济高质量发展的正确选择，也是促进文化产业与经济深度融合的重要举措。

（三）发展文创产业是满足人民美好生活需要的重要途径

习近平总书记指出，必须以满足人民日益增长的美好生活需要为出发点和落脚点，把发展成果不断转化为生活品质，不断增强人民群众的获得感、幸福感、安全感。人民需求是发展文创产业最持久的动力，发展文创产业同时也是满足人民对美好生活向往的重要手段。文创产业是提升生活品质、满足文化需求的幸福产业，是引领消费升级、带动结构转型的驱动产业。大邑县坚持以文创为引领，以文惠民、以文润城、以文兴业，全面提升人民的生活品质和幸福感，满足人民文化需求、增强人民精神力量，这是大邑县贯彻落实人民至上理念的重要体现。

大邑县地处成都西南，属于“西控”战略区域，拥有丰富的自然资源和文化资源，近年来，积极深挖创新文创领域，坚持以人民为中心的发展思想，聚焦庄园文博、雪山温泉、三国子龙等特色文旅品牌资源，大力发展现代文博、文化装备等文创产业，积极布局高端智能装备、电子信息、新型材料、生物医药、绿色食品等五大主导产业，以西岭冰雪·安仁文博国际文化旅游区为主体，着力构建文博创造品牌、文创延展产业、文旅创造收益的闭环产业链，推动城市产业高质量发展，不断激发文化创新创造活力，提升社会的文明程度。

二　大邑县推动文创产业高质量发展的有力探索

（一）促发展、创未来，文创产业经济贡献稳步增长

产业规模实现倍增。2019~2023 年，大邑县文创产业增加值从 21.11 亿元增加到 44.26 亿元，产业总量翻番。2020~2023 年文创产业增加值年均增速达 20.3%，超过全县 GDP 增速和第三产业增加值增速（见图 1）。2023 年文创产业增加值增速 18.8%，增速排名全市第四，文创产业稳步发展。[①]

支柱地位日益巩固。2019~2022 年，大邑县文创产业增加值占 GDP 的比重由 7.39%上升至 12.85%，成为大邑县发展重要支柱产业，对城市经济的贡献率稳步提升。2021 年文创产业增加值占 GDP 的比重首次突破 10%，连续 3 年稳定在 10%以上（见表 1），在经济总量中的占比不断提升，支柱地位日益巩固。[②]

① 数据来源于大邑县统计局、大邑县发改局内部资料。

② 数据来源于中共成都市大邑县委宣传部、大邑县统计局内部资料。

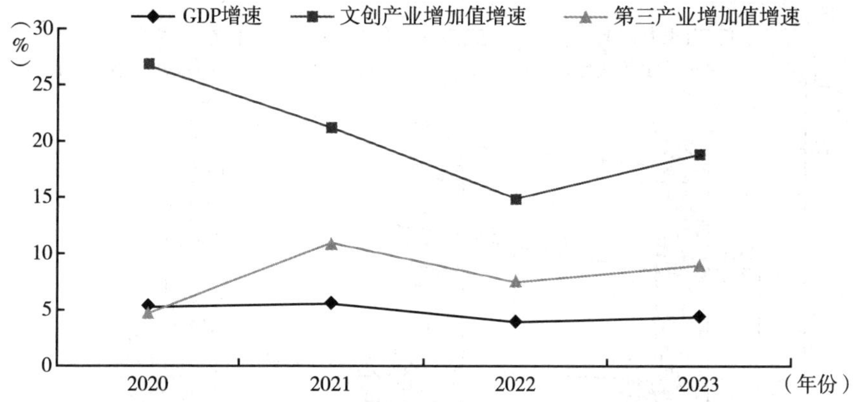

图 1　2020~2023 年大邑县 GDP 增速、文创产业增速、第三产业增速情况

资料来源：中共成都市大邑县委宣传部内部资料。

表 1　2019~2023 年大邑县文创产业增加值及占 GDP 比重

单位：亿元，%

年份	2019	2020	2021	2022	2023
增加值占 GDP 比重	7. 39	8. 89	10. 32	11. 29	12. 85
增加值	21. 11	26. 74	32. 41	37. 24	44. 26

资料来源：中共成都市大邑县委宣传部、大邑县统计局内部资料。

重点文创企业持续发展。2023 年，大邑县参加核算的文创规上企业 69 家、标上企业 169 家、小微企业约 1000 家。规上企业 2023 年全年实现增加值 17. 54 亿元（见图 2），同比增长 37. 1%，成都安仁华侨城文化旅游开发有限公司、四川安仁建川文化产业开发有限公司、成都文化旅游发展股份有限公司、成都西岭雪山旅游开发有限责任公司等重点企业持续发展，为大邑文创行业稳步前进持续贡献力量。

重点项目有序开展。目前大邑县有包括大邑县庄园文博安仁观坊文旅项目、大邑县子龙产业园基础设施项目和大邑长征文化园项目等在内的 5 个四川省重点文化产业项目（见表 2）。项目正在有序推进，大邑文创产业发展基础得到进一步夯实。

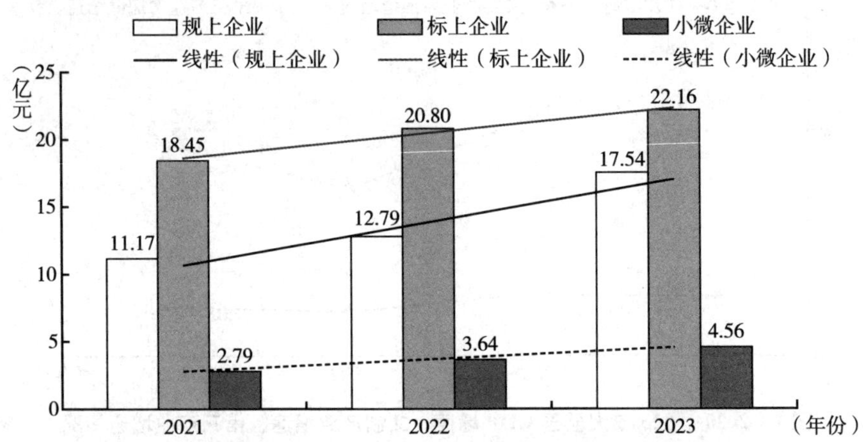

图 2　2021~2023 年大邑县文创规上、标上、小微企业增加值情况

资料来源：中共成都市大邑县委宣传部内部资料。

表 2　大邑县所属四川省重点文化产业项目

序号	项目名称	建设期	建设情况
1	大邑县国际时尚运动健康城项目(一期)	2021~2025 年	在建
2	大邑县阡陌田园旅游综合体项目	2023~2026 年	在建
3	大邑县庄园文博安仁观坊文旅项目	2020~2026 年	在建
4	大邑县子龙产业园基础设施项目	2023~2025 年	在建
5	大邑长征文化园项目	2022~2025 年	在建

（二）提风貌、塑品质，加快文博特色重点项目建设

致力于文博产业建圈强链，持续抓项目促发展，做优做强区域经济，加快推动安仁文博片区建设，2023 年完成项目投资 12. 6 亿元，服务业固定资产投资 2. 5 亿元，省市重点项目 6 个，重点项目投资 6. 53 亿元。[①] 强化文博核心 IP，依托四大板块系统发展文博行业。安仁依托刘氏庄园博物馆、建川博物馆、公馆老街三大核心资源，把文博旅游和文博艺术列为主要发展方

① 数据来源于安仁古镇景区管理委员会内部资料。

向，以博物馆旅游、会议会展、鉴定评估和拍卖行四大板块为主要项目板块，建设西部文化产权交易中心、西部文化藏品拍卖中心、国际文化交流中心三大国家级功能中心，搭建文博产业发展矩阵，协同衍生。品牌引领文博发展，施行“文博品牌化”战略。坚持将公馆底蕴与创意设计、文化消费相融合，引入中华文促会、北京视袭、北京沃天等头部文化企业，建成安仁华侨城创意文化园、四川影视文创城等载体平台，建设完成四川电影电视学院文化创新创业园、华侨城艺术家聚落、建川文创街坊、康佳创投安仁创新中心等生产创作空间，大力实施“文博品牌化”战略，打造“国际范、中国味、天府韵、近代范”的创意产品体系。

（三）优存量、拓增量，推进文体智能装备产业发展

聚焦文化旅游产品与装备，构建文体智能装备产业体系，培育成长初期企业，发展重点项目，加强人才培养，全力打造兼具场景漫游与沉浸体验功能的定制式功能区。积极培育创新主体，引导企业持续成长。工业区目前入驻企业 781 家，其中，规上企业有 170 家，世界 500 强企业有 3 家，上市企业有 4 家，国家高新技术企业有 90 家，中国驰名商标有 9 件。2023 年，文体功能区实施项目 28 个，总投资 84.39 亿元，其中省重点 1 个（大邑县天邑康和电子通信产业项目）、市重点 3 个（成都圣诺科技有限公司新厂、大邑县远星橡胶智能交通装备制造项目、成都壹佰科技有限公司二期），并成功设立大邑县先进高分子新材料产业园，新培育规上企业 18 家、国家级专精特新“小巨人”企业 3 家、省级专精特新企业 10 家、“瞪羚企业”称号 2 家、“上云”企业 96 家。推进科技成果转化，推动企业培育。组织四川成都蜀之源、鑫泽机械、奥朗斯等 12 家企业成功申请国家高新技术企业称号，2023 年工业园区有效高新技术企业将达 91 家，实现高新技术产业营业收入 154 亿元，完成“四上”企业研发投入 3.36 亿元、技术合同交易 0.97 亿元，协助促成校企成果转化项目 5 项，关键核心技术攻关和成果转化项目 4 项。①

① 数据来源于西岭雪山文体装备功能区管理委员会内部资料。

（四）谋创新、促开放，抓好会展节庆音乐活动机遇

坚持“走出去”和“引进来”相结合，成功举办南国国际冰雪节、穿上旗袍去安仁等系列活动，2023年旅游收入达128.72亿元，开展重大会展活动28场、展出面积7万平方米。[①] 持续培育本土重大活动，形成大邑展会品牌。目前已培育“一周”（中国网络电影周）、“一节”（穿上旗袍去安仁）、“一展”（安仁双年展）、“一会”（文化名镇博览会）、“一论坛”（安仁论坛）等国际文化展会品牌，成功举办全国乡村旅游发展经验交流现场会，持续开展南国冰雪节、西岭雪山 Top Snow 滑雪大赛等系列活动，承办中国（四川）森林文化节等节会50余场次，[②] 进一步提升对外开放质量和水平。助力建设国际音乐之都，挖掘音乐活动发展潜力。以安仁音乐小镇建设为核心，主动承接成都建设国际音乐之都的功能，举办成都国际友城青年音乐周等活动，深挖音乐产业市场发展潜力。

（五）强优势、优生态，深植传媒影视行业发展根基

依托四川影视学院、成都传媒集团的优势资源，以打造四川电影电视学院创新创业园为抓手，打造“中国影城·东方好莱坞”。培育影视数字类企业，推动影视文创融合发展。以“四川影视文创城”为载体，大力发展影视动漫、数字音乐、数字传媒等数字文创细分领域，致力于建设西部一流数字影视综合基地，已与5家以上影视数字类企业达成合作，正在全力打造全产业链影视数字产业园。[③] 关注影视技术最前沿，打造大型综合性产教创融平台。四川电影电视学院与北京智造科技重点打造的“数字虚拟制作棚”已完成，吸引北京刚臣影业、北京全视角影视文化传媒、东阳锦绣华裳影视文化传媒联袂入驻，形成完整的剧本创作—内外景拍摄—后期制作发行一体化大型综合性产教创融平台，实现教学功能和社会服务双重利用。

---

① 数据来源于大邑县商投局内部资料。

② 数据来源于安仁古镇景区管理委员会内部资料。

③ 数据来源于四川电影电视学院内部资料。

三　大邑县文化创意产业发展短板

（一）产业示范能力有待提升

目前，文创产业增加值主要是由制造业、服务业创造（占全年文创产业增加值比重约55%），产业化、数字化、品牌化欠缺，引进的重点文创产业项目推动较缓，投产达产的项目较少；截至2023年底，大邑县规上文创企业仅有四川省贵妃酒厂、四川省恒晟包装印务有限公司、四川天邑康和通信股份有限公司3家企业增加值超过1亿元，成都蜀之源酒业有限公司、四川迅源纸业有限公司、成都首创包装有限公司、四川利民中药饮片有限责任公司4家企业增加值超过5000万元，[①] 龙头企业和骨干企业数量较少、规模较小、产值较低，文化创意产业尚未形成以龙头企业为主、骨干企业为中坚、产业集群协调发展的态势。

（二）资源优势转化还需加强

大邑域内山水连绵，林盘错落，空气清新，温泉密布，分布有西岭雪山、天府花溪谷、花水湾温泉等各类特色自然资源，也有南传佛教第一寺、道教发源地遗址、唐代药师岩石窟、赵子龙祠墓等，文化价值不菲，以及具有较高的品牌辨识度和美誉度的佛道教文化、中医药文化、子龙文化等文化资源。但目前自然资源的开发除了西岭雪山外，还是以原生态景观为主，佛道教文化、中医药文化、子龙文化的开发并不充分，优势文化资源未能转化为优质文创产品，文化价值未能充分有效地转化为文化创意产业发展的内生动力。大邑县核心文化资源分类及评价如表3所示。

① 数据来源于中共成都市大邑县委宣传部、大邑县统计局内部资料。

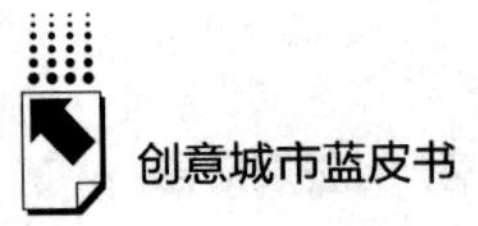

表 3　大邑县核心文化资源分类及评价

文化资源类型	点位名称	品级及评价
生态文化资源	西岭雪山	四川省级风景名胜区、国家级风景名胜区、国家 4A 级旅游景区、国家级滑雪旅游度假地、国家级体育旅游示范基地、四川大熊猫栖息地世界自然遗产保护区
	天府花溪谷	国家 4A 级旅游景区
	花水湾温泉	国家 4A 级旅游景区
	黑水河	省级自然保护区
古蜀文化资源	盐店古城	四川省文物保护单位、全国重点文物保护单位
	高山古城	四川省文物保护单位、全国重点文物保护单位
三国文化资源	赵子龙祠墓	四川省文物保护单位
红色文化资源	静惠山车耀先广场、车耀先雕像	文化旅游景点
	肖汝霖烈士陵墓	文化旅游景点
	刘氏庄园文物珍品馆(刘湘部分)	全国重点文物保护单位
	5.12 抗震救灾纪念馆	国家级爱国主义教育基地
	建川博物馆、刘氏庄园博物馆	成都市爱国主义教育基地
川西民居资源	刘氏庄园	全国重点文物保护单位
	刘元瑄公馆、新场陈家大院、新场李氏民居	四川省文物保护单位
	新场何氏民居、冷公馆、廖维公馆、刘成勋公馆、刘体忠公馆、刘体仁公馆、刘元瑭公馆、陈月生公馆、杨孟高公馆	成都市文物保护单位
道佛文化资源	川王宫	全国重点文物保护单位
	雾中山佛教遗址、鹤鸣山道教遗址、药师岩摩崖造像	四川省文物保护单位
	虎辟泉摩崖造像、新场佛子岩摩崖造像、千佛村圆觉洞摩崖石刻造像、晋原镇高堂寺遗址、圆通寺遗址、白云庵遗址、香炉山道观	成都市文物保护单位

（三）文创品牌营建仍需深化

大邑县近年来着重开发安仁古镇、西岭雪山、建川博物馆等文创产品，城市品牌已具有一定品牌影响力，并开发红色文化、川西民俗、天府农耕、公馆建筑等文创产品，但文创产品知名度普遍不高，存在产品表现形式较为单一、挖掘产品内在文化不足的问题，并且暂时没有依托本地文旅资源开发产生的具有影响力和传播性的 IP；虽然已有安仁双年展、安仁论坛等国际文化展会品牌，但对比成都市，仍然缺少能有效拉动文创产业消费的活动，品牌活动对产业拉动能力尚有提升空间，品牌宣传能力也有待提升。

四　推动大邑县文化创意产业发展的对策建议

推动自然资源、空间设施与文创融合叠加，创造引领新消费、满足新需求的多元消费场景，形成特色鲜明、形态丰富、错位竞争、协同共进的文化创意产业发展场景。坚持扩大现有优势，做强本土文创产业，重点关注现代文博、文化装备、会展广告、音乐艺术、传媒影视几大文创领域，以“文博+”“品牌+”“产业+”完善文创产业结构、创新文创产业发展模式。

（一）梳理资源，系统规划开发特色新场景

擦亮“中国博物馆小镇”这块金字招牌，结合沙渠“未来新城”建设，依托四川电影电视学院、安仁华侨城创意文化园等资源，着重发展智能文创产业，开展智能文创培训，加快引商、聚人、成势，沉浸式打造“智能文化”文博体验式新场景，建设面向成都“两区一城”的开放门户。挖掘青霞街道、晋原街道、王泗镇的白酒文化和子龙文化，深入挖掘赵子龙特色文化符号，依托三国子龙文化产业园，开发系列三国主题文创核心产品，联动王泗酒香文化，规划打造中国式英雄体验地，举办子龙文化旅游周、三国文化诗酒会等活动，打造“子龙文化+酒香文化”文创体验式新场景。新场镇和悦来镇共同发展，以花溪谷、新场古镇、车耀先故居等为载体，结合当地

自然资源形成易传播有特色的形象 IP，开展汉服文化节、水乡节、红色文化体验活动等，打造“自然美学+红色文化”文创体验式新场景。充分利用邯江和鹤鸣的山水资源、中药文化、佛道文化，打造养生体验场景，开发中药养生、佛道教文化养心等主题文创产品，开展中药养生节等活动，打造“康养+中药文化”文创体验式新场景。以花水湾温泉小镇、西岭雪山小镇等为载体，发挥南方唯一国家级滑雪旅游度假地西岭雪山的品牌效应，结合花水湾温泉资源，发挥文体智能装备产业对文创产业发展的支撑作用，打造“温泉+冰雪+山地运动”体育文创体验式新场景。大邑县文创产业新场景规划如表 4 所示。

表 4　大邑县文创产业新场景规划

新型小城镇综合体	特色资源	功能定位	文创产业新场景
沙渠	稻乡渔歌、东湖湿地等	沙渠未来新城	“智能文化”文博体验式新场景
安仁	公馆文化、民国建筑、博物馆	世界博物馆小镇	
王泗	白酒文化	酒乡小镇	“子龙文化+酒香文化”文创体验式新场景
青霞街道、晋原街道	赵子龙祠墓、子龙文化	子龙文化产业园	
新场	古镇文化、水文化	新场水乡古镇	“自然美学+红色文化”文创体验式新场景
悦来	山地资源、花溪谷	车耀先故居小镇	
邯江	山水资源、中药材种植	青梅小镇	“康养+中药文化”文创体验式新场景
鹤鸣	道教文化、佛教文化	道养小镇	
西岭	雪山、森林、长征文化	雪山森林小镇	“温泉+冰雪+山地运动”体育文创体验式新场景
花水湾	森林、温泉	古海温泉小镇	

（二）紧抓趋势，结合“AI+”发展文化新业态

打造智能文化综合培训中心，紧抓智能文化发展机遇。以四川电影电视学院为基地，充分利用四川电影电视学院全西南最大的道具中心、技术先进的数字虚拟制作棚、四川影视文创城、电影主题酒店等资源开设全国首个智能文化综合培训中心，以世界性、全国性的安仁文博、西岭雪山等文化 IP 为底蕴，以丰富多样的应用教学场景为重要吸引力，

整合四川大学、电子科技大学等高校、平台机构和“三文”行业资源，依托大邑本地丰富的文化旅游资源和文体智能装备产业功能区的技术优势，开展智能文博、智能文创、智能文旅方面的全国干部培训、精英企业家培训、职业技能培训、学生实践研学等活动，以培训为切入口，盘活大邑文创产业资源、旅游资源，为文创产业的发展注入新的动力和活力。

实施行业人才招育计划，培育“AI+文创”赛道领跑人。落地国内首个AI文化人才营地、智能书院，以系统培育AI人才、大规模积聚AI人才为重点路径，着重将四川电影电视学院学生、大邑文创行业从业人员培养成为“人工智能+文创”赛道领跑人，招揽智能文化相关人才。

结合新技术打造新场景，建设智能文化公园。以安仁文博产业为文化内核，融合川军文化、公馆建筑等内容，结合移动互联网、元宇宙、XR、MR、5G等新技术，设计智能文创产品，提高文创产品商业智能度和盈利能力，通过“人工智能+文创”打造多种消费场景，加速产业跨界融合，致力于建成全球首个智能文化公园。

（三）聚人育企，做强文体智能装备新发展

实施补链强链育链，构建优势龙头企业生态圈。依托天邑康和、大宏立、西菱动力、圣诺科技等优势企业，引进和培育补链、强链型企业，搭建产业链上下游协作平台，形成企业“生态集群化”发展态势，打造5G通信、装备制造等产业价值链片段集群。

以智能经济为方向，持续升级包装印刷行业。结合王泗白酒等资源，发展白酒包装、药品包装，打造集“产品设计—包装印刷—物流运输”全环节的包装印刷产业链，并依托文体智能装备产业，进行包装印刷行业的设备升级，利用先进的智能设备开展高端智造。

依托平台技术创新，加快数字化升级进程。发展大邑文体智能装备产业功能区科创空间，依托四川电影电视学院文化创新创业园等创新平台，聚焦旅游设施设备制造、5G通信设备制造、户外休闲与运动装备、人工智能、

影视文化、动漫游戏、创意设计等领域，促进文化装备制造业与文化旅游、体育休闲、电子信息等现代服务业深度融合，培育以互联网、云计算、大数据等为支撑的新兴文化装备制造业态，不断发挥高新技术的作用，使其成为文化装备制造业竞争力的核心要素。

（四）培育品牌，抓好展会布局影视新模式

做强原有品牌展会，挖掘资源培育新赛会。做强安仁论坛、安仁双年展、“安仁 FUN 歌”音乐节、文化名镇博览会、“一带一路”世界城市文化旅游论坛等活动，壮大全球华人滑雪大赛、国际儿童滑雪节等品牌，积极引入国际雪联远东杯滑雪赛等知名国际赛事，策划举办雪山温泉旅游节、山地马拉松、林盘骑行大赛等特色赛事节庆活动，盘活自然资源，发挥经济效益。

以雪山之景传地域之名，推动诗词和雪山文化结合。以“窗含西岭千秋雪”作为对外宣传西岭雪山之景、杜子美之诗句的媒介，开展雪山诗歌会、诗圣文化节等活动，以此作大邑的名片向世界宣传中国古诗词的博大精深，宣传西岭雪山的壮丽秀美。

关注短视频发展机遇，开展视频数字化转型专项行动。依据已有民国建筑、川西民俗等场景，系统规划设计短视频拍摄地，并以剧本为导向，深挖大邑文化内涵，实施“短视频遇大邑”融媒体传播专项行动和大邑短视频数字化转型专项行动，通过融合发展建立“报、网、微、端、屏”全媒体传播体系，形成集创意策划、专业拍摄、精细制作、全媒传播为一体的大邑短视频生产模式，推出一批导向积极、厚植文化、深耕现实、夯实 IP 的微短剧。同时，加强与中央电视台、四川电视台、腾讯网、新浪网等权威媒体、知名文创传播载体平台的合作，持续推进大邑特色文创活动的宣传报道，提升城市文化魅力。

典型案例篇

B.22 发展夜间经济，推进文商旅高质量融合发展

中共成都市锦江区委宣传部*

摘　要：　锦江区近年来积极适应文商旅市场个性化、多样化升级变化需求，创新开发以“夜游锦江”项目为代表的夜游新产品、新业态，发展夜间文旅经济，促进文商旅高质量融合发展，着力为市民和游客创造夜间文商旅消费和生活新体验，持续提升夜间经济品牌美誉度、游客认可度、消费活跃度、区域影响力。本报告总结了锦江区发展夜间经济的成效，介绍了相关做法：一是加强规划布局，打造夜游动力轴线；二是提升供给质量，构建沉浸式体验场景；三是优化服务管理，完善公共服务配套体系。

关键词：　夜间经济　文商旅融合　锦江区

* 执笔人：杨洋，中共成都市锦江区委宣传部文创产业科工作人员。

党的二十大报告提出，要坚持以文塑旅、以旅彰文，推进文化和旅游深度融合发展，为推动新时代文旅高质量发展提供了根本遵循。锦江区直面老城区城市发展空间有限、城市功能配套和环境品质有待优化完善等问题，坚定不移贯彻落实党的二十大精神和四川省、成都市相关决策部署，围绕“加快建设世界重要旅游目的地，让四川文旅名扬天下、享誉全球”等工作要求，适应文商旅市场个性化、多样化升级变化需求，创新开发夜游新产品、新业态，高标准打造夜游、夜市、夜娱等标志性场景，发展夜间文旅经济，推动都市文旅供给侧改革，促进文商旅高质量融合发展，着力为市民和游客创造更美好的夜间文商旅消费体验、生活体验，加快建设成都市夜间经济排头兵。以“夜游锦江”为代表的夜游项目获得《人民日报》、《经济日报》、中央电视台、新华网等主流媒体关注，夜间经济品牌美誉度、游客认可度、消费活跃度、区域影响力持续跃升。

一 加强夜间文旅经济规划布局，突出集群联动，打造精品夜游动力轴线

锦江区强化夜间文旅经济规划，将精品文旅街区建设与城市夜间场景营造相结合，打造都市文旅夜游动力轴，叠加文化创意、生态体验、生活美学等多元功能，促进产城融合，探索“以轴串景、以轴聚业、以轴兴文、以轴连片”的文旅发展模式，推动“景点旅游”向“街区旅游”、“过境旅游”向“过夜旅游”、“观光旅游”向“体验旅游”提档升级。

（一）塑造“一路一江”夜游动力轴

依托东大街和锦江“一路一江”区域空间结构，因地制宜塑造全区夜游消费骨架，构建都市文旅生活动脉，实现“一街连古今、一轴强动力”。全区以东大街为主轴，贯通春熙路、攀成钢、成都东村等主要商圈，点面结合构建夜间消费主题场景，营造文商旅融合的夜间经济发展氛围。依托锦江滨水生态本底，构建精品夜游轴线，重塑沿江夜间景观，打造夜间经

济龙头项目“夜游锦江”。“夜游锦江”项目以“锦江故事卷轴”为主线，沿城市中心区约10公里河道及两岸绿道植入光影视效、创意设计和消费场景等新元素，顺江而下，水岸联动呈现东门集市、闹市禅修、锦官古驿等文旅场景，将曾经的护城河和普通交通路线升级为流光溢彩、人文氤氲的新景观，全力打造城市级景观式滨水逸游商业综合体和“城市会客厅”。2024年春节期间，“夜游锦江”热度连续位居“成都市热门景点榜”前三名。①

（二）打造夜游样板街巷分支

围绕“一路一江”主轴，深挖全区街巷肌理与历史文脉，精心打造华兴街、黄伞巷等“夜市样板街巷”，精准构建“一街一世界、一区一人文”，加快培育街巷漫游、商圈潮购、文艺展演、美食品鉴等夜间消费业态。全区坚持以人民为中心的发展思想，规范街区治理机制，允许相关街巷在部分区域设置夜间临时摊位，通过街区、商家自治组织推广街区商户公共参与，引导九眼桥、兰桂坊等特色街巷夜间外摆、扩大经营，突破户内封闭式传统卖场消费模式，利用街面区域打造开放式文商旅新空间，开展形象展示交流推广活动，开发具有多元功能的首发首展、商务交流等体验类产品。

（三）规划建设夜游交通动线

以一江带全域，沿“一路一江”主轴串珠成链、用活景观，规划建设“公交+专线+慢行”三网融合的旅游交通动线，串联“夜游锦江”码头、水井坊博物馆、太古里、大慈寺等16个夜间地标景点，推出天府美食之旅、蜀工技艺之旅、寻访名人之旅、浪漫艺术之旅等九大文旅主题精品线路，沿途打造“夜市、夜食、夜展、夜秀、夜节、夜宿”六大主题场景，将特色剧场、传统集市、艺术街区、博物馆、茶馆等消费场所纳入游线体系，构建起老成都、国际范兼备的都市夜游体验集群。围绕夜游体验线路，以个性化

① 资料来源于锦江区文体旅局。

消费业态吸引游客奔赴锦江之约，深入本地生活、品味天府文化底蕴，享受更有文化味的夜间消费。

二　提升夜间文旅资源供给质量，突出场景营造，构筑高品质沉浸式体验

锦江区坚持融合共生、协同共进的系统化思维，推动夜间文旅经济与相关行业跨界融合、裂变创新，着力提升夜间文旅供给质量，营造诗意栖居的绿色生态场景、“巴适”安逸的市井生活场景、国际时尚的品质消费场景，促进城市生态价值、美学价值、人文价值、经济价值、生活价值有机融合与统一，回应市民和游客对美好生活的期待。

（一）数字化赋能

以数字化转型作为夜间消费场景构建与治理水平提升的重要引擎，打造“线上+线下”“虚拟+实体”“云端+物理”相融的高质量夜间消费项目建设模式。在“夜游锦江”项目广泛利用新型 LED 显示技术、数字光影技术，在锦江沿岸建筑立面、堤岸、跌水景观屏，植入美学元素，投影呈现多维空间场景秀，促进“数字文化+硬核科技+未来街区”融合，创新展现天府历史文化韵致，重现“花重锦官城”胜景，让游客通过光影动态领略码头商贸、合江亭帆船秀、十二月花市画卷等主题景观。在三圣花乡等景区创新智慧管理机制，建设游客中心智慧平台，加强景区大数据收集分析，实现设施维护、交通组织、环境监测、游客服务等智慧化管理，为夜间游客安全便利活动保驾护航。在 2023 成都世界科幻大会期间，发挥春熙路商圈首批“全国示范智慧商圈”的平台导流功能，推出“元游锦江 · 熙游记”元宇宙科幻活动，将全区 5 个线下景点串联打造为“百变春熙”“大慈祝福”“夜游锦江”“九天揽月”“三圣花语”元宇宙互动探索体验场景，提供“故事+内容+创意”的游览空间。

（二）景观化改造

针对三圣花乡景区业态单一、区域基础设施老旧、夜间游客稀少等情况，全面开展三圣花乡提档升级，推动景观化改造。在国家乡村振兴战略指引下，坚持生态优先、绿色发展，加强规范化引导管理，将夜间经济发展作为景区增人气、兴商气、优配套、树品牌的重要手段，增强景区自我造血、自我发展能力。促进景区内传统“农家乐”高标准改造升级为夜间“轰趴”聚集点、花艺美学精品生活馆、“网红”美食打卡地、街拍聚集地、文化特色民宿等多元夜间潮玩景观，着力培育夜宵经济、短居经济等文旅产业新增长点，有效延长游客夜间逗留时间，打造全龄、全季、全时段都市田园乡愁打卡地，为市民和游客提供“触目可及的美丽景致、触手可得的温暖服务、触动心灵的深刻体验”。

（三）品牌化打造

把握文旅产业“一业兴、百业旺”的乘数效应和关联度强、融合度高的鲜明特征，围绕国家全域旅游示范区和天府旅游名县建设，将特色夜市品牌化、集群化建设作为促进产业融合、催生消费新热点的重要驱动力。全区以文化为内核，依托公园城市特有属性，从塑品牌、推沉浸、强宣传等方面发力，推出春台市锦、纯阳市集等富有特色的国际都会夜市 IP，融入露营、“后备箱经济”、轮滑、文创等时尚业态，发展沉浸式特色消费，推动夜间经济与手工业、汽车产业、体育运动等行业跨界融合。围绕夜间文旅经济品牌培育，焕新打造成都“十二月市”，彰显天府文化魅力，在全区聚集了 5 个国家级旅游新业态品牌、9 个省级旅游新业态品牌。[①] 华熙 live · 528、芙蓉国粹、东门市井等点位入选“新旅游 · 潮成都”主题旅游目的地，成都远洋太古里等点位入榜“成渝潮流新地标”，“夜游锦江”项目成为全国夜间经济新名片。

---

① 数据来源于锦江区文体旅局。

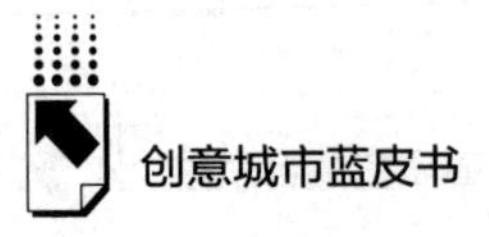

三 优化夜间文旅市场服务管理，突出以人为本，构建公共服务配套体系

锦江区坚持有为政府和有效市场相结合，区相关部门在履行夜间文旅消费市场监管责任的同时，加强对市场主体引导，发挥市场主体力量，推动夜间消费资源整合，构建高效协同市场运行机制。全区着力建设夜间经济公共服务体系，完善夜间公共配套、都市文旅场景推广和联防联控机制，统筹下好夜间文旅消费规划、建设、运行“一盘棋”。

（一）完善夜间公共配套设施体系和服务平台

紧扣夜间经济高质量发展，强化基础设施配套，增设夜间公交路线和夜间机场旅游巴士，以及夜间标识、景观小品、休闲设施、环境卫生设施、公共 WiFi、24 小时便利店等配套设施。聚焦潮流经济、周末经济等主题，围绕“吃住行游购娱”要素，市场化搭建夜间经济多业态服务平台，引导区域购物中心、大型商超、特色街区、餐饮等场所延长营业时间，提供深夜购物、周末市集等夜间服务；鼓励相关实体书店试行 24 小时营业制，开展主题夜读及相关服务；支持博物馆、展馆启动夜间开放和预约延时开放模式，提供夜间服务；引导商业综合体在节假日延长夜间营业时间，在夜间举办时尚走秀、时尚展览、新品首发等高端促销活动，有效带动市场主体及消费群体积极性。

（二）完善都市文旅场景推广机制

发布兰桂坊市集等锦江区夜间经济发展机会场景。通过“时尚春熙”APP 和微信小程序，打造特色活动、品质商户的一站式推介平台，发放锦江文旅消费券，进一步促进全时段消费。构建“线上线下互动、融媒传播”推广模式，向相关主流媒体平台实时发布街区精彩短视频，举办新媒体宣传活动，传播夜间文商旅场景魅力，助推“夜游锦江”、三圣花乡、1.314 爱情专线、纯阳市集等点位发展为市民和游客喜爱的“网红”打卡地，着力塑造“天府成都·品位锦江”美好形象。

（三）建立夜间经济安全联防联控和风险评估机制

强化夜间安全治理，建立完善夜间经济安全联防联控、风险评估机制，制定应急预案。联合区文体旅、商务、综合执法、公安、卫健等部门加强对重点文旅商圈、街区和有关场所的夜间巡控力量，依托大数据平台实时监测夜间消费重点区域客流情况，排查基础设施安全隐患，加强食品安全监管，提高夜间安全保障水平，筑牢夜间经济安全有序的发展基础。完善监管机制，平衡监管“温度”与“力度”，在相关夜市引入第三方机构对商家统一登记管理，实施一摊位一证件、户外经营备案制等准入机制，完善退出机制，“放而不乱、管而不死”，疏通夜间消费“毛细血管”。

B.23

“唤醒”工业遗存，“激活”场景势能

——成都东郊记忆转型引领城市消费升级

中共成都市成华区委宣传部*

摘　要：　本报告介绍了成都市东郊记忆工业遗产保护利用的成功案例，展示了从“工业锈带”到“活力秀带”的转型之路。东郊记忆通过协同发力“传承保护”与“品质提升”，推动形态更新，成为青年发展型园区；同时，聚焦“消费供给”与“场景营造”，促进业态育新，转型为时尚消费地标。在“留住记忆”与“创新发展”中，东郊记忆通过文态塑新，传承工业文明，表达文化自信。通过“机制改革”与“政策创新”，东郊记忆构建了可持续发展的生态圈，实现了商圈的繁荣，为超大城市老旧工业城区转型发展提供了新路径和示范意义。

关键词：　工业遗产保护　文化自信　文商旅融合　成都

工业遗产是工业文明的见证、工业文化的载体、人类文化遗产的重要组成部分。党的十八大以来，习近平总书记多次就历史文化遗产保护传承作出重要指示批示，深刻指出城市规划和建设要高度重视历史文化保护，注重文明传承、文化延续，让城市留下记忆，让人们记住乡愁，要处理好城市改造开发和历史文化遗产保护利用的关系，切实做到在保护中发展，在发展中保护，为做好新时代工业遗产保护利用提供了根本遵循。近年来，成都市深入

---

* 执笔人：周卫，中共成都市成华区委宣传部副部长，区文联党组书记、主席，区新闻出版局（区版权局）局长；苏青笠，中共成都市成华区东郊艺术区管委会四级调研员；邓敏，中共成都市成华区委宣传部文化发展科科长。

贯彻党中央国务院、省委省政府关于历史文化遗产保护传承的部署要求，坚持以建设践行新发展理念的公园城市示范区为统领，围绕世界文化名城和国际消费中心城市建设目标，主动服务和融入以国内大循环为主体、国内国际双循环相互促进的新发展格局，结合重点片区开发，注重在城市有机更新中保留历史文化，推动文化传承与城市发展相得益彰，促进城市“工业锈带”向“活力秀带”转变、文化事业与消费服务联动发展，探索超大城市老旧工业城区转型发展新路径。

东郊记忆位于成都市成华区，占地面积282亩，为成都红光电子管厂遗址，是西南地区最大的以工业遗址为基础、文化创意为核心的国际时尚产业园区，相继获评“国家音乐产业基地”“国家4A级旅游景区”“国家文化产业示范基地”“国家工业遗产旅游基地”等7项国家级荣誉，已成为国内工业遗址保护利用的标杆项目。特别是面对近年来新冠疫情严重冲击和复杂严峻的经济形势下市场消费信心不足等问题，园区以成都市“三城三都”建设为牵引，大力推进形态、业态、文态、生态“四态合一”，有效促进园区消费快速恢复与经济高速增长。目前，东郊记忆入园客群中外地客群的占比超过50%。2024年1~6月，举办500多场次的高水平和有文化内涵的文化活动，企业经营收入和税收贡献分别同比增长56.0%、81.7%，分别较2019年同期增长4.2倍、2.4倍，对激发引领城市消费升级具有重要的示范带动意义。[①] 2023年12月13日，中央政治局常委、国务院总理李强莅临东郊记忆园区调研。2024年4月26日，国家副主席韩正莅临园区视察。

一　突出“传承保护”与“品质提升”协同发力，以形态更新推动传统工业遗址蝶变为青年发展型园区

坚持在保护中开发、在传承中创新，统筹处理好“新与旧、文与产、人与城、保护与利用”的关系，在城市有机更新中保留延伸工业遗产内涵、

① 东郊记忆园区运营方统计数据。

渗入延展当代时尚潮流，既让工业遗产“留下来”，又让工业遗址“潮起来”。

一是注重规划引领，擦亮工业秀带。按照公园城市示范区“三个做优做强”重点片区开发部署要求，借鉴国内外先进理念和经典案例，遵循完整性、原真性、创新性原则，统筹推进园区形态保护性再造、产业化改造、景区化营造，完整保留原红光厂的建筑格局和道路格局，优化改造原红光厂的建筑风貌和生产设施，装配厂房改为演艺中心，荒废草坪改为露营集市，闲置空地改为滑板公园，锅炉罐体改为喷泉水池，有效保留空间肌理、延续建筑风貌。

二是注重有机更新，营建适青环境。坚持“园区对青年更友好、青年在园区更有为”的宗旨，聚焦成都建设青年发展型城市，以工业建筑的展陈表达和工业景观的美学塑造，大力实施“适青化”道路微整治、空间微改造、景观微更新，绿皮火车变身美食餐厅，厂办大楼变身柔性新空间，熔配车间变身荷苗小剧场，梯度打造一批分布有序、彼此关联、相互支撑的“工业风、潮流范”网红打卡地，推进园区复古格调与青春气息交相辉映、邂逅共融。

三是注重功能配套，提升区域品质。秉持“立足园区看园区、跳出园区建园区”思路，连片打造园区周边5.9平方公里区域，构建以东郊记忆园区为核心、以万科天荟社区商业、龙湖滨江天街零售商业为支撑的“消费活力三剑客”，依托临近园区的沙河、杉板桥公园、城市绿道等生态资源，持续建设绿化景观、文化小品、运动空间等配套，积极完善慢行交通、休憩休闲等设施，整体提升园区及其周边的外在颜值、内在气质。

二　突出“消费供给”与“场景营造”协同升级，以业态育新推动传统物业空间转型为时尚消费地标

坚持文商旅融合发展，瞄准颠覆性创意、沉浸式体验、年轻化消费、移动端传播四大领域，大力发展数字艺术、文娱潮购、音乐展演、社区美游、

特色宿集、美食品鉴等六大业态，持续释放市场活力、激发消费潜能，让“游客”变“顾客”、“流量”变“增量”。

一是聚焦主流客群，提升消费策源力。从年轻商家和年轻客群两端发力，以“创我时尚”的价值观念引进青年艺术家和青年个性品牌，以“青年人更懂青年人”的思维逻辑打造前所未有的“创意工厂”和前所未见的“时尚秀场”，为广大青年搭建创业舞台；深入洞察年轻客群追求个性化多元化、注重仪式感体验感的消费特点，积极引入主理人商业、夜经济商业、沉浸式商业等时尚消费服务项目，常态举办艺术展览、音乐演出、戏剧表演等系列活动，以原生醇厚的内容势能储备足够的市场新鲜感、关注度。2023年，已举办国家地理经典影像大展、红点设计概念大奖获奖作品展、成都国际友城青年音乐周等会展博览类活动超500场、音乐演艺类活动超400场、文化旅游类活动超100场。①

二是突出品牌思维，扩大消费影响力。坚持内容引领市场，持续强化首店首展引入、主理人孵化、原创品牌塑造，按照主理人与运营方“品牌共创、活动共推”的品牌培育联动模式，积极塑造“音乐+”“文创+”品牌标签，大力孵化“618幻夏音乐节”“打卡成都墙”“潮东看·共声响”等自有IP，成功落地全国首店11家、西南首店14家、成都首店60余家。近两年，园区被央级媒体报道超过130次，在微博、小红书等商业媒体上曝光量超过100亿次。②

三是营造多元场景，增强消费吸引力。聚焦“一街一主题、一区一特色”，组团式打造中央大道会展博览、东市花车市集、北街沉浸式美食等七大主题街区，常年落地蓬皮杜国际艺术双年展、“达芬奇IN成都”光影艺术展等国内外知名展览，系统集成音乐创作、表演、录制、发行、消费体验等功能，大力培育夜市、夜食、夜秀、夜学等业态，丰富完善“日逛展、夜看秀、全时购”的多元消费场景。2024年“五一”假期东郊记忆共接待

① 东郊记忆园区运营方统计数据。

② 东郊记忆园区运营方统计数据。

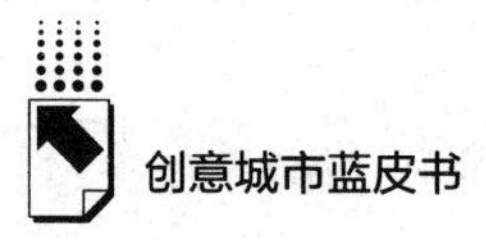

游客超 55 万人次，同比 2023 年增长 143.03%，单日最高客流超 14 万人次。①

三　突出“留住记忆”与“创新发展”协同推进，以文态塑新推动传承工业文明升华为文化自信表达

坚持与时代步伐同频、与城市发展共振、与自然人文互生，大力推进工业遗产内涵挖掘、价值阐释、故事讲述和宣传推广，有效激发文化共鸣、凝炼城市品牌、厚植发展基础、彰显文化自信。

一是传承工业文明，留住城市记忆。秉持“让城市留下记忆，让人们记住乡愁”理念，通过保留工业印迹、植入工业元素、展示工业文化等方式，精心打造耸立烟囱、蜿蜒管道、锈蚀邮筒等工业景观，让市民游客追忆那段激情燃烧的峥嵘岁月，在“记忆长廊”的黑白照片前翻阅创业历程，在零星分布的老旧机床旁回忆生产故事，在干部警示录等斑驳的标语下回顾不变初心，让“北有首钢、南有红光”的辉煌历史随处可见，“艰苦创业、无私奉献”的工业精神处处可感，有效镌刻过往记忆、延续城市文脉。

二是创新文化表达，激发文创活力。坚持守正创新理念，以技术搭桥，以互动增色，全方位推动传统文化探源溯流、文创产业融合发展，大力引入非遗传承人和手工艺人，集中展示川剧、蜀绣、蜀锦、竹编、剪纸等四川地区的非遗文化项目，成功落地首届中国群众文化品牌发展大会，以文创产业的内涵深化整合和外延融合带动，不断传承“文气”、集聚“人气”、汇集“财气”。2023 年 7 月开业的蜀宴赋，创新融合汉服文化、川菜文化、礼乐舞秀，打造集乐舞演绎、光影艺术、宴饮礼仪于一体的视觉、美食、音乐盛宴，创造了开业以来场场爆满、一席难求的现象级消费盛况。

三是打响国潮原创，引领时尚潮流。秉持创新、开放、包容的思维方式，注重中国传统文化与现代潮流元素的有机结合、与世界其他优秀文化的

---

① 东郊记忆园区运营方统计数据。

交流互鉴，大力支持服饰潮牌创新产品，扶持原创音乐新生力量，积极引入国产科幻艺术展览，以超强的原创力、鲜明的独特性、强烈的代入感，引领生活新风尚、激发消费新潮流。截至目前，园区累计创作推广原创音乐300余首，成功吸引近50家原创潮牌主理人入驻，其中国潮品牌1807排名全国前三。①

四　突出“机制改革”与“政策创新”协同保障，以生态焕新推动片区综合开发催生商圈万千气象

坚持目标导向、问题导向、效果导向，以园区管理机构规范整合为切入点，系统谋划、统筹联动，着力构建可持续发展的生态圈，奋力谱写中国式现代化万千气象成都篇章的“东郊华章”。

一是突出建圈强链，构筑全链条产业生态。坚持圈链融合，聚焦链主企业、公共平台、中介机构、产投基金、领军人才等“5+N”产业生态体系，鼓励支持万声音乐、合纵音乐等链主企业不断提升规模能级，积极招引讯飞音乐、韩国帝视特、意大利BM、美国高力等国内外龙头企业入园发展，不断推动音乐、博览、演艺、艺术时尚等上下游产业多元融合，园区“上门求商”变为“精选优商”。企业数由2019年的116家增加到392家，空间入驻率达95%，其中时尚设计类企业占46%，音乐艺术类企业占41%，会展博览类企业占5%。②

二是创新联动模式，构筑全方位运营生态。完善“市、区、园区”三级联动合作机制，按照“政府主导、企业参与、市场化运作”的原则，采取“整体出租+公开挂牌+进场交易+综合评审”的方式，引入顶级文创园区专业运营商，建立“1家市级平台公司+1个艺术区管委会+1个专业运营公司”的管理运营体系，积极探索国有文化园区市场化运营路径，构建覆盖

① 东郊记忆园区运营方统计数据。

② 东郊记忆园区运营方统计数据。

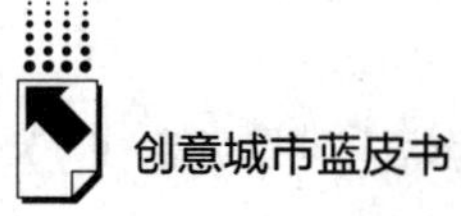

物业租金、文化演艺、品牌运营等的多元收入体系，提升园区可持续发展能力。

三是完善政策支持，构筑全周期政务生态。出台工业遗产保护利用扶持政策，建立长效养护机制，通过规划上制定历史建筑容量奖励与转移政策、确权登记上明确保留建筑的不动产登记方式、实施保障上提供特殊安全消防要求等政策，激发开发主体主动保护意愿。出台影视音乐、数字娱乐产业发展扶持政策，灵活采用项目专员负责制及“一对一、一帮一”项目服务活动，全力提供优质服务，打造可持续发展模式。

B.24

关于加快布局新赛道，打造成都元宇宙数字文创产业战略新高地

中共成都市青白江区委宣传部*

摘　要： 成都市青白江区既是一个年轻的区，又是一座古老的城。该区充分发挥其浓厚的历史文化资源禀赋和区位优势，携手北京当红齐天国际文化科技发展集团共同打造了西南片区首个元宇宙数字文旅产业园。该园区位于城厢古城，占地约347亩，总投资约50亿元。项目建设坚持构建“新场景”、强化“新引擎”、健全“新生态”，以文旅先行，加快布局新赛道，着力打造成都元宇宙数字文旅产业战略新高地。

关键词： 元宇宙　数字文创产业　建圈强链　青白江区

习近平总书记关于宣传思想文化工作“七个着力”指示要求，强调“着力赓续中华文脉、推动中华优秀传统文化创造性转化和创新性发展”。青白江依托作为成都国际铁路港所在地、中欧班列（成渝）始发地，“一带一路”倡议、成渝地区双城经济圈、西部陆海新通道等国家、省、市重大战略承载地的区位优势，以及“港城合一”，位于三星堆文化、金沙文化和宝墩文化连线的中轴线上，历史悠久、文化璀璨，历史文化资源富集的优势，为加速“元宇宙+文旅”产业落地，进一步加快西南首个元宇宙数字文旅产业园建设，促进数字文创产业发展提供了坚实的政策支撑和外部环境。

---

* 执笔人：袁关志，中共成都市青白江区委宣传部副部长，青白江区文联主席；肖代丽，中共成都市青白江区委宣传部文明建设科科长，区文化产业发展服务中心负责人；杨圣丹，区文化产业发展服务中心工作人员。

一　发展现状

元宇宙数字文旅产业园位于城厢古城，占地约347亩，总投资约50亿元，由青白江携手北京当红齐天国际文化科技发展集团共同打造，于2023年5月启动建设。项目分三期建设，一期打造元宇宙主题乐园、元宇宙主题沉浸式精品酒店、元宇宙沉浸式街区以及相关基础配套等；二期打造SoReal青白江焕真熊猫科技秀、5G+8K影视拍摄基地、全景全纬音乐演绎创作基地以及相关基础配套等；三期建设元宇宙数字内容创制基地、专业数字内容资源中心、元宇宙产业与创新孵化基地以及相关基础配套等。2023年的中国国际服务贸易交易会上，与北京首钢园通过虚拟现实技术，实现了全球首次相隔千里的跨时空同屏互动，这种“虚拟照进现实”的体验，受到社会各界关注。通过数字科技手段，“变身”科技赋能的“入口”，带领观众领略数字赋能的未来智能化生活娱乐场景，感受工业遗存在新时代的传承与创新，实现了数字科技与传统文化的双向奔赴。该项目融合城厢古城及老工业遗址的保护、城市更新和数字文旅建设，运用元宇宙等技术沉浸式、场景化展现天府文化、新丝路文化、三星堆文化等独特文化资源，交汇融通世界文明，面向“一带一路”和泛欧泛亚传播中华传统文化。

二　具体做法

青白江区遵循“文旅城人产”城市发展逻辑，以年轻人为消费主体、沉浸式体验为主要消费方式，携手北京当红齐天集团在城厢古城布局打造的元宇宙数字文旅产业园，用科技赋能跨越数千年的优秀传统文化，打造沉浸式文旅项目、发展沉浸式文旅产业，让青白江因“文”而得名、因“旅”而有趣。

（一）构建“新场景”，具象化赋能元宇宙应用

统筹整合区块链、数字孪生等前沿数字技术，拓展元宇宙在工业、教育、医疗、商贸、金融、城市治理等领域的广泛应用，加速实现工业元宇宙、教育元宇宙、医疗元宇宙、商贸元宇宙、金融元宇宙等产业场景落地，推动实体产业加速向数字化、元宇宙化转型升级。同时，在城厢镇108个院子里选取试点，打造元宇宙社区生活场景，实现现实世界与虚拟世界的叠加重合、全景交互，提升教育、医疗、居住等公共服务领域的可感可视化水平，让元宇宙发展成果更多更公平惠及市民群众，有效提升城市品质。

（二）强化“新引擎”，优质化打造产业圈链

发挥元宇宙数字文旅产业园的“强引擎”作用，积极培育引进数字文旅、影视传媒、科创等上下游骨干企业，孵化专精特新中小企业，成功牵手齐乐无穷、华谊兄弟等企业打造文旅、科创产业项目，启动数字城厢打造和NFT数字藏品开发，积极引入数字文创作品一级和二级市场业务，探索建立地区交易平台，加快推进瓷源创智数字化基地落地。多次赴上海、深圳等地开展招商引智推介会，举办“一带一路”文化创意设计大赛及项目路演活动，吸附招引阿里·共道（成都）数字经济产业园等20余个重点项目（企业）入驻，畅通上下游、整合左右岸，完善产业图谱。引导成立青白江区文化创意产业发展协会，让文创企业抱团发展，以产聚才、以会促产，发挥共赢共享的向上作用。

（三）健全“新生态”，实力化培育市场主体

瞄准硬件、软件、内容等元宇宙产业链关键节点，以链招商，发挥大数据、人工智能、软件和信息服务等特色产业优势，深化实施“一链一策”“一企一策”，招引元宇宙行业龙头企业，加强市场主体的各类人才队伍培养，为企业创新发展提供覆盖全生命周期的优质服务。围绕元宇宙产业推行“企业提需求+政府给支持”联合引进“高精尖缺”人才，加大对拥有国际

领先的核心技术或自主知识产权的元宇宙相关人才入驻的政策扶持力度，发挥引入领军人物、高层次人才示范带头作用。同时，鼓励本地职业院校增设元宇宙相关学科，加强就地孵化自身人才，推动内驱力的高质更新。

三　未来发展建议

青白江区将坚持立足政策撬动，坚持元宇宙科技与文化双向赋能以及做好人才等保障机制建设，持续推动青白江区数字文创产业的长足发展。

（一）坚持政策牵引，培育本土企业（项目）

修订完善《成都市青白江区促进文化创意产业发展若干政策》等系列奖扶政策 19 个，覆盖中试产业、文化创意、乡村振兴等 22 个行业门类，设立 50 亿元的中试产业发展基金。拟设 1 亿元的文创产业发展专项资金，加大文化创意产业专项资金对元宇宙数字文创产业、对外文化贸易、传媒影视、版权、音乐产业等的扶持力度。

（二）坚持区域联动，深化异地合作

加强与三星堆文化遗址、金沙文化遗址和宝墩文化遗址线上线下沟通与互补，在元宇宙沉浸式体验场景、消费场景设置中呈现更多彰显天府文化、巴蜀文明特色文化元素。招引影视拍摄基地、四川大学生戏剧节等重点文创项目、沉浸式文旅演绎剧目，培育一批文旅 IP，努力营造“城厢街头走一走、穿越千年有没有”的古城映像，让创新创造、优雅时尚、乐观包容、友善公益的天府文化在青白江集中呈现、持续彰显，让中华优秀传统文化在青白江“活起来”。

（三）坚持技术支撑，拓展文创新业态

元宇宙技术与文化融合发展等领域具备了较深的技术积淀和实践经验，继续发挥亚蓉欧大通道的优势，打造立足成都、服务全国的中欧班列文化专

列，通过创意涂装、箱体浮雕、特效渲染等艺术科技手法，直观展现中华文化元素，同时融合区块链、5G、VR、AR 等数字技术，建立起元宇宙中华文化大空间行走 PVE，沉浸式再现三星堆文化、金沙文化、熊猫文化等中华文化场景，多维度展示蜀锦蜀绣、川酒川茶、新式茶饮等产品的创作、生产过程及生动故事，在兼顾中欧班列沿途国家和地区消费习惯和文化习俗基础上，培养更多中华文化产品海外“推荐官”，进而引导带动更多海外民众消费中华文化产品，以“生活化”的产品、“平民化”的视角展示更加真实、立体、全面的中国。

（四）坚持体系建设，夯实机制服务保障

强化对全区数字文创产业的统筹谋划、组织协调、过程管理、跟踪督查。发挥顶层设计作用，协调相关部门，完善数字文创产业联席议事机制。建立元宇宙数字文创产业发展专家咨询委员会，调整优化“中欧班列”智库成员结构。加强与中国数字文化产业生态联盟、成都数字文创产业联盟等机构和平台的联络与合作，强化对项目、产业的推介、招引、培育、发展的智力保障。每年以智库力量形成专题调研成果不少于 2 个，并转化成可复制推广的可行性举措。

B.25

推动打造科幻产业发展新高地

——以世界科幻大会为例

中共成都市郫都区委宣传部*

摘　要： 郫都区依托世界科幻大会主会场和地域禀赋资源优厚的优势，以世界科幻大会成功举办为契机，以成都（科学）科幻馆、成都影视城为阵地，立足"科创高地、锦绣郫都"目标定位，通过实施科幻"生态构建、产业集聚、品牌塑造、融合创新"四大工程，全面推动打造科幻产业（影视）发展高地。2023成都世界科幻大会期间，共计服务来自全球35个国家（地区）的近1200名嘉宾参会，约2万名幻迷参会，累计开展200余场主题沙龙，推出系列主题宣传报道上千余条次，不断推动科幻产业加速发展。通过系列制度措施，成功构建起世界科幻公园、成都科幻馆、菁蓉湖等系列科幻主题阵地设施，常态化运营开展系列科普教育研学和科幻主题沙龙等活动，切实形成了"会、赛、节、展"协同发展效应和浓厚科幻主题氛围，有力有效推动了科幻产业的进一步繁荣发展。

关键词： 世界科幻大会　科普教育　科幻文化　科幻产业　郫都区

一　基本情况

第81届世界科幻大会于2023年10月18日在成都成功举办，这是世界性科幻文化主题活动首次走进中国。大会以"共生纪元"为主题，累计吸

---

* 执笔人：罗杰文，中共成都市郫都区委宣传部宣传文化科工作人员。

引了来自全球 35 个国家（地区）近 1200 名嘉宾参会，约 2 万名幻迷参会。① 大会筹备和开展期间，郫都区深入贯彻落实省市工作部署，大力实施“科创高地、锦绣郫都”目标任务，以实施“四大工程”为抓手，立足郫都区实际情况全面做好活动筹备实施，整体取得了良好成效。大会后，在省市有关部门的支持下，郫都区持续不断围绕科幻产业发展发力，用好世界科幻大会名片资源和阵地设施优势，推动形成常态长效科幻主题氛围，成功构建起“科幻主题研学、科幻盛典活动、科幻人才培育”等多元一体发展格局，不断加速推动科幻产业、科幻事业的蓬勃发展。同时，结合成都影视城特色资源禀赋，打造“科幻+影视”“科幻+项目”等主题产品矩阵，持续不断吸引科幻企业、科幻作家、科幻团队入驻郫都。郫都区已招引三体、流浪地球 2 等顶流 IP 项目 3 个；聚焦科幻装备制造，招引北京澳丰源、荣谕科技等重点项目 5 个；聚焦科幻影视文创，招引瀚轩奇幻城、蓝色宇宙等重点项目 15 个。

二　主要做法及成效

（一）聚焦“科幻生态构建”工程，大力营造良好环境

郫都区深入围绕科幻产业发展规划，积极构建集制度、人才、环境等的多元一体的发展体系，全面为科幻产业发展营造良好政策环境。

一是全面抓好顶层设计。构建以举办 2024 成都世界科幻大会为主体的前期工作专班，形成“筹备—实施—转化”三步走工作路径，全方位服务科幻大会。大会期间，接待服务海内外嘉宾、团队共计 2.4 万余人。制定出台了《成都市郫都区建设清水河高新技术产业走廊打造成都科幻中心若干政策措施》《郫都区建设成都科幻中心行动计划（2023—2033 年）》等系列工作制度方案，明确打造科幻产业发展高地这一目标任务，系统规划未来发展方向、目标任务和责任部门，并分阶段谋划抓好各项重点工作，并以目标任务为抓手，大力推动重点

① 数据来源于成都市郫都区内部资料。

项目建设、系列主题活动举办等，确保各项工作按时有力有序开展。

二是扎实做好人才引育。积极组织承办“‘天府文创　携手同行’成都文创名企进名校招才引智活动”等系列人才招引活动，主动瞄准科幻人才需求、科幻（科技）成果转化等主题，面向全省、全市高校，集中展示郫都区科幻产业就业创业环境，不断吸引更多优秀人才投身科幻产业发展。联合发力培育科幻人才，与《科幻世界》、吴岩等团队开展合作，在郫都中小学校创建想象力教育校本课程、科幻社团和师资培训，成功申报了省科协想象力教育工程基地学校 3 所；遴选全区 30 余名中小学教师，定期开展想象力教育教研培训，持续壮大科学教育工程队伍。同时，成功组建成立服务科创产业发展的“科创新城管委会”，成功打造一支服务科幻产业发展的人才队伍，切实有效为推动科幻产业发展提供人才支撑。

三是大力聚合优势资源。依托“全国首批双创示范基地”名片，统筹用好辖区电子科大、西南交大、四川传媒学院等 20 所大中专院校，以及 25 万在校师生资源，创新组建科幻产业发展联盟，持续为科幻产业提供人力资源支撑。大力整合辖区 29 个专业孵化器、249 个实验室和技术平台等阵地优势，积极推动科幻产业（事业）孵化运营，为科幻产业发展提供良好阵地平台资源。锚定“建设成都科幻中心，打造双引擎四基地”的发展目标，着力布局建设成都电子信息产业功能区、成都影视城，聚集华为智算中心、国家超高清视频产业基地、全球最大单体数字摄影棚等项目，连接成都游戏开发、动画特效、科幻周边等优势资源，参与《哪吒之魔童降世》《宇宙探索编辑部》等科幻影视作品制作，为科幻产业建圈强链奠定了基础。持续加快建设超高清科技创新园、广电影视产业基地、未来岛、数研岛，不断为产业发展提供充足载体保障。

（二）聚焦“科幻产业集聚”工程，配套抓实阵地建设

郫都区始终坚持以科幻产业发展配套建设为重要内容，多措并举抓好配套资源的软硬件建设，不断推动提升科幻产业发展集聚的底气和实力。

一是构建产业“四梁八柱”。深化“管委会+公司”管理运行模式，启

动科创医院建设，加快推动科创服务基地、清水半岛酒店等项目 25 个，“三隧一互通”等重要交通工程建成通车，国盾融合创新中心投入运营，成都科幻馆、世界科幻公园等地标性项目全面呈现，初步形成南北贯通、东西畅达的“十字廊道”，“聚人兴产”支撑逐步夯实。制定发布科幻产业蓝图和首批机会清单 27 条，研究制定郫都区科幻政策 20 条和科技创新若干政策 21 条，为科幻企业、平台和人才提供政策支持。全面筑牢产业支撑，统筹梳理规划 42 万平方米科幻产业载体，大力培育发展 42 家存量泛科幻类企业，不断完善科幻产业发展阵地配套。2023 年，为科幻企业提供房租减免等资金支持 1788. 08 万元，全区科幻产业规模达 35. 83 亿元。

二是狠抓项目“招大引强”。依托成都影视城等产业阵地，聚焦数字影视，积极布局抢占科幻影视产业制高点，编制完成郫都区科幻产业规划，梳理明确科幻目标企业，聚焦科幻内容创作、科幻影视制作等内容，成功招引三体、流浪地球 2 等顶流 IP 项目 3 个；聚焦科幻装备制造，招引北京澳丰源、荣谕科技等重点项目 5 个；聚焦科幻影视文创，招引瀚轩奇幻城、蓝色宇宙等重点项目 15 个。2023 年新签约引进项目 23 个，其中 30 亿元项目 1 个、5 亿元项目 3 个。推动谋划形成一批“科创+科幻”产业链，拟打造“映美元宇宙光影馆”“元宇宙超大型光影群落”等科幻视听产业，推动形成产业发展主引擎，助力成都打造“中国科幻之都”。

三是全面凸显“能级效应”。依托成都影视城、四川传媒学院等特色产业载体优势，深度聚焦科幻数字影视产业发展，已成功签约科幻网络剧《半莲池》《望丛传奇》等 10 余部影视作品。瞄准科幻 IP 打造、科幻影视制作等产业细分领域，发布科幻主题机会清单 38 条，加大重量级 IP 招引力度，集中签约冷湖成都科幻影视创制中心、科幻电影沉浸式互动实验室等项目 4 个，引进《超新星纪元》《太阳系公民》等科幻影视剧 9 部。聚焦未来产业新赛道，打造清水河高新技术产业走廊成都科幻中心，并聚焦科幻内容创作、科幻影视文创、科幻装备制造等产业新赛道，引进《三体》《流浪地球 2》等 3 个顶流 IP，同时引入蓝色宇宙、利亚德光电等 20 个重点科幻项目，并落地“全球华语科幻星云奖”。

（三）聚焦“科幻品牌塑造”工程，持续提升发展质效

郫都区持续发挥和用好 2023 成都世界科幻大会承办地效应和成都科幻馆特色名片，全面推动打造郫都特色科幻品牌矩阵，不断推进科幻产业高质量发展。

一是擦亮科幻产业招牌。规划“一心两城多点”空间布局，以世界科幻公园为核心，科创新城、成都影视城为两城，发展科幻会展、科幻装备、科幻影视等重点产业；依托特色小镇、主题街区、林盘聚落，构建多点支撑的科幻主题场景。成功举办 2023 成都科幻中心产业大会，组织开展《雨果X 访谈》活动 2 期，面对面对话本·亚洛、何夕等国内外科幻权威专家和行业大咖；成功举办“迎世界科幻大会，享幻彩之音”、《奇思妙想》等系列科幻主题活动 130 余场，覆盖人群超 100 余万人次。

二是打造科幻品牌聚落。依托 2023 成都科幻中心产业大会，成立“星槎”科幻产业联盟行业资源，发布联盟倡议，构建涵盖科幻 IP 创作、培育、转化及交易全链条的生态体系，形成“科幻—技术—文化—服务”多维度复合未来高端创源集群，成功组织三体宇宙、蓝色光标、华语星云奖、翌星传媒等企业进行项目路演。打造科幻活动阵营，成功举办“天问奖”“华语星云奖”等科幻类大型活动 10 场以上，开展青少年科幻研学活动 30 场以上，全年接待参观人次 30 万以上，促进区域科幻热度再提升；引进头部企业 10 家，科幻领域创作团队 5 个以上，完成产业链结构分析和产业图谱编制，夯实完善产业基础；依托新媒体平台和国家及省、市级主流媒体开展系列主题宣传推广，不断加快郫都科幻品牌形象塑造。

三是用好世界科幻大会名片。成功举办 2023 成都世界科幻大会，面向全球公开选定扎哈事务所“星云”设计方案，仅用 14 个月完成成都科幻馆建设，成都科幻馆入选 2023 年世界科幻旅行目的地。聚焦抵离、入住、餐饮、活动等各环节，组建“一厅七员”全流程服务管控团队，实行“1 对 1”“1 对多”专员服务，开闭幕式和雨果奖颁奖典礼、236 场主题沙龙、主题展等活动精彩呈现，吸引海内外嘉宾、幻迷 2.4 万余人，嘉宾规模、涵盖

国别、会员规模均创历届之最，向全世界展示了成都科幻魅力，形成了“中国科幻看成都”国际共识。

（四）聚焦“科幻融合创新”工程，不断扩大宣传覆盖面

郫都区将科幻产业发展与区域经济社会发展深度耦合，在紧扣科幻产业高地建设的同时，狠抓“科幻+”系列融合，不断推动科幻文化与地域特色融合创新。

一是抓好融合创新发展。高质量培育发展“科幻+”系列产业体系，借势世界科幻大会，突出“以会兴产”，编制科幻、科创、科普融合发展等系统化产业规划，出台了科幻产业扶持政策，设立科幻产业发展基金，引导科幻产业领域企业、科幻大师工作室等落户，大力发展科幻文学、科幻影视、科幻旅游等特色产业。统筹策划成都科学馆后期管理运营，常态化开展科幻主题研学等活动，全面争创全国科普教育基地等“国字号”名片，全力打造科幻“文化策源地、产业承载地、人才聚集地”。

二是做强主题宣传推广。围绕科幻主题、突出郫都元素，精心设置议题，央视《新闻联播》刊播 2 条反映科幻大会开闭幕式盛况新闻，围绕中国科幻发展、科幻产业主题沙龙、展览、艺术装置等内容，在 CCTV1、CCTV13、新华社等各级主流媒体平台推出《中国科幻：已经走到哪儿了》《探馆世界科幻大会　体验科幻新元素》等新闻报道 500 余条（次）；活用区域内网红大 V 资源，推出雁鸿“川剧幻梦机械少女”作品系列短视频——在抖音平台热榜排名第二，浏览量破千万；在 China Daily、CGTN 等外媒平台推出新闻报道、简讯 100 余条，生动讲好“成都西部科创中心”生动故事，对外展示“科创高地、锦绣郫都”城市形象。

三是做好科幻氛围营造。制定并印发《郫都区关于迎接第 81 届世界科幻大会系列主题活动宣传工作方案》，打造主题雕塑、墙绘、特色站台等多层级、立体化科幻主题装置艺术，全面营造科幻产业蓬勃发展的良好社会氛围。坚持以群众性文化文艺活动为核心，策划开展“科幻主题绘画”比赛、“奇思妙想·异想天开”科幻主题展、“新时代好青年”主题创作大赛等系

列科幻主题赛事活动100余场，全面调动市民参与科幻的积极性和主动性。创新设计推出的“科幻伴手礼”系列文创产品，以及科幻舞台剧《蜀绣起源》、科幻剧本《望丛传奇（初稿）》、《锦绣郫都杯·科幻征文集》短篇小说汇编等系列文艺精品，深受广大群众喜爱。

三　启发与思考

（一）构建科幻产业高地，关键是要抓好项目招引

项目建设是推动科幻落地发展的重要内容，也是助力科幻文化繁荣发展的题中之义。只有深度聚焦未来领域，抢先布局新赛道产业，围绕“IP、会展、链主”三大引育计划，才能有效推动科幻产业建圈强链，助力全国科幻产业高地打造。特别是要在深入贯彻落实新质生产力发展要求，以数字化、科技化、创新化项目招引为依托，多维度构建起适合科幻产业（文化）发展的优良基础环境，积极主动开展科幻人才、企业的培育招引工作，全方位打造科幻产业（文化）协同发展矩阵，做优做强产业配套服务和资源对接，吸引更多优质科幻项目落地投资建设，有效扩大科幻产品需求，大力提升项目核心竞争力和影响力。唯有如此，才能有效夯实产业发展的基础阵地，助力产业高地建设。

（二）擦亮科幻产业名片，核心是要加快品牌建设

世界科幻大会是科幻界重要盛会，也是世界级科幻盛典首次在中国举办，对推动科幻产业（文化）发展具有重要意义。要用好第81届世界科幻大会承办地的优势和资源，推动打造国际国内科幻品牌，充分发挥成都科幻馆等地标性阵地优势，积极联合蓝色光标等科幻企业开发元宇宙旅游场景；要依托世界科幻公园，策划世界科幻大会平行会场、世界科幻大会组织者大会等衍生品牌活动，推动建设首个科幻主题博物馆；发挥“全球华语科幻星云奖”等科幻大奖影响力，激发科幻人才创新活力，推动郫都

科幻产业品牌建设，才能有力有效形成具有自主吸引力和知名度的科幻品牌。

（三）提质科幻产业发展，重点是要升级产业生态

产业要高质量发展，营商环境和配套政策是重要内容。只有充分发挥好世界科幻大会的影响力，探索制定发布科幻产业政策 20 条、第二批机会清单等科幻产业政策细则，才能全面优化科幻发展的基础环境和政策服务，提升科幻产业发展的软环境；要进一步依托“星槎”科幻产业联盟等知名机构，推动建设打造科幻 IP 运营中心和科幻创作营，大力输出系列原创高质量作品，积极推动世界科幻大会雨果奖作品、流浪地球 2 等顶流 IP 的转化利用，不断提升科幻产业的发展动能。同时，建好产业生态链、强化人才培育，也是夯实产业发展基底的重要举措。要发挥好影视资源、辖区高校等的地域特色优势，将地域资源优势同产业发展有机融合，进一步提升产业发展的具体优势。

B.26

成都市广播电视台 AIGC 创新应用实践

成都市广播电视台*

摘　要： 本报告介绍了成都市广播电视台（简称“成都台”）积极探索AIGC 创新应用的实践情况。其依托于自主技术平台及创意内容团队，成立了“AIGC 创新应用工作室”，致力于推动人工智能在广电行业的创新应用。旗下科技企业自主打造“知著 AI 智能应用平台”，支撑全台提升内容生产效率和创新创作能力，持续推出基于 AI 技术的创新作品，构建 AIGC 培训课程体系，打造传播矩阵并发起城市电视台联盟行动，加强媒体品牌建设和产业共荣，为媒体行业在“人工智能+”赛道的创新探索提供可参考的案例。

关键词： 人工智能　橙视科技　知著 AI　成都

随着 Sora、Gemini1.5Pro、Genie 和 Claude3 等大模型的发布，以及训练参数和窗口容量的持续扩大，人工智能以惊人的速度实现了从感知和判断到生成和创造的巨大跨越。在海外大模型持续催化作用下，国内各大模型厂商稳步追赶，国内外人工智能底层大模型技术和用户层 AI 应用百花齐放，为文化传媒领域提供了前所未有的内容生产力，并正在重塑数字时代的传媒发展新模式。2023 年底召开的中央经济工作会议明确提出，要以科技创新推动产业创新，特别是以颠覆性技术和前沿技术催生新产业、新模式、新动

* 执笔人：吴雷，成都橙视传媒科技股份公司董事、总经理；黄峻，成都市广播电视台视觉监制、导演；夏春兰，成都橙视传媒科技股份公司企划总监兼技术委员会执行主任、高级信息系统项目管理师。

能，发展新质生产力。依托全台内容生产创作资源和旗下高新技术企业十余年来文化和科技融合的能力积淀，成都台抢抓人工智能发展机遇，于 2024 年 2 月 23 日，与中央广播电视总台同天挂牌成立成都市广播电视台“AIGC 创新应用工作室”，旨在切实推动前沿人工智能技术在广电媒体行业的创新应用，激活精品内容生产活力，探索具有全国代表性的“人工智能+广电媒体”业务场景，构建全链条智慧融媒生态，并积极开展多种形式的人工智能社会实验，以数字文化全力助推新型智慧城市建设。

一 AIGC 创新应用探索及成效

成都台挂牌成立“AIGC 创新应用工作室”工作，由台总编室牵头，便于整合全台内容生产单元，由台全资下属高科技企业——成都橙视传媒科技股份公司（以下简称“橙视科技”）具体负责，成立“AIGC 创新应用工作室”是对未来智能内容生产趋势的前瞻性布局。“AIGC 创新应用工作室”按照“5 个 1”推进系列工作，包括 1 个工具平台、1 系列优质作品、1 个训练营、1 套传播矩阵，以及联合全国城市台开展的“万千气象 AI 中国”创新应用行动。

（一）坚持科技赋能传媒发展理念，打造自主技术共享平台

近十年来，文化传媒行业尤其是媒体单位都面临着技术革新带来的转型压力，大多数媒体在转型过程中都会依赖于市场技术厂商的软硬件产品，实际应用中还会面临技术蒙蔽、功能限制、信息泄露等问题。因此，拥有自主的科技力量是媒体单位适应数字化转型、掌握主动权的破局方法。橙视科技是国内较早启动科技自主、拥有大量专利和知识产权，并在业内具有较强影响力的媒体科技企业，已被认定为国家高新技术企业、省级专精特新企业，连续多年获评省最具核心竞争力软件企业。橙视科技发展方向源于成都台对其确定的“融媒科技”主赛道和打造“全国一流的智慧融媒运营服务商”目标定位，这也要求橙视科技保持对行业趋势的敏锐洞察和对技术发展的高

度重视：2012 年组建技术研发团队，2015 年规划并建成成都广电大数据中心，2017 年探索人工智能场景应用，重点在计算机视觉和自然语言处理两个领域形成自主知识产权；2019 年在成都市委宣传部、市委网信办支持下挂牌成立“成都市媒体融合发展技术实验室”，整合中国网安、腾讯云、科大讯飞等头部企业的技术底层能力，以人工智能和国产化为方向提前布局探索；2021 年推出“看度 AI”平台，重点实现用户画像和个性化推荐功能，以及各种图文的智能应用，获得了市文产资金专项扶持；2022 年“看度 AI”入选四川省文化产业重点项目库；2023 年，项目更名为“知著 AI 智能应用平台”（简称“知著 AI”，技术架构详见图 1），取“见微知著”之意。

“知著 AI”作为橙视科技自主打造的人工智能技术平台，不仅展现了其在人工智能领域的深厚积累，也扮演了推动全市媒体智能化转型的重要角色。该平台目前已形成文稿、图像、音频、视频相关的 AI 智能处理和深度合成（生成式）能力 20 余项，为成都台及全市区县融媒体中心内容生产管理进行 AI 赋能，常态化运用于全台各类创新短视频生产、主题海报创作、标识设计、文创产品设计、logo 动画演绎等内容生产，有效提升成都台八大内容生产中心、成都市市县两级融媒体中心及外部合作媒体单位的内容生产效率。同时，知著 AI 在技术提升和安全应用方面双轮驱动，已构建本地化的、安全可控的“知著 AI 数据库”和完善的安全防控策略，确保平台在提供高效工具的同时，能够满足成都台及对外服务单位在内容安全、数据安全、隐私安全等方面的高标准要求。

（二）推出系列 AIGC 优质作品，繁荣文化创意市场

社交媒体兴起以来，各个传播平台内容过载、质量和可信度参差不齐，主流媒体亟须适应新的传播环境和技术手段，努力提高内容的质量和吸引力。成都台积极探索以新技术创新内容表现形式，持续整合和利用成都及其周边地区的文化资源和创意潜力，打造一系列精品视听作品，推动天府文化创意产业的蓬勃发展。

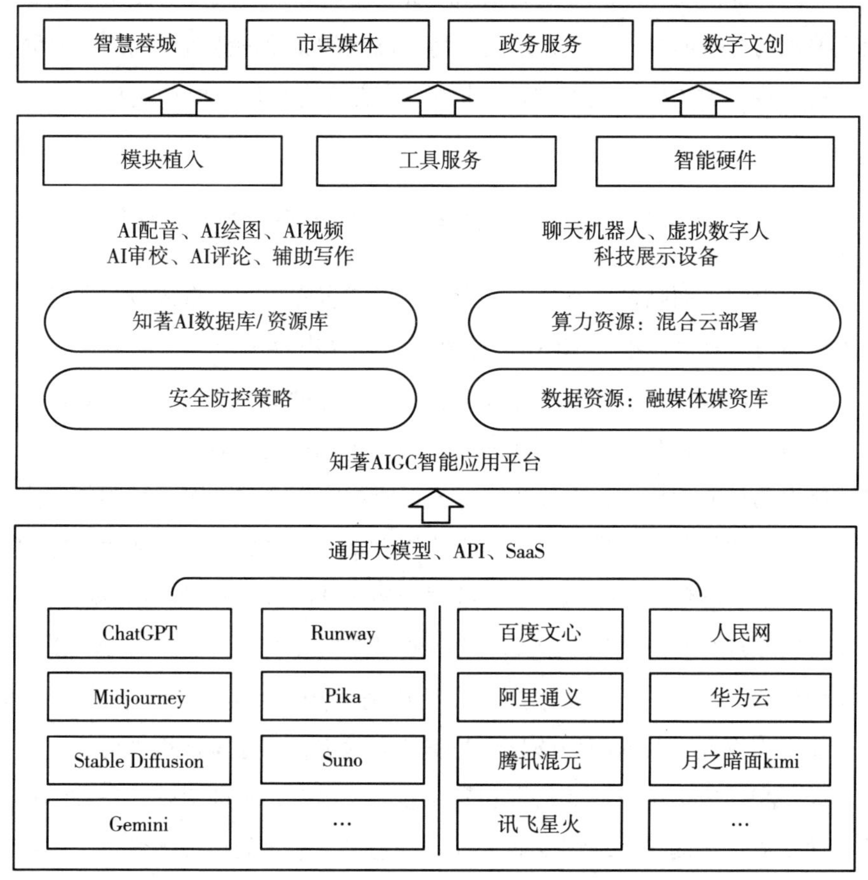

图 1　知著 AI 智能应用平台技术架构

一方面，以“三城三都”建设为主旋律，深入挖掘成都丰富的历史文化、地域特色和现代都市风貌，以 AI 技术创制的 AI 音乐、AI 视效、AI 动画等产品已先后成功运用在大型纪录片《青城山—都江堰》《蜀·风流人物》《科幻之都》《回乡种地的年轻人》等多部视听精品中。近期，成都台又打造了 AI 系列川剧故事动画片《芙蓉花仙》，致敬经典，传承川剧文化、展示天府风华。2024 年，成都台已列出一系列以 AIGC 为创新创作方向的精品清单，以工作室为引导，以“知著 AI”为支撑，推动全台所有内容生产单元向 AIGC 要生产力、要影响力。另一方面，以成渝地区双城经济圈和成德眉资成都都市圈等发展规划为指引，成都台将联动周边地方城市主流媒体及相关机构打造形成一个覆盖广泛、协同高效的文化创意生产网络，共同打造系列 AIGC 优质内容，促进地区间的文化交流与合作，促进文化创意产业市场繁荣发展。

（三）打造 AIGC 培训课程体系，培养全能复合型应用人才

主流媒体正面临技术快速迭代和内容形式多样化的双重挑战，尤其是通用大模型技术爆发以来，AIGC 迅速改变了媒体内容生产方式，更带动了创作思维的革命性转变。从某种意义上，个体的力量将会更加凸显，具有综合把控能力、全局导演思维的创意编导，形象化文本表述能力远大于传统文字撰述能力的新型创作者，将成为生成式视听内容生产主力军。亟须储备全能型复合型人才资源。为进一步探索“人工智能+”融媒的发展路径，探索以人为中心的智能创作、创意生产、数据分析等 AI 技术应用场景和创作潜力，AIGC 创新应用工作室借助成都台“高朋学堂”举办了一系列融媒 AI 技术应用培训活动。一是打造专家库，广泛邀请清华、复旦及川内院校专家学者、业内先进人才及内部优秀骨干充实培训师资；二是丰富培训形式，以线上、线下相结合，将普适性培训和专业性训练结合，不断强化导师和学员间的互动交流，持续扩大培训受益范围，三是建立系统的培训体系，工作室与“成视职培”和“蓉职培”市场教育品牌合作，在市人社局的支持下，正着力打造一套完整的 AIGC 人工智能培训课程，联合高校、企业推进产学研用一体化，专门培养一批具备 AIGC 应用能力的复合型人才，促进文化传媒行业的创新意识和精品创作能力提升。

（四）强化媒体品牌意识，打造新型内容传播集群

AIGC 创新应用工作室成立后，迅速启动 AI 创意作品的生产、分发和传播工作。在账号运营方面，将统一开设视频号、抖音号，打造统一的 H5 互动页面，并在新片场、光厂等开设账号主体，加强业界交流，制定统一的内容发布策略和品牌传播计划，确保信息的一致性和连贯性。在行业交流方

面，利用第十一届中国网络视听大会在蓉举办的契机，搭建展台、组织论坛，吸引全国上百个媒体机构沟通交流，中央、省、市各级领导到工作室展台参观调研。在宣传推广方面，将统一标识的 AIGC 作品，通过台旗下看度新闻、看度时政、看度经济等栏目不同平台的各类新媒体账号资源（抖音号、视频号、微博号等）进行宣传推广，并积极组织内部评优和创意大赛。在内容创作方面，AIGC 技术应用增强了内容的创新性和吸引力，将结合各党政新媒体运营需求，实施定制化的内容创作。在传播合规方面，作品显著位置都标识 AIGC 创新应用工作室及知著 AI 等信息，既提升 AIGC 创新应用工作室品牌的可见度，又符合《生成式人工智能服务管理暂行办法》等相关政策法规要求。在效果反馈方面，基于橙视科技的大数据挖掘和分析能力，定期监测作品传播效果，包括观看次数、互动率、转发量等关键指标，并根据数据分析结果，不断优化内容创作和传播策略，以实现最佳效果。

（五）联合城市台开展专项行动计划，助力视听行业新发展

为进一步加强在 AIGC 技术和应用赛道的抱团，在作品共创、素材共享、工具共用、平台共建等方面达成通力合作，第十一届网络视听大会上，中广联合会举行了城市台“媒体+”高质量发展交流分享会，成都台牵头发起“万千气象 AI 中国”全国城市台 AIGC 创新应用行动计划，与广州、武汉、南京、合肥、西安、长春、哈尔滨、苏州等 30 余家国内电视台携手探索“AI+”媒体多元应用场景，将共同推出《万千气象 AI 中国》全国首个系列城市主题 AI 宣传片。该行动将借鉴以往城市台多次深度合作，成功联制联播大型主题报道、大型融媒直播、联合采访行动等成功模式，以“一城一片”、共制共创模式，从音乐制作、文本创作，从美术分镜到画面生成，全流程采用最新 AIGC 技术，形成不少于 20 部城市主题 AI 宣传片，致力于推进网络视听行业大发展，多维呈现中国式现代化万千气象全新图景，共同绘制一幅新时代中国发展的壮丽画卷。

二　相关启发

（一）全局统筹，把控方向

媒体融合要综合世界格局、国家政策、行业大势和技术创新进行全局统筹规划，“建立以内容建设为根本、先进技术为支撑、创新管理为保障的全媒体传播体系”是媒体的使命和职责，内容、技术、产业和管理保障缺一不可。媒体融合这十年，互联网新技术的发展，从云计算、信息化、大数据再到人工智能，是逐步演进的，无论过程多么曲折，成都台始终坚持技术创新，不仅构建起自主可控且领先一步的技术团队、技术平台和技术体系，更以技术倒逼全台六大内容生产中心和各大经营单位，在各自的垂直发展主赛道上，拥抱新技术、创造新场景、适应新生态。

（二）技术自主，掌握主动

在数字化、网络化、智能化的今天，媒体单位必须掌握核心应用技术才能在激烈的竞争中立于不败之地。这要求媒体不仅仅要学会使用新技术，更要探索如何将新技术与传统工作深度融合，推进“数字产业化”和“产业数字化”。传统的重金投入，盲目上马大规模技术平台的方式，成为媒体行业尤其是重资产的电视媒体“难以言说”的痛楚，这更加凸显出掌握自主技术的重要性。近十年来，成都台持续以自主可控的高科技公司为引领，进行长期的、持续的技术投资和研发投入，构建拥有自主知识产权的技术平台，在融媒体新技术发展道路上掌握了一定的主动权和话语权。

（三）以人为本，积蓄动力

在人工智能快速改造传统生产力的大背景下，要清醒地确定 AI 的工具本质，文化传媒产业的发展更需要创作者的想象力、审美素养、艺术表达和把控能力，良好的“人机协同”才能整体推动技术与艺术的共同繁荣。同时，面临人工智能可能导致假新闻泛滥和道德伦理问题的巨大挑战，主流媒体单位需拥有一支坚定、可靠的新闻队伍。归根到底，人才是关键。成都台充分结合自身的内容生产优势和产业发展需求，以“高朋学堂”为依托，构建体系化、职业化、规模化的培训策略，积极培育具备专业技能和创新能力的复合型人才，致力于为文化传媒产业的长远发展积蓄动力。

（四）内容为王，结出硕果

内容为王，一直是媒体的核心竞争力。无论人工智能如何改变人们的生产生活环境，作为媒体，创作优质精品内容仍然是竞争优势。内容创作虽然应当坚持以技术创新为支撑，但最终还是要落实到作品上，否则就是“空中楼阁”。成都台成立“AIGC 创新应用工作室”，除了在橙视科技挂牌外，更以台总编室牵头，要求全台内容生产单元切实把 AIGC 用起来，以各种管理激励机制，推动精品创作落地。

（五）深耕城市“人工智能+”

“媒体+政务服务商务”是媒体转型发展的重要方向，2024 年政府工作报告中提出的“人工智能+”，更为媒体深耕城市发展提供了新路径。让 AIGC 更好地赋能城市外宣、活动策划、动漫动画、体育文娱、影视创作，文创产业赛道还需要进一步深耕，同时，人工智能在智慧城市治理领域中得到更加广泛的应用。从全国来看，如成都、深圳、长沙、苏州以及四川省内的德阳、泸州等地融媒体中心或城市台，积极拓展智慧城市服务，如“苏周到”“我的长沙”“酒城 e 通”以及成都台积极参与智慧党建、智慧文旅、智慧会展、智慧街道等智慧蓉城项目建设和运营，以云计算、大数据为底座开展“人工智能+”城市应用，预计在未来一段时间将会有更多应用。

B.27

加快建设“立足西部、服务全国”文化资源集聚交易平台

成都传媒集团*

摘　要：　近年来，成都传媒集团抢抓文化数字化发展机遇，全力推进将成都文化产权交易所打造成为“立足西部、服务全国”国内一流的文化资源集聚交易平台，助推文化数字资源要素自由流动、文化数字消费“国际+国内”双循环。本文以成都文化产权交易所为案例，系统总结其在文创资源数字转化、数字版权交易、产业融合等重点领域的主要做法和成效，并立足当前经营实际，提出深刻把握数据作为基础性战略性资源的核心作用，通过运营“智能媒资库”“文化大数据中心”等集聚文化数据要素资源，大力发展数字资产平台，培育文化数据存证确权、资产评估、数据要素价值转化和交易业务，不断增强“蛟龙”文化出海平台、“文采汇”线上文化采购服务平台服务实体经济保障能力等未来发展重点。

关键词：　数字经济　文化数字化　数字资产交易　数字文创　成都

当前，数字化浪潮席卷全球，我国数字化发展进程不断提速。数字文化产业作为数字经济重点发展领域，迎来良好发展机遇的同时，也面临文化消费规模不足、文化形态剧烈冲击、文化数据安全隐患等挑战。为建设社会主义文化强国，促进文化事业和文化产业繁荣发展，2022 年

---

* 执笔人：王苹，成都传媒集团运管中心经济分析经理；杜罗，成都文化产权交易所企管中心运管部总监，研究方向为文化资源数字化和数字资产交易。

以来，国家、省、市先后部署实施文化数字化战略，明确鼓励搭建文化数据服务平台，文化产权交易机构要发挥平台优势，积极提供相关数据交易服务。党中央、国务院印发的《关于推进实施国家文化数字化战略的意见》明确提出，到2035年建成国家文化大数据体系，在文化数据采集、加工、交易、分发、呈现等领域，加快培育一批新型文化企业。四川省委印发的《四川省推进国家文化数字化战略实施方案》明确提出，要深度融入国家文化大数据体系，搭建文化数据服务平台，支持成都文化产权交易所发挥在场、在线交易平台优势，为文化资源数据和文化数字内容确权、评估、匹配、交易、分发等提供专业服务。为全面落实国家省市相关战略部署，成都传媒集团（以下简称“集团”）制定出台《成都传媒集团数字化转型实施方案（2023—2025）》，全力推进成都文化产权交易所（以下简称“成都文交所”）建设成为“立足西部、服务全国”国内一流的文化产权交易所。

一　成都文交所基本情况

成都文交所成立于2010年6月，原注册资金1000万元[①]，是由省市共建、经成都市人民政府批准设立、国务院部际联席会议审核同意的四川省唯一面向全国的综合性文化产权交易服务机构，也是全国现有14家文化产权交易所之一。2020年4月，集团全面启动成都文交所重组工作，成功于2021年9月引入集团旗下上市公司成都博瑞传播股份有限公司（证券代码600880）与中国数字图书馆有限责任公司（以下简称“中国数字图书馆”）作为战略投资者，对成都文交所进行增资重组，扩大资本规模至1亿元，资本实力在同行业中与深圳文交所并列首位。合作方中国数字图书馆于2000年4月经国务院批准成立，注册资本8860万元[②]，主要承接全国文化信息

① 数据来源于成都传媒集团内部资料。

② 天眼查公开数据。

资源共享工程（国家数字文化网）和全国数字图书馆工程，是全球最大的优质中文多媒体数字资源内容与服务提供商。重组后，集团按照“一所多中心”战略，努力将成都文交所建设成为集引领性、示范性于一体、全国领先的文化产权交易场所。

二　主要做法和成效

主动融入国家、省、市文化数字化战略，围绕文化大数据、文化版权交易，深耕数字化转化和数字资产与产业融合两大领域，推进打造西部地区数字文化创新发展高地。

（一）建设集团智能媒资库，高效赋能媒体内容生产

作为集团数字化转型重点项目，智能媒资库围绕解决集团现有数据孤岛、烟囱数据、小数据使用问题，基于集团每经云底座建设，应用“大数据+区块链+人工智能”技术，对集团海量文字、图片、音视频等媒体资源进行数据化、标签化，打造涵盖媒资数字化、智能标签化、确权认证、上线交易、取证维权等全流程的“1+3”泛媒资、应用级智能化内容管理系统，实现媒体内容N次传播、精准分发和版权保护。截至2024年3月，项目整理上线超440万条①集团媒体资源数据，实现媒体稿件“秒级”全量视频化生产。其中，“成都发布”制作政务短视频最短仅用时13秒；每日经济新闻主视频号和抖音号日均播放量环比增长143%和17%②，最高日净增粉丝数环比超过70%③，仅3人团队运营的地方性财经媒体视频号“粉巷财经”达到日均10万+播放量爆款产出水平④，赋能效果显著。

① 数据来源于成都传媒集团内部资料。
② 数据来源于成都传媒集团内部资料。
③ 数据来源于成都传媒集团内部资料。
④ 数据来源于成都传媒集团内部资料。

（二）建设三大数字化转化平台，加快将文化资源转为数字资产

围绕文化版权交易，建设数字资产平台、数字出版产品交易平台和数字文化生态中心三大平台，为文化资源数据和文化数字内容提供匹配、交易、分发等专业服务。

一是建设国家级数字文化版权交易平台。2022 年 12 月，四川省天府新区、中国数字图书馆、成都文交所、西南联合产权交易所四方签约联合打造国家级数字文化版权交易平台，即成都版权交易中心数字资产平台。平台分为区块链知识产权保护、文化数据资产评估、交易三大板块，为用户提供文化数据要素梳理、确权、登记、监测、维权、评估、交易一站式服务。较其他平台项目，数字资产平台具备人工智能快捷高效评估、多渠道交易变现、区块链存证、耗时短成本低、标准权威等显著优势。截至 2024 年 4 月，平台已打通多省版权局、公证处，实现“发布即确权”；依托全国信标委大数据标准工作组数据资产专题组制定和完善的数据要素领域标准体系，联合中联资产评估集团北京数据有限公司、成都银行股份有限公司共同开展数据资产价值评估体系建立工作。

二是建设数字出版产品交易平台。为进一步促进文化和科技深度融合，探索数字出版产业模式，创新应用区块链、增强现实、人工智能等新技术，打造数字出版产品平台。平台数字出版产品具有数字标识、知识文库、文创电商三大特点，需取得合法出版社颁发的版权证书（书号等），并使用成都文交所自主知识产权的区块链—中数链进行存证确权（包括产品存证、发行存证和交易存证）。该平台于 2022 年 9 月正式上线，先后在一级市场发行了《庆赏升平》《安逸大熊猫》《成都大运会蓉宝系列》《文星旷世苏东坡》等文化 IP 数字出版产品。

三是建设数字文化生态中心。链接优秀文化 IP，打造沉浸式数字化展览，并以展陈内容为主线衍生丰富的、有生命力的数字文化产品，形成“主线展览+副线衍生品”的品牌模式化落地项目。2024 年，正值马王堆汉墓考古发掘 50 周年来临之际，由中国数字图书馆与湖南博物院联袂打造、

哈佛大学汪悦进教授团队提供学术指导的“生命艺术——马王堆汉代文化沉浸式多媒体大展”在湖南博物院盛大开幕，成都文交所统筹开展总体规划、整体宣推、展陈执行、场馆运营及各衍生项目全链条业务。大展整合全球领先学术资源，创新应用最前沿的数字媒体技术，以数字化多媒体剧场方式全新演绎马王堆汉墓这一举世震撼的文化遗产，同时力图开创具有全球影响力的文化遗产数字展示新范式。

（三）建设两大产业融合平台，加强数字交易服务实体经济

围绕文化版权交易，创新建设成都文创交易平台和“文采汇”采购平台两大数字资产与产业融合平台。

一是建设全省示范性成都文创交易平台。成都文创交易平台前身为成文交文创电商平台，是文交所自建的文创商品电商平台，2023 年正式提档升级为成都文创交易平台，结合地、市、州、区、县各类文化品牌，合力打造拥有线上“成都文创交易平台”、线下“成都文创”实体销售的空间，推动成都市文博、文旅、非遗、乡村振兴、文化创意产业发展。截至 2024 年 4 月，平台已累计入驻企业 50 家①，共设天府名产、非遗传承、时尚国潮、商务礼品、旅游纪念、数字文创、市州好礼等 11 个产品分类。

二是建设永不落幕线上文化采购服务平台“文采汇”。“文采会”暨公共文化和旅游产品采购大会，全国共设置长三角、珠三角、东北、西北、西南五个区域“文采会”，旨在破解供给主体单一、供需错配、体制机制不畅等问题。2023 年，成都文交所与四川省文化馆合作打造永不落幕的线上文化采购服务平台“文采汇”，作为川渝两地线下“文采会”的重要补充，精准实现供需对接。截至 2024 年 4 月，平台交易额累计达 4.3 亿元；② 与四川省礼品行业协会达成合作，下属数百家会员单位入驻；与四川省扶贫基金会、四川川香万家乡村发展集团有限公司达成合作，聚焦全省 183 个县

① 数据来源于成都传媒集团内部资料。

② 数据来源于成都传媒集团内部资料。

(市、区),搞活健康农副产品的现代化流通,促进乡村产业高质量发展;与西南联合产权交易所、四川文化创意产业研究院达成合作,推进相关文旅资源、品牌资源入驻平台。

(四)建设全国首个文化产品国际交易平台,助力优质文创产品出海

充分发挥成都文交所牌照和技术优势,抢抓文化出海机遇,成功取得每月 16 列出海专列运力。2023 年 1 月,成都文交所联合成都国际铁路班列有限公司共同打造的首发中欧班列(成渝)·传媒文化出海专列,整列货量 667 吨、货值 1008 万美元①,成都精品文创产品远销欧洲。依托文化出海专列,创新建设全国首个文化产品国际交易及清结算综合服务平台——“蛟龙”文化出海平台,为我国优质文创产品出海提供清结算、运力支持及金融保障,为国内文创企业提供文化出海一站式解决方案,打造中国文创企业西向、南向、北向出海的资源集聚交易基地。目前,该平台已于 2023 年 10 月正式发布,预计到 2025 年服务 1000 家以上国内外优秀文创企业,联合成都文创交易平台、“文采汇”、数字资产平台等合力提供“内循环+外循环”全过程、全方位、全链条服务,创新打造文化出海“成都模式”。

三　当前存在的主要问题和困难

(一)发展模式不成熟

与其他文交所相同,成都文交所虽已发展十余年,但随着市场环境和监管政策变化,至今仍处于探索和培育阶段,也没有可借鉴的成熟的商业发展模式,部分项目推进情况不及预期,存在定位模糊泛化、资源赋能不足、盈利模式不成熟等问题。

---

① 数据来源于成都传媒集团内部资料。

（二）相关政策不完善

文化产权交易监管和设计不同于一般的产权交易市场。目前，国家省市层面虽已出台文化数字化战略和实施方案，但就支持文化产权交易所发展方面，尚无相关的细化政策实施意见。

四　未来发展重点

紧紧围绕《关于推进实施国家文化数字化战略的意见》，推进成都文交所加快构建集数据要素登记、确权、治理、评估、交易于一体的全产业链体系，更好地为文化资源数据和文化数字内容确权、评估、匹配、交易、分发等提供专业服务，促进数据合规高效流通使用，赋能实体经济发展，为我国文化产业高质量发展贡献力量。

（一）加快集聚文化数据要素资源

深刻把握数据作为基础性战略性资源和关键性生产要素在市场中的核心作用，运营好“智能媒资库”，吸引贵州日报集团、泸州日报社、泸州老窖等外部机构入驻，持续壮大媒资规模，同时探索赋能集团媒体和全市宣传系统、区市县融媒体中心智慧化发展，逐步向抖音、快手、视觉中国和光厂等媒体实体进行业务推广。积极布局文化数据资产评估入表赛道，在数据资源资产化、要素化方面赢得先机。筹备建设成都市文化大数据中心，形成完整贯通的文化数据链，促进全市文化数字资源实时共享、互通互融。

（二）大力发展数字资产交易服务

大力发展数字资产平台，培育文化数据存证确权、文化数据资产评估、数据要素价值转化和交易等业务，构建公共文化服务、文旅文博、新闻出版、广播电视等数字应用场景。大力发展数字出版产品交易平台，布局搭建一级发行+二级交易平台架构的海内外发行与交易矩阵。深化与“央视诗画中国”“贵州遵义会议”“泸州老窖”等国内顶流文化 IP 合作，打造具有独特文化元素、市场元素、营销元素、流通元素的数字出版产品。大力发展版权综合服务平台，拓展布局影视版权和音乐版权交易。

（三）深化产业融合服务实体经济

不断增强“蛟龙”文化出海平台服务保障能力，与业内知名物流公司、财险公司等建立合作，开展包括资金清结算、保险和供应链金融、贸易供需信息、海关关务等文化外贸综合性服务，为国际国内优秀文化企业进出口双向互动和文化交流提供安全、高效、便捷的一站式智慧化解决方案。持续迭代升级以文化产品与服务集中采购交易为重点的综合性交易平台“文采汇”，与数字资产平台进行整合打通，实现版权交易、IP 授权转化一体化交易功能。持续发展成都文创交易平台，打通 MCN 直播带货新零售渠道，形成线上线下一体化发展态势。

附录一
2022~2023年成都市及各区（市）县文化创意产业政策目录

2022年

市级

1.《关于加快建设世界赛事名城赋能体育产业高质量发展的实施意见》（成办规〔2022〕6号）

2.《成都市支持体育产业高质量发展二十条政策》（成办规〔2022〕7号）

3.《成都市“十四五”体育产业建圈强链发展规划和二〇三五年远景目标展望》（成体发〔2022〕25号）

4.《成都市“十四五”世界文创名城建设规划》（成文改办〔2022〕2号）

5.《关于印发〈成都市推进“三城三都”建设行动计划（2021—2025年）〉的通知》（成三城三都发〔2022〕1号）

各区（市）县

1.《印发〈关于促进文化创意产业发展的实施意见〉的通知》（金委办发〔2022〕16号）

2.《关于印发〈成都市郫都区支持市场主体纾困解难促进经济稳定增长20条政策措施〉的通知》（郫府办发〔2022〕7号）

3.《邛崃市人民政府关于印发〈支持市场主体健康发展促进经济稳定

增长的政策措施〉的通知》（邛府办发〔2022〕18 号）

4.《关于印发〈成都市新津区支持文体旅产业发展政策〉的通知》（新委办〔2022〕28 号）

5.《青羊区关于促进文旅产业高质量发展的若干政策》（成青文体旅〔2022〕55 号）

6.《青羊区文化创意产业园认定管理办法》的通知》（成青文创管委会〔2022〕8 号）

2023年

市级

1.《关于进一步推动文艺创作和人才培养的实施意见（试行）》

2.《成都市文学艺术界联合会关于加强新时代文艺志愿服务工作的实施意见》

3.《成都市文学艺术界联合会关于加强文艺维权工作的实施意见》

4.《成都市美食产业（绿色食品）建圈强链十大行动方案》

5.《成都市经济和信息化局关于印发成都市工业文化发展实施方案的通知》（〔2023〕W-169 号）

6.《成都市推进国家文化数字化战略实施方案》（成宣发〔2023〕11 号）

7.《关于印发高质量打造全省文旅经济发展核心区推动世界文化名城建设行动方案的通知》（成办发〔2023〕5 号）

8.《关于加快打造科幻产业落地转化载体平台　推动科幻产业高质量发展的实施意见》（成宝通〔2023〕104 号）

各区（市）县

1.《成都市温江区关于印发促进知识产权创新发展政策措施的通知》（温府规〔2023〕2 号）

2.《成都市温江区人民政府办公室关于印发促进文化旅游和体育产业高质量发展若干政策措施的通知》（温府办规〔2023〕1号）

3.《成都市温江区人民政府办公室关于印发促进服务业高质量发展支持政策的通知》（温府办规〔2023〕2号）

4.《成都经开区（龙泉驿区）关于促进现代服务业高质量发展的若干政策》（成经开委办〔2023〕10号）

5.《成都经开区（龙泉驿区）科技创新驱动高质量发展若干政策措施》（龙府规〔2023〕1号）

6.《成都市郫都区建设西部有影响力的人才向往之城若干政策措施》（郫委办〔2023〕8号）

7.《成都市郫都区促进影视文创产业发展扶持政策》（郫府办发〔2023〕12号）

8.《中共蒲江县委蒲江县人民政府关于以创建全国文明城市和天府旅游名县为抓手全力做优做强郊区新城的实施意见》（蒲委发〔2023〕2号）

9.《蒲江县人民政府关于印发成都市蒲江县吸引人才发展产业做大做强县域经济政策措施的通知》（蒲府发〔2023〕4号）

10.《蒲江县文化文创人才激励措施实施细则》（蒲宣发〔2023〕1号）

11.《四川天府新区直管区关于加快版权产业创新发展若干政策》（川天管办规〔2023〕2号）

12.《四川天府新区直管区关于加快会展博览产业高质量发展若干政策》（川天管规〔2023〕2号）

13.《成都市武侯区关于聚焦产业建圈强链支持实体经济高质量发展的十条政策措施》（成武府发〔2023〕4号）

14.《〈成都市武侯区关于聚焦产业建圈强链支持实体经济高质量发展的十条政策措施〉部分条款实施细则》（成武文体旅〔2023〕53号）

15.《成都市武侯区关于促进数字创意产业发展若干扶持政策（试行）》（成武三国发〔2023〕2号）

附录二
2022~2023年成都市文化创意产业发展大事记

2022年

1月

5 日　2021 红点设计概念大奖获奖作品展在东郊记忆艺术区天府设计展览馆开展。

10 日　武侯祠・锦里入选文旅部国家级旅游休闲街区。

21 日　宝墩遗址展馆开馆。

25 日　国家体育总局公布“十四五”期间首批全国足球发展重点城市，包括成都市在内的 9 个城市入围。

30 日　武侯区文旅企业域上和美参与出品的舞蹈诗剧《只此青绿》亮相中央电视台虎年春节联欢晚会。

2月

8 日　新都区政府与世界冰壶巡回赛达成合作，世界冰壶巡回赛亚太总部落户成都市新都区，是全球性主要运动联盟组织机构亚太总部首次进驻成都。

3月

11 日　成都武侯祠博物馆“品味老成都・畅游大三国”——成都武侯

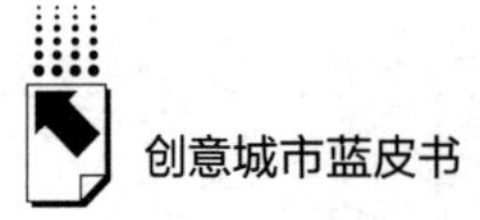

祠文旅融合创新项目入选 2021 全国十佳文化遗产旅游案例。

29 日 “榜样中国·2021 四川十大经济影响力人物”评选活动颁奖典礼举行。东郊记忆被评为“2021 四川十大产业园区”。

4月

8 日 北京冬奥会、冬残奥会总结表彰大会在人民大会堂隆重举行。市体育局获得“北京冬奥会、冬残奥会突出贡献集体”称号。

26 日 “2022 成都·欧洲文化季”首场活动“异质同构——成都—卢布尔雅那当代版画交流展”在成都·域上和美艺术馆开幕。

29 日 ICCA 国际会议中心落成典礼在完美文创公园举行。

5月

12 日 2022 当代好设计奖获奖作品展亮相东郊记忆艺术区天府设计展览馆。

21 日 第二届“天府之国”国际摄影巡回赛中国成都赛区获奖作品展开幕式在成都甲丁摄影典藏画廊举行。

6月

24 日 “首届数字乡村创新设计大赛”启动仪式在安仁古镇南岸美村举办。

24 日 “东郊记忆·成都国际时尚产业园提档升级”成功入选“东骄华章计划”A 类领军人才项目。

25 日 在巴西利亚召开的国际大体联执委会会议宣布成都 2021 年世界大学生运动会新的举办日期：成都 2021 年世界大学生运动会将于 2023 年 7 月 28 日至 8 月 8 日举行。

7月

2 日 2022 TGA 夏季总决赛在东郊记忆演艺中心正式开启。

8 日　天府设计展览馆“2022 社会设计展——我们的未来”在东郊记忆开展。同日，全国首个“熊猫 IP”艺术展“黑与白”于东郊记忆国际艺术展览中心开展。

18 日　成都市白鹿音乐旅游片区入选文化和旅游部公布的第二批国家级夜间文化和旅游消费集聚区公示名单。

30 日　2022 年第 56 届国际乒联世界乒乓球团体锦标赛（决赛）在成都举行赛事筹备工作新闻发布会，赛事会徽正式对外亮相。

8月

26 日　宽窄巷子入选第二批国家级夜间文化和旅游消费集聚区。

8 月 26 日至 9 月 25 日　由成都市人民政府外事办公室、爱尔兰驻华大使馆、匈牙利驻重庆总领事馆、捷克驻成都总领事馆主办，成都市广播电视台协办的“2022 成都·欧洲七国电影周”电影展映活动在沙河电影院和英皇 UA 电影城（悠方店）成功举行。

9月

7 日　成都武侯祠博物馆“明良千古——刘备与诸葛亮君臣合展”入选国家文物局办公室 2022 年度“弘扬中华优秀传统文化、培育社会主义核心价值观”主题展览推介项目名单。

9 月 30 日至 10 月 9 日　成都世乒赛在高新体育中心多功能馆进行。

10月

20 日　“成都造”中国首部熊猫主题驻场音乐剧《熊猫》剧组惊喜亮相 2023 成都世界科幻大会现场。

27 日　第二届华语青年作家写作营在成都开营。

28 日　川渝首届露营产业发展峰会在完美文创公园举行。

31 日　少城国际文创谷文殊坊街区入选 2022 年“全国非遗与旅游融合发展优选项目”。

11月

3日 首届中国（成都）生活体育大会在成都天府国际会议中心顺利召开。

4日 全国户外运动赛事战略合作城市签约仪式在成都天府新城会议中心举行。

4日 第28届“蓉城之秋”成都国际音乐季在成都举办。

5日 武侯区“成都音乐坊搭建‘音乐+文化+消费’场景助推文化和旅游融合发展”“营旅融合共建学生全面健康成长乐园——武侯区水韵园综合教育基地创新实践案例”等6个案例入选第九届文化和旅游融合与创新论坛2022文化和旅游新发展典型案例。

11日 由成都市人民政府主办、成都市商务局承办的第十九届成都国际美食节在新金牛公园主会场拉开帷幕。

18日 首届成都国际摄影周开幕。

26日 青羊区少城国际文创谷“推动有机更新　精植文创产业　赋能城市转型高质量发展”的经验做法入选《2022中国城市产业发展论坛》2022高质量发展创新案例，青羊区入选2022产业创新转型升级典型城市。

11月 国家体育总局体育文化发展中心公布“2022中国体育旅游精品项目”入选名单，成都共有6个项目入选体育旅游精品项目，其中3个被推选为十佳体育旅游精品项目。线路：环城生态公园“百公里一级绿道”骑行线路（十佳）；三遗之城都江堰体旅融合线路。赛事：中国围棋西南棋王赛（十佳）；成都·金堂铁人三项赛；成都马拉松。目的地：成都市金堂县（十佳）。

12月

14日 举办2022世界文化名城论坛·城市构想大会。

15日 2022金犊奖颁奖典礼在麓湖水上剧院举行。

15～18日 第九届成都创意设计周在世纪城会展中心举办。

23日 成都蓉城在凤凰山体育公园专业足球场迎来中超主场首秀，1：

0 击败联赛领头羊武汉三镇。

25 日　成都自主创办的 IP 赛事——2022 中国·成都天府绿道国际自行车车迷健身节（邛崃站）收官，今年是连续第 13 年举办，共 46 站赛事。

27 日　“拍在四川”影视拍摄一站式服务窗口挂牌仪式在 CEC784·万谷智慧产业园举行。

29 日　国家文物局公布第四批国家考古遗址公园名单和立项名单，其中邛窑考古遗址公园成功获批第四批国家考古遗址公园。邛窑考古遗址公园成为四川省继三星堆遗址、金沙遗址之后的第三个国家考古遗址公园。

28~29 日　2022 全国大学生电竞大赛全国总决赛在天府国际会议中心举行。

12 月　成都大运会开幕式及比赛场地东安湖体育公园一场三馆，入选 2022~2023 年度第一批中国建设工程鲁班奖（国家优质工程）名单。

12 月　中共中央宣传部印发表彰决定，对第十六届精神文明建设“五个一工程”组织工作先进单位和优秀作品进行表彰。其中，成都影视城作品院线电影《我的父亲焦裕禄》《哪吒之魔童降世》2 部作品获奖。

2023年

1月

10 日，d’strict 正式宣布其中国内地首馆 ARTE MUSEUM 落址成都东郊记忆。

13 日　第二届中国文旅产业创新发展论坛暨 2022 文旅风尚榜颁奖盛典在上海举行，青羊区获评“2022 文旅主客共享标杆城市”。

2月

17 日　“首届中法体育日暨 2023 蓉欧产业对话体育论坛”在中法（成都）生态园成功举办。

3月

10日 东郊记忆·成都国际时尚产业园圆周率室内乐团荣获2023巴赫国际音乐大赛室内乐金奖。

14~19日 由成都市人民政府外事办公室、印度尼西亚驻华大使馆主办，西华大学、成都大学中国—东盟艺术学院协办，成都市广播电视台承办的2023成都·印度尼西亚文化（电影）周在成都举办。

27日 第十届中国网络视听大会在成都成功举办。

4月

10日 成华区锔瓷技艺成功入选第六批省级非物质文化遗产代表性项目目录。

18日 邛窑获批第四批19家国家考古遗址公园挂牌。

26日 成都影视城管委会、成都文化产权交易所（以下简称成都文交所）、北京壹天文化（以下简称壹天文化）三方达成战略合作，宣布西部国际影视产权交易中心（以下简称交易中心）正式成立。

30日 2023年第十四届世界体育舞蹈节（成华分会场）启动仪式在成华区举行。

5月

8日 第31届大运会推广曲《城市的翅膀》群星版MV全网上线。

13日 第八届华语青年作家奖颁奖典礼暨第三届华语青年作家写作营开营仪式在龙泉驿区东安湖举行。

18日 “2023成都·欧洲文化季”开幕音乐会在成都城市音乐厅举行。

6月

9日 邛窑国家考古遗址公园揭牌仪式暨“窑窑相望”第五届邛窑柴烧艺术季开幕式在邛窑国家考古遗址公园举行。

9日　2022~2023年中国飞盘联赛·总决赛在城东体育公园开赛。

19日　2023金犊奖系列活动在麓湖水上剧场举办。

7月

18日　国务委员谌贻琴赴大运村调研村内文化交流活动。

22日　成都大运会大运村开村仪式举办。

28日　第31届世界大学生夏季运动会开幕式在成都东安湖体育公园举行。

8月

2~8日　2023成都国际友城青年音乐周在东郊记忆·成都国际时尚产业园开展。

9日　东郊记忆艺术区网络直播基地、ARTE全沉浸式美术馆入选2022年度四川省数字经济典型应用场景。

18日　东郊记忆·成都国际时尚产业园“不夜天府”消费新场景成功入选2023年度四川省“蜀里安逸”消费新场景。

19~22日　在中国档案学会举办的首届档案文创作品展示评比活动中，成都市城市建设和自然资源档案馆“城兰”系列文创获一等奖。

9月

6日　2022~2023红点设计概念大奖获奖作品展在成都天府设计展览馆开展。

8日　以“构建影视产权交易新生态”为主题的成都文化产权交易所西部国际影视产权交易中心揭牌暨影视基地授牌仪式在成都影视城隆重举办。

13日　首届中国群众文化品牌发展大会在成华区东郊记忆·国际时尚产业园举行开幕式。

15~16日　邛崃市作为“2023国际山地徒步旅游示范线路”十家推荐单位之一参加2023国际山地旅游暨户外运动大会，并在大会上获得IMTA正式授牌。

17日 第29届“蓉城之秋”成都国际音乐季在成都举办。

20日 以“荣耀光影·你我同行”为主题的金熊猫盛典在成都天府国际会议中心开幕。

21~22日 “2023王府井中国设计大秀”在少城国际文创谷祠堂街艺术社区闪耀上演。

22~24日 成都国际数字经济直播产业博览会在西博城举办。

27日 第二十届成都国际美食节在中国西部国际博览城举办。

10月

1日 全国首个三体“宇宙闪烁”增强现实观测站在东郊记忆·成都国际时尚产业园成都舞台开展。

12日 第八届中国成都国际非物质文化遗产节在成都国际非遗博览园开幕。

15日 第十四届中国音乐金钟奖在成都举办。

16~17日 举办2023世界文化名城全球大会。

18日 环球魔力《沉浸式文旅内容应用构建五维模型》项目成功入选“2023年度虚拟现实先锋应用案例名单”。

18~22日 第81届世界科幻大会在成都举行。

19日 第81届世界科幻大会年度“未来之选”发布会在成都科幻馆太阳厅举行。

25日 第十四届中国音乐金钟奖颁奖典礼暨闭幕音乐会当晚在成都城市音乐厅隆重举行。

11月

9~12日 第十届成都创意设计周在世纪城会展中心举办。

10日 第五届“金熊猫”网络文学奖征集评选启动。

21日 第七届成都国际诗歌周开幕式在成都市广播电视台演播大厅举行。

23~25 日　举办首届世界文物古迹保护与利用博览会。

23~25 日　第九届中国国际版权博览会暨 2023 国际版权论坛在中国西部国际博览城、天府国际会议中心成功举办。其间，2023 成都数字版权交易博览会同期举行。

24 日　完美文创公园获评 2022~2023 年度数字商业创新案例“最具影响力园区运营模式企业”。

29 日　东郊记忆·成都国际时尚产业园被授予 2023 年成都市文联文艺两新聚集发展基地。

12月

1 日　2023 中国·成都天府绿道国际自行车车迷健身节（邛崃站）正式启幕。

4 日　2023 年成都国际乒联混合团体世界杯开幕式在四川省体育馆举行。

5 日　“杨升庵文学奖颁奖典礼暨首届成都国际文学月开幕式”在新都区升庵书香剧场举行。

12 日　2023 第八届中国西部陶艺作品双年展于成都市温江区寿安镇“和合之道”国际艺术园区顺利开幕。

13 日　李强总理调研东郊记忆园区。

28 日　“成都·2023~2024 世界电竞赛事启动发布会”在交子大道音乐广场举行。

30 日　2023 年王者荣耀世界冠军杯在成都金牛区凤凰山体育公园举办。

皮 书

智库成果出版与传播平台

✤ 皮书定义 ✤

皮书是对中国与世界发展状况和热点问题进行年度监测，以专业的角度、专家的视野和实证研究方法，针对某一领域或区域现状与发展态势展开分析和预测，具备前沿性、原创性、实证性、连续性、时效性等特点的公开出版物，由一系列权威研究报告组成。

✤ 皮书作者 ✤

皮书系列报告作者以国内外一流研究机构、知名高校等重点智库的研究人员为主，多为相关领域一流专家学者，他们的观点代表了当下学界对中国与世界的现实和未来最高水平的解读与分析。

✤ 皮书荣誉 ✤

皮书作为中国社会科学院基础理论研究与应用对策研究融合发展的代表性成果，不仅是哲学社会科学工作者服务中国特色社会主义现代化建设的重要成果，更是助力中国特色新型智库建设、构建中国特色哲学社会科学“三大体系”的重要平台。皮书系列先后被列入“十二五”“十三五”“十四五”时期国家重点出版物出版专项规划项目；自 2013 年起，重点皮书被列入中国社会科学院国家哲学社会科学创新工程项目。

权威报告·连续出版·独家资源

皮书数据库

ANNUAL REPORT(YEARBOOK) DATABASE

分析解读当下中国发展变迁的高端智库平台

所获荣誉

- 2022年，入选技术赋能“新闻+”推荐案例
- 2020年，入选全国新闻出版深度融合发展创新案例
- 2019年，入选国家新闻出版署数字出版精品遴选推荐计划
- 2016年，入选“十三五”国家重点电子出版物出版规划骨干工程
- 2013年，荣获“中国出版政府奖·网络出版物奖”提名奖

皮书数据库

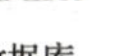

“社科数托邦”
微信公众号

成为用户

登录网址www.pishu.com.cn访问皮书数据库网站或下载皮书数据库APP，通过手机号码验证或邮箱验证即可成为皮书数据库用户。

用户福利

- 已注册用户购书后可免费获赠100元皮书数据库充值卡。刮开充值卡涂层获取充值密码，登录并进入“会员中心”—“在线充值”—“充值卡充值”，充值成功即可购买和查看数据库内容。
- 用户福利最终解释权归社会科学文献出版社所有。

数据库服务热线：010-59367265
数据库服务QQ：2475522410
数据库服务邮箱：database@ssap.cn
图书销售热线：010-59367070/7028
图书服务QQ：1265056568
图书服务邮箱：duzhe@ssap.cn

社会科学文献出版社 SOCIAL SCIENCES ACADEMIC PRESS (CHINA) 皮书系列
卡号：593593266541
密码：

中国社会发展数据库（下设 12 个专题子库）

紧扣人口、政治、外交、法律、教育、医疗卫生、资源环境等 12 个社会发展领域的前沿和热点，全面整合专业著作、智库报告、学术资讯、调研数据等类型资源，帮助用户追踪中国社会发展动态、研究社会发展战略与政策、了解社会热点问题、分析社会发展趋势。

中国经济发展数据库（下设 12 专题子库）

内容涵盖宏观经济、产业经济、工业经济、农业经济、财政金融、房地产经济、城市经济、商业贸易等12个重点经济领域，为把握经济运行态势、洞察经济发展规律、研判经济发展趋势、进行经济调控决策提供参考和依据。

中国行业发展数据库（下设 17 个专题子库）

以中国国民经济行业分类为依据，覆盖金融业、旅游业、交通运输业、能源矿产业、制造业等 100 多个行业，跟踪分析国民经济相关行业市场运行状况和政策导向，汇集行业发展前沿资讯，为投资、从业及各种经济决策提供理论支撑和实践指导。

中国区域发展数据库（下设 4 个专题子库）

对中国特定区域内的经济、社会、文化等领域现状与发展情况进行深度分析和预测，涉及省级行政区、城市群、城市、农村等不同维度，研究层级至县及县以下行政区，为学者研究地方经济社会宏观态势、经验模式、发展案例提供支撑，为地方政府决策提供参考。

中国文化传媒数据库（下设 18 个专题子库）

内容覆盖文化产业、新闻传播、电影娱乐、文学艺术、群众文化、图书情报等 18 个重点研究领域，聚焦文化传媒领域发展前沿、热点话题、行业实践，服务用户的教学科研、文化投资、企业规划等需要。

世界经济与国际关系数据库（下设 6 个专题子库）

整合世界经济、国际政治、世界文化与科技、全球性问题、国际组织与国际法、区域研究 6 大领域研究成果，对世界经济形势、国际形势进行连续性深度分析，对年度热点问题进行专题解读，为研判全球发展趋势提供事实和数据支持。

法律声明